本书得到中国石油大学(华东)研究生规划教材出版基金资助

政府与资源会计

刘福东　主　编

李玉萍
　　　　副主编
杨　坤

SPM 南方传媒｜广东经济出版社

·广州·

图书在版编目（CIP）数据

政府与资源会计 / 刘福东主编. -- 广州 : 广东经济出版社, 2025. 4. -- ISBN 978-7-5454-9622-2

Ⅰ. F812. 3

中国国家版本馆 CIP 数据核字第 2025F6W861 号

责任编辑： 郑秋瑛　郭艳军
责任校对： 李玉娴
责任技编： 陆俊帆
封面设计： 吴蔓淇　高　翔

政府与资源会计
ZHENGFU YU ZIYUAN KUAIJI

出 版 人： 刘卫平
出版发行： 广东经济出版社（广州市水荫路 11 号 11 ～ 12 楼）
印　　刷： 佛山市迎高彩印有限公司
（佛山市顺德区陈村镇广隆工业区兴业七路 9 号）

开　　本： 787 毫米 ×1092 毫米　1/16　　**印　　张：** 18.5
版　　次： 2025 年 4 月第 1 版　　**印　　次：** 2025 年 4 月第 1 次
书　　号： ISBN 978-7-5454-9622-2　　**字　　数：** 396 千字
定　　价： 68.00 元

发行电话：（020）87393830

前　言

自2019年1月1日起，我国正式实施新的政府（单位）会计准则制度，标志着我国政府会计改革已经覆盖了最广泛的公共部门，形成了由基本准则、具体准则、准则解释和会计制度共同组成的政府会计标准体系。随后，2023年1月1日，《财政总会计制度》开始实施，使得我国政府会计中"财政端的总会计"与"单位端的业务会计"形成自上而下的"双系统、双基础和双原则"体系，推进了具有鲜明中国特色的政府会计权责发生制改革。

基于这些最新改革成果，本书综合借鉴国际政府会计研究与改革的优秀成果，立足中国财政总会计、政府（单位）会计与政府主导的自然资源会计实务发展需求，对政府与资源会计的内容进行了整合介绍。本书内容总体上可以分成三部分。第一部分是中外政府会计发展对比与概念框架介绍，主要内容有中国政府会计改革历程、西方政府会计改革理论与国别对比；第二部分是中国政府会计规范与实务介绍，主要分为财政总会计概要、政府（单位）财务会计实务、政府（单位）预算会计实务；第三部分是自然资源会计理论与实务，具体内容包括自然资源会计概念框架、自然资源资产负债表编制与审计等内容。本书主要作为高等院校研究生、本科生"政府与非营利组织会计""环境与资源会计"等课程的教材，也可作为财政部门、行政事业单位、民间非营利组织会计人员的继续教育学习用书。

中国政府会计的发展历程与国家改革开放的步伐紧密相连，持续变革，与时俱进。作为一本贴近中国政府会计实践的教材，本书力争在政府会计理论方面保持体系完整，在政府会计实务方面紧追中国改革实践。本书及时按照《政府会计制度——行政事业单位会计科目和报表》《财政总会计制度》等最新规定所制定的政府会计核算规定和有关实务案例进行了更新，为读者提供参考和指导。本书由中国石油大学（华东）会计系教师刘福东主编。团队成员写作分工为：第一章、第二章、第三章、第五章前三节由刘福东编写，第五章后三节、第六章由杨坤编写，第四章、第七章、第八章由李玉萍编写，全书由刘福东统稿和定稿。

由于作者水平有限，加之篇幅较大，本书可能存在错误或疏漏之处，恳请广大读者批评指正。

目　录

第一章　中国政府会计的起源与发展

政府会计是以政府部门为主体，以各级政府部门的资金运动为对象，对政府在履行职能过程中发生的财政交易、各种收支活动及政府整体财务状况，进行确认、记录和报告的专门会计。

第一节　古代政府会计变革回溯

会计发展史表明，人类的会计思想和会计行为是社会生产发展到一定阶段的必然产物，并随着社会生产的发展而发展。为了对生产过程和生产成果进行管理，早期人类便采用了“刻石记事，结绳记事”来计量和记录，这种最原始的方法被认为是会计的雏形。后来会计的发展历经原始社会、奴隶社会和封建社会，发展出众多分支，其中，官厅会计作为古代政府会计的合称，用于计量和记录历代官府各种财政收支活动，在中国政治经济发展中发挥了重要作用。

我国文献记录的官厅会计最早出现在公元前11世纪的西周时代。据《周礼》记载，当时周王设天、地、春、夏、秋、冬六官，统称六卿。其中，天官冢宰（亦称大宰）居百官之首，主管财政会计；天官下设小宰和司会，分别掌管财物保管和政府财物收支情况的记录；此外，周朝还有“岁会”“月要”“日成”的规定，要求天官冢宰向周王呈送年报、月报和旬报。

在以后的一些朝代中，官厅会计制度不断完善，机构也相应有所变化。例如，秦、汉两朝设丞相、太尉和御史大夫三公。御史大夫掌管国家的财政经济大权，御史大夫下又有“治粟内史”，负责国家的财物保管和会计核算等工作。隋唐时期，中央政府开始实行三省六部制，由户部负责国家财政收支和会计管理。到了宋代，中央政府又尝试设置了单独以会计命名的官厅会计机构——会计司，总考天下财赋出入，同时创立了用于会计结算的平衡公式“四柱清册”，并在此基础上创造了“收付记账法”。

第二节　现代政府会计改革历程

中华人民共和国成立后，我国主要参照苏联模式，建立了预算会计体系。作为政府会计的运行实体，预算会计体系实现了对公共经济行为的反映和监督，改革重点一直是细化和强化预算控制功能。而自改革开放以来，我国政府会计改革逐步借鉴西方会计改革经验，大致经历了下文五个阶段。

一、1978—1993年

这一时期，我国开始从高度集中的计划经济时代进入有计划的商品经济时代，政府逐渐从竞争性商品市场和投资领域退出，经济管理职能逐步放归市场。但在改革开放初期，我国颁布了《财政机关总预算会计制度》。1988年重新修订的《财政机关总预算会计制度》和1988年出台的《事业行政单位预算会计制度》，则在政府预算会计职能、核算范围和内容上有了新的突破，增加了总预算会计的组织管理职能，同时也使各级事业单位的会计管理体制摆脱了过去高度统一的状态，从而走上了“统一领导、分级管理”的道路（见表1–1）。但是，这一时期的会计主体划分、会计核算方法等不适应市场经济体制需要，为此财政部于1993年正式启动了预算会计改革。

表1–1　计划经济框架下的预算会计调整阶段

年份	标志性事件	备注
1983	颁布《财政机关总预算会计制度》	强化了财政总预算会计的经济管理职能，并对预算科目的概念作出阐述
1988	修订《财政机关总预算会计制度》	界定了总预算会计的职能，区分预算资金和预算外资金“两条线”进行核算和报告，将会计报表分为月报和年报两种
	颁布《事业行政单位预算会计制度》	制定了配套的会计科目和核算办法，以满足采用差额、全额和自收自支预算管理方式的行政事业单位会计核算的需要；围绕行政事业单位的职能特点与财务管理情况，充实会计核算的内容
	颁布《医院会计制度》《高等学校会计制度》	与《事业行政单位预算会计制度》并存，且与企业会计出现了某些趋同
1992	国家预算开始采用复式预算编制方法，并将预算分为经常性预算和建设性预算两部分	—

二、1994—1999年

自1994年起，我国按照《中共中央关于建立社会主义市场经济体制若干问题的决定》推进社会主义市场经济体制改革，并开启了“分税制”财政体制改革，采用复式预算编制方法编制经常性预算和建设性预算，建立起“分税制”的预算管理体制。我国先后于1997年和1998年颁布了《财政总预算会计制度》《事业单位会计制度》《事业单位会计准则（试行）》以及《行政单位会计制度》（简称“一则三制”）。“一则三制”的颁布实施标志着我国政府会计逐步摆脱计划经济体制，确立了财政总预算会计、行政单位会计、事业单位会计“三分天下”的基本架构（见表1–2）。

表1–2　市场经济体制下的预算会计改革阶段

年份	标志性事件	备注
1994	筹建预算会计改革常务工作组	—
	颁布《中华人民共和国预算法》	将中央预算和地方预算划分为公共预算、国有资产经营预算和社会保障预算三部分
1996	颁布《预算会计核算制度改革要点》	在指导思想、改革目标、会计体系、核算方法和改革步骤等方面明确了预算会计核算制度改革的核心内容
1997	颁布《财政总预算会计制度》 颁布《事业单位会计制度》 颁布《事业单位会计准则（试行）》	统称为“一则三制”： （1）明确了预算会计体系的三个分支：财政总预算会计、行政单位会计和事业单位会计，且各自分设科目； （2）明确了会计的五大要素为资产、负债、净资产、收入和支出，以借贷记账法取代收付记账法； （3）预算内、预算外资金统一核算，综合平衡； （4）财政总预算会计和行政单位会计仍实行现金制，事业单位的经营性业务可以采用应计制
1998	颁布《行政单位会计制度》	

三、2000—2009年

21世纪初，根据建立公共财政体系的要求，中国开展了部门预算、国库集中收付、政府采购和政府收支分类等一系列改革。其中，部门预算改革实现了“一个部门，一本预算”，改变了传统功能预算按经费功能分类编制多本预算的做法；政府收支分类改革形成了政府预算内外资金共用的统一、规范的收支分类体系。这一阶段，财政部对财政总决算、预算外资金收支决算和行政事业单位决算进行了整合，决算报表体系不断完善，各级财政部门开始加强对决算数据的分析利用，用决算数据揭示预算编制和执行中的问题（见表1–3）。

表1–3　市场经济体制下的预算会计改革阶段

年份	标志性事件	备注
2001	颁布《财政国库管理制度改革试点会计核算暂行办法》	分别对财政总预算会计、财政国库支付执行机构会计、行政事业单位会计、建设单位会计财政集中支付业务会计核算作出规定，以适应国库集中支付改革需要
	颁布《政府采购资金财政直接拨付管理暂行办法》	为适应政府采购财政改革需要而制定
2002	颁布《行政事业单位会计决算报告制度》	确立了行政事业单位会计决算报告的编制范围、编制内容、工作组织、填报审核等工作规范
	颁布《农业综合开发资金会计制度》	专项资金会计制度，以满足专项资金管理需要
	实施《三峡工程库区移民资金会计制度》	

续表

年份	标志性事件	备注
2003	印发《地方财政实施财政国库管理制度改革年终预算结余资金会计处理的暂行规定》	对地方财政实施财政国库管理制度改革试点形成的年终预算结余资金的财政总预算会计，按规定实行个别事项的权责发生制账务处理
2006	将“推进政府会计改革”列入《中华人民共和国国民经济和社会发展第十一个五年规划纲要》	—
2009	下发新《医院会计制度》（征求意见稿）和新《高等学校会计制度》（征求意见稿）	确立了以修正的权责发生制为会计核算基础，拉开了我国以公立单位为主体的应计制会计改革的序幕

四、2010—2018年

2011年，“进一步推进政府会计改革，逐步建立政府财务报告制度”被正式列入《国民经济和社会发展第十二个五年规划纲要》。同年，财政部印发的《医院会计制度》正式以修正的权责发生制为会计核算基础来系统规范公立医疗机构的会计核算和财务报告。2013年，党的十八届三中全会提出了深化财税体制改革、改进预算管理制度、建立权责发生制政府综合财务报告制度的明确要求。2014年，《权责发生制政府综合财务报告制度改革方案》发布后，进一步明确了双轨制的政府会计改革方向，我国新一轮政府会计改革正式启动（见表1–4）。

表1–4　政府会计改革启动阶段

年份	标志性事件	备注
2012	颁布《行政事业单位内部控制规范（试行）》	拟构建以预算为主线的流程控制、以资产负债为主线的重要项目控制、经济合同控制，以及包括评价与控制在内的内部控制规范框架
2014	修订《中华人民共和国预算法》	增强预算的科学性、完整性和透明度，强化政府债务管理以防范财政风险、严格预算执行、规范预算调整和完善预算审查监督
	国务院同意财政部《权责发生制政府综合财务报告制度改革方案》	提出双轨制政府会计改革构想
2015	颁布《政府会计准则——基本准则》	提出构建预算会计和财务会计适度分离并相互衔接的政府会计核算体系，明确了预算会计要素和财务会计要素
	颁布《政府财务报告编制办法（试行）》	详细规范了政府财务报告的内涵和范畴、主要内容、编制要求及报送流程等
2016	印发四项具体政府会计准则： 《政府会计准则第1号——存货》 《政府会计准则第2号——投资》 《政府会计准则第3号——固定资产》 《政府会计准则第4号——无形资产》	—

续表

年份	标志性事件	备注
2017	印发《政府会计准则第3号——固定资产》应用指南	对固定资产折旧年限和折旧时点作出明确要求
	印发两项具体政府会计准则：《政府会计准则第5号——公共基础设施》《政府会计准则第6号——政府储备物资》	—
2017	颁布《政府会计制度——行政事业单位会计科目和报表》	同时废止了包括原“一则三制”及各分类事业单位会计制度，统一了行政事业单位的政府会计核算
2018	印发两项具体政府会计准则：《政府会计准则第7号——会计调整》《政府会计准则第8号——负债》	—
	制定《〈政府会计制度——行政事业单位会计科目和报表〉与〈行政单位会计制度〉有关衔接问题的处理规定》和《〈政府会计制度——行政事业单位会计科目和报表〉与〈事业单位会计制度〉有关衔接问题的处理规定》	确保新旧政府会计制度顺利衔接、平稳过渡，促进新制度的有效贯彻实施

五、2019年至今

自2019年1月1日起，根据财政部规定，各级行政单位、科学事业单位、高等学校、中小学校、医院、基层医疗卫生机构、彩票机构、地质勘查单位、测绘事业单位、国有林场与苗圃等都开始统一执行政府单位会计制度（见表1–5）。

表1–5　政府会计改革全面深化阶段

年份	标志性事件	备注
2019	印发《事业单位成本核算基本指引》	对政府单位开展成本核算作了初步基础性的规范
	印发《政府会计准则制度解释第1号》《政府会计准则制度解释第2号》	—
2020	印发《政府会计准则制度解释第3号》	—
	印发《预算管理一体化规范（试行）》及其附录《预算指标会计核算实施方案》	对政府财政部门进行预算指标会计核算作了规定
2021	印发《政府会计准则制度解释第4号》	—
	制定《事业单位成本核算具体指引——公立医院》	建立政府成本核算指引体系，加强公立医院成本核算工作
	修订《部门决算管理制度》，实施《部门决算管理办法》	改进对政府单位决算报告的编报
2022	印发《政府会计准则制度解释第5号》	—
	制定《事业单位成本核算具体指引——高等学校》和《事业单位成本核算具体指引——科学事业单位》	规范高等学校和科学事业单位成本核算工作

续表

年份	标志性事件	备注
2023	废止《财政总预算会计制度》 实施《财政总会计制度》	—
	实施《预算指标核算管理办法（试行）》	—
	正式颁布《政府财务报告编制办法》《政府综合财务报告编制操作指南》《政府部门财务报告编制操作指南》	—
2023	印发《政府会计准则制度解释第6号》《政府会计准则制度解释第7号》	—

章后思考题

1. 官厅会计的功能和作用是什么？

2. 简述中华人民共和国成立后我国预算会计采用何种计量基础，有何先进性和局限性？

3. 如何理解《权责发生制政府综合财务报告制度改革方案》的重要意义？

第二章　西方政府会计的相关研究与改革

第一节　政府会计基础理论

一、受托责任理论

受托责任理论作为现代政府会计的理论基石，已经达成广泛共识。在现代民主社会中，政府作为公共选择的代理人，其履职所需的经济资源主要来自纳税人、债权人、捐赠人以及其他相关者等委托人。鉴于这种广义的委托代理关系，政府应当履行公共治理职能并承担向公众报告的广泛受托责任。该受托责任需要得到政府会计的确认、计量、记录和报告。现实中，政府会计体系必须能完整、客观地记录和报告政府对社会公共资源运用的过程和结果，还能客观地评价政府对社会公共资源运用的效率和效果，以便社会公众了解政府运用的过程，评价政府运用的绩效，从而最终解除政府的受托责任。

二、新公共管理与新公共服务理论

新公共管理（NPM）一般是指20世纪70—80年代以来在英、美等国，为了对抗财政危机、提升公共部门效率而掀起的一轮改革浪潮。相对于以科层制理论和政治—行政二分法为核心的传统公共行政理论，新公共管理强调受托责任、产出导向和绩效评估，推崇分权与竞争，积极采用私人部门管理、技术与工具，优化政府职能，提升公共服务效率。新公共管理运动倡导用企业家精神改造政府，打破政府垄断，提高公共资金使用效益，直接触发了英国政府在20世纪80年代的政府会计权责发生制改革，这对其他主要西方国家的政府会计改革也产生了深远影响。

当然，新公共管理理论也并非完美无缺，它将管理目的定位在确保“3E”，即经济（Economy）、效率（Efficiency）和效益（Effectiveness）目标的实现上。这种以“3E”目标为取向的公共管理，将政府置于为了实现预期目标而忽视社会公众的危险中，很可能催生出片面追求“利润”和“效率”，而忽视“公众需要”和“社会公平”的短期行为。这些理论缺陷已经被越来越多的新公共管理改革失败案例验证。所以，后来才有了新公共服务理论的提出和推广应用。

新公共服务理论将公共服务、民主治理和公民参与置于核心地位，主张政府的价值在于服务公众，应该承担向公民分权和为公民服务的职责。新公共服务理论是西方行政管理学发展的一个新阶段，推动了政府治理目标从“3E”发展到“5E”[①]。受其影响，新一轮政府会计改革更为注重对公共服务“公平”和“环境”绩效的反映和监督。

三、公共治理与财政透明度

公共治理是指公共部门为实现一定的经济目标和社会目标，通过各种正式和非正式的制度安排，营造行使公共权力、制定和执行政策所依赖的良好制度环境和运行机制，以实现对社会公共事务的有效管理、整合和协调的持续的互动过程。良好的公共治理包括财政透明度、公共政策效率和公共经济稳健性三个方面，其中财政透明度是实现良好公共治理的基本条件。

国际货币基金组织（IMF）于1998年通过《财政透明度良好做法守则——原则宣言》《财政透明度手册》，并于2001年、2007年两次对《财政透明度手册》进行了修订。财政透明度的核心要求是政府必须及时、完整、可靠地提供关于其财政政策、活动及其结果的信息，从而使外部公众了解和评价政府的公共受托责任，了解其财政层面并作出相关的评价和决策。财政透明度的实现要以政府财政信息建设为基础，而完备、有效的政府会计和财务报告是实现财政透明度的重要基础。

第二节　国际组织的政府会计研究

一、IPSASB的政府会计研究

国际公共部门会计准则理事会（The International Public Sector Accounting Standards Board，IPSASB）是国际会计师联合会（International Federation of Accountants，IFAC）下常设的委员会，成立于1986年，原称为公共部门委员会（Public Sector Committee，PSC）。2004年11月，公共部门委员会改名为国际公共部门会计准则理事会。

IPSASB的目标是通过制定高质量的公共部门财务报告准则，并通过促进国际准则和国家准则的趋同，从而提高全球财务报告的质量和一致性，为公众服务。

截至2020年6月，IPSASB已经发布了42项基于权责发生制的国际公共部门会计准则（IPSASs），1项基于收付实现制的国际公共部门会计准则（IPSAS）——《收付实现制会计基础下的财务报告》（“Financial Reporting Under the Cash Basis of Accounting”）；此外，IPSASB还发布了14份研究报告、7份应时报告书、1份信息报告书——《美国权责发生

① 5E：经济（Economy）、效率（Efficiency）、效益（Effectiveness）、环保（Environmental Protection）和公平（Fairness）.

制会计之路》（“The Road to Accrual Accounting in the United States of America”）（IFAC，2006）、7份问答出版物、3份推荐操作指南。在上述文件中，国际公共部门会计准则是IPSASB的官方权威文件，亦是国际公共部门会计准则框架体系的主体；其他的文件则为IPSASB的非权威性文件，是为制定IPSAS而储备的理论资源。具体如表2-1所示。

表2-1 IPSASB的政府会计研究成果

主题类别	准则名称	编号	初次发布年份
政府会计要素的确认与计量	·交换交易收入	NO.09	2001
	·汇率变动的影响	NO.04	2000
	·非现金产出资产的减值	NO.21	2004
	·非交换交易收入（税收和转移）	NO.23	2006
	·现金产出资产的减值	NO.26	2008
	·首次采用应计制基础的国际公共部门会计准则	NO.33	2015
通用目的财务报告	·财务报表的列报	NO.01	2000
	·现金流量表	NO.02	2000
	·合并财务报表和单独财务报表（被34、35取代）	NO.06	2000
	·分部报告	NO.18	2002
	·合营中的权益	NO.08	2000
	·关联方披露	NO.20	2002
	·恶性通货膨胀经济中的财务报告	NO.10	2001
	·报告日后事项	NO.14	2001
	·会计政策、会计估计变更和差错	NO.03	2000
	·一般政府部门财务信息的披露	NO.22	2006
	·财务报表中预算信息的列报	NO.24	2006
	·单独财务报表（取代6）	NO.34	2015
	·合并财务报表（取代6）	NO.35	2015
	·合营安排	NO.37	2015
	·在其他主体中权益的披露	NO.38	2015
具体交易与事项	·金融工具：披露与列报（被28、29、30取代）	NO.15	2001
	·联营中的投资	NO.07	2000
	·存货	NO.12	2001
	·投资性房地产	NO.16	2001
	·不动产、厂房和设备	NO.17	2001
	·租赁	NO.13	2001
	·准备、或有负债和或有资产	NO.19	2002
	·建造合同	NO.11	2001
	·借款费用	NO.05	2000
	·雇员福利（被39取代）	NO.25	2008
	·农业	NO.27	2009
	·金融工具：列报	NO.28	2010
	·金融工具：确认和计量	NO.29	2010
	·金融工具：披露	NO.30	2010
	·无形资产	NO.31	2010
	·服务让步的安排：授予	NO.32	2011
	·对联营和合营实体的投资	NO.36	2015
	·雇员福利 （取代25）	NO.39	2016
	·公共部门合并	NO.40	2017
	·金融工具（取代29）	NO.41	2018
	·社会福利	NO.42	2019

2008年12月，IPSASB发布了关于公共部门通用财务报告概念框架的咨询报告（consultation paper），该咨询报告的内容包括财务报告的目标、财务报告的范围、包含在通用财务报告中的信息质量特征、报告主体。

二、OECD的政府会计研究

尽管收付实现制（cash basis）一直以来都是世界各国财政管理中主要采取的核算基础，但受到新公共管理运动的影响，很多国家尝试进行政府会计应计制（accrual basis）改革。为此，OECD（经济合作与发展组织）组织专家对政府会计改革进行了专门研究，研究结果如下。

（1）权责发生制政府预算是以权责发生制为基础编制的政府预算，可以全面、真实、准确地反映政府收支活动和财务状况，有利于提高政府预算管理水平，提高预算透明度。但因为政府预算的权责发生制改革牵涉的内容很多，受到的争议也不小，因此只有少数国家在政府预算上实现了权责发生制。

（2）收付实现制下的政府财务报告不能全面地反映政府资金运动，会计报告信息不够完整，而权责发生制可以提供收入支出方面更全面、更准确的信息，能够对政府的资产、负债进行全面的反映，还可以使管理者清楚地了解财政成本以及其在时空上的变化。因此，2002年前后，已经有超过一半的 OECD 国家在政府财务报告上应用了权责发生制。具体如表2–2所示。

表2–2　OECD 中推进权责发生制政府会计改革的国家（截至2002年底）

项目	完全采用	局部采用	特别规定	补充规定
政府预算	新西兰、澳大利亚、英国、意大利	加拿大、芬兰、冰岛	丹麦、美国	德国、葡萄牙
政府财务报告	新西兰、芬兰、希腊、澳大利亚、意大利、瑞典	加拿大、芬兰、冰岛	丹麦、法国、波兰、美国	比利时、德国、匈牙利、爱尔兰

资料来源：经济合作与发展组织研究报告，时间截至2002年11月。

三、WB的研究与规范

为了实现减贫目标，世界银行（WB）必须挖掘贫困产生的根源，并着眼于可持续发展的必要条件，而公共部门运转不佳和施政薄弱是阻碍许多国家发展的主要因素。

由于认识到公共财政、政府会计对稳定宏观经济、提高财政政策效率和公平性以及增强政府公信力的重要性，世界银行承诺在全球和国家两级改善政府会计与公共财政管理。为此，世界银行通过一系列方案和项目，支持成员国政府完善会计制度和改革财政制度。

其中，提升财政透明度和预算效率的有关项目如表2-3所示。

表2-3 世界银行旨在提高财政透明度和预算效率的研究项目

项目名称	项目介绍	起始时间
公共支出与财政尽责能力框架（Public Expenditure and Financial Accountability，PEFA）	世界银行是PEFA框架的主要机构伙伴之一，PEFA框架的宗旨是为公共财政管理的诊断评估建立标准的方法和参考工具。PEFA框架已成为公认的公共财政管理评估标准，截至2019年12月31日，152个国家和地区的600多份公共财政管理评估报告已经编制完成	2001年
提升倡议（Boost Initiative）	该倡议调动了整个世界银行的力量推动预算数据的公开和应用，改善预算、透明度和问责制。该方案努力为决策者、研究人员和民间社会提供精确的预算数据，协助客户以机器可读、易于访问的格式组织和传播公共支出数据集。35个国家响应了该倡议	2010年
开放契约（Open Contracting）	开放契约旨在加强公共合同各个阶段的披露和参与，以便对政府如何花费纳税人的钱进行有效的监督和问责。越来越多的国家正在通过开放契约项目加强信息披露和提高参与性	2014年
开放政府全球解决方案小组（Open Gov Global Solutions Group）	开放政府全球解决方案小组的目标是强化世界银行在政府改革开放中的努力，其中包括研究围绕披露、覆盖范围、内容、可访问性和再使用性的财政透明度做法	2015年
公共支出审查（Public Expenditure Review，PER）	公共支出审查项目负责分析一国公共支出的水平和模式，以评估公共支出的有效性和公平性，并查明阻碍提高支出实效的瓶颈。世界银行每年发表的报告向公众开放，并接受广泛利益攸关方的监督	2000年
财务管理信息系统（Financial Management Information System，FMIS）	财务管理信息系统支持公共财政管理流程的自动化和集成，包括预算编制、执行、会计和报告。世界银行是财务管理信息系统发展融资和技术援助的主要提供者	1984年
全球财政透明度倡议（The Global Initiative for Fiscal Transparency，GIFT）	世界银行是在全球财政透明度倡议中发挥主导作用的国际金融机构之一，该倡议希望在全球推动预算透明、公众参与和问责	2012年
开放政府伙伴关系（Open Government Partnership，OGP）	世界银行通过财政开放工作组支持财政透明度，积极落实对开放政府伙伴关系议程的改革承诺，包括财政透明度承诺，以增强政府的透明度和责任意识	2011年

世界银行在2012年的《公共部门管理方法》中提出："公共部门管理（PSM）改革是使公共部门机器运转起来的艺术和科学。它有意地改变公共部门内部环环相扣的结构和程序，这些结构和程序定义了如何部署和计算财政、物质资源和人员。"为了更好地实现以上目标，世界银行推出了"公共部门治理和问责"系列图书，旨在推动建立功能完善的公共部门治理机制和会计信息披露机制，对丰富政府会计的国际比较研究作出贡献。

第三节 西方国家的政府会计改革

一、英国政府会计改革

自20世纪80年代以来，英国作为新公共管理改革的先驱之一，在政府会计改革道路上作了大量探索。

1995年，英国政府向议会提交了政府改革白皮书，正式宣告政府部门将引入资源会计及预算（Resource Accounting and Budgeting，RAB），确认应使用资源会计作为公共事业支出和预算控制的基础。从改革实施顺序看，英国先在政府财务报告领域引入应计制，后按应计制编制预算，要求政府会计与预算同时实行应计制，这是英国政府会计管理与改革的一大特色。

2000年，议会通过了《政府资源与会计法案2000》（*the Government Resources and Accounts Act* 2000）。该法案提出，要编报一套包括整个公共部门的政府统一账户（The Whole of Government Accounts，WGA）。WGA是指覆盖英国所有公共部门的一组合并财务报表。它借鉴商业会计方法，为整个公共部门制作一套基于通用会计准则（Generally Accepted Accounting Principles，GAAP）且统一的合并财务报表，其目的在于提供质量更高的、更透明的信息，以支持财政政策的发展，更好地管理公共服务和更有效地分配资源。

英国推行政府会计改革，充分关注到了政府受托责任的全面性，其WGA具体的合并范围包括英格兰、苏格兰、威尔士、北爱尔兰四个地域各种类型的1300 多个公共实体，为建设“整体政府”和“责任政府”构筑了基础。

二、法国政府会计改革

自20世纪90年代以来，法国中央政府预算和政府会计系统一直受到来自两个方面的批评：一是修正的收付实现制有着诸多局限性，为了更好地描述中央政府的财务状况，预算和会计系统应当转向全面的权责发生制；二是传统政府会计系统不利于计算公共服务成本，阻碍公共服务效率评价。

为此，2001年8月1日，议会通过一项新的法案——《财政法组织法》，该法案对法国预算和会计系统作了新的规定，自2006年1月1日起正式实施。

《财政法组织法》要求建立三套政府会计系统：预算会计系统、财务会计系统和成本分析会计系统。它们各自的主要功能是：①预算会计系统与预算拨款保持一致，用来跟踪预算的执行，核算预算的现金流入和流出，采用修正的收付实现制；②财务会计系统用来对中央政府的所有活动进行核算，力求全面、真实地反映中央政府的净资产和财务状况，除中央政府特有的运行活动外，遵循权责发生制原则；③成本分析会计系统利用财务会计的权责发生制信息对项目进行成本分析，对公共支出是否达到预期目标进行评估，采用的是权责发生制会计基础。

在2001年法案发布后，法国政府立即成立了一个政府会计司领导下的、专门负责研究和制定准则的组织——政府会计准则委员会，确定全新的政府会计准则采用权责发生制会计基础，主要包括13个实施细则：财务报告，费用，主权收入，运行收入，管理收入和财务收入，无形资产，有形资产，金融资产，存货，与流动资产相关的索取权，中央政府现金状况构成，资本负债和金融衍生工具，风险、债务、非资本债务和其他债务规定以及财务报告附注中应披露的承诺。

三、美国政府会计改革

在美国政府会计改革的进程中，联邦政府、州和地方政府两个层面经历了各自发展，逐步向权责发生制趋同的过程。

美国联邦会计准则咨询委员会（FASAB）成立于1990年，是联邦政府会计准则制定机构。截至2009年7月，美国联邦会计准则咨询委员会发布了6项联邦财务会计概念公告、34项联邦财务会计准则公告。

美国联邦政府各部门在每个财政年度结束时，都编制以权责发生制为基础的财务报告，并提交给联邦财政部，由联邦财政部按照联邦政府会计准则的规定进行汇总，编制以权责发生制为基础的联邦政府年度综合财务报告。从2004年开始，各部门的财务报告须经过外部审计后，才能提交联邦财政部，以便编制更加准确的政府年度综合财务报告。此外，联邦政府各部门每月还要向联邦财政部提交以收付实现制为基础的报告，用以反映各部门的收入和支出情况。

美国州和地方政府层面的政府会计改革历程较长，早在1934年，就成立了全国地方政府会计委员会（NCMA），制定并发布了一些地方政府会计原则，提倡通过统一术语和账户结构来加强会计和预算制度的联系，强调预算、会计和财务信息的协调一致，并要求使用权责发生制进行会计核算。1974年，美国全国政府会计理事会（NCGA）取代了NCMA，开始负责制定和发布政府会计准则公告。1984年，美国政府会计准则委员会（GASB）取代NCGA，负责制定和发布政府会计准则。

1984年，政府会计准则委员会(Governmental Accounting Standards Board，GASB)成立后，成为美国各州和地方政府公认会计准则(Generally Accepted Accounting Principles，GAAP)的主要制定者，其1999年发布的第34号公告《州和地方政府财务报告及管理层阐述与分析》确立了美国各州和地方政府综合年度财务报告(Comprehensive Annual Financial Report，CAFR)体系的基本框架。

政府综合年度财务报告包括三大部分内容：介绍部分、财务部分和统计部分。根据政府会计准则委员会(GASB)发布的第34号公告的规定，州和地方政府年度综合财务报告采用双重计量基础，即政府整体财务报表、权益基金和受托基金都以权责发生制为基础，而政务基金以修正的权责发生制为基础。

四、澳大利亚政府会计改革

澳大利亚政府会计准则是由受政府部门直接监管的澳大利亚会计准则委员会（AASB）以及公共部门会计准则委员会（PSASB）制定的。

澳大利亚会计准则中的《澳大利亚会计准则第 27 号文件——地方政府财务报告》（AAS 27）规定了地方政府编制财务报告的要求和相关会计要素确认和计量的要求；《澳大利亚会计准则第 29 号文件——政府部门财务报告》（AAS 29）对澳大利亚政府会计主体、目标、核算基础和信息质量要求作出规定，同时还对政府会计要素的确认和计量方法等事项进行了规定；《澳大利亚会计准则第 31 号文件——政府财务报告》（AAS 31）规定了政府部门作为报告主体编制财务报告的要求。

长期以来，澳大利亚在政府整体和部门层面有政府合并财务报表（CFS）和政府财政统计核算体系（GFS）两种报告体系。政府合并财务报表依据政府会计准则编制。政府财政统计核算体系依据国际货币基金组织发布的财政统计口径编制。自2008年12月开始，澳大利亚选择采用政府财政统计核算体系，以交易事项基础进行统一的政府会计核算和报告编制。

五、新西兰政府会计改革

自20世纪80年代开始，新西兰经济增长乏力，公共支出连年攀升，政府公债信用评级持续下降。究其原因，主要有以下两个方面：其一，新西兰公共部门的财务管理以收付实现制为基础，运用投入导向（input-oriented）与集中（centralized）管理的预算模式。在这种模式下，仅在预算拨付阶段对政府的资金使用存在控制，一旦预算拨出，就缺乏后续监管。其二，公共部门财务报告体系不健全，当时尚未编制资产负债表，无法满足公共部门利益相关者的信息需求，难以全面反映公共部门的受托责任履行情况。为了缓解上述危机，新西兰政府在公共部门推行了一系列改革，由强调法令与预算的遵循，转为重视部门绩效与受托责任，并实施了较为彻底的政府会计权责发生制改革。

1989年，新西兰通过了《公共财政法》法案，将企业会计的架构引进公共部门，以进行预算及会计系统的改革。这个法案要求各部门提供经议会查核过的财务报表，内容包括财务状况表、现金流量表、财务绩效表、承诺及或有负债表等。此外，该法案明确指出中央的财务报表应包含所有的公共部门，并且要在权责发生制基础上按照一般公认会计原则编制年报及半年报。

新西兰《公共财政法》法案给予了各部门2年的转型时间，事实上，新西兰45个部门中绝大多数部门在1年内成功地实现了转型。新西兰政府整体的财务报告在1991年12月转为以权责发生制为基础的政府综合财务报告。从1994年起，政府的整个财务管理系统实现了完全权责发生制的转型。

章后思考题

1. 如何理解受托责任理论对政府会计的支撑作用?
2. 受托责任从3E 到5E 的演化会如何影响政府会计变革?
3. 英国、法国、美国、澳大利亚、新西兰五国现行的政府会计体系有何特点?

第三章　政府会计概念框架和规范体系

第一节　政府会计的基本论域

一、政府及其经济特征

从政治学角度分析，政府是指一个国家行使国家权力的组织体系，有狭义和广义之分。狭义政府一般指一个国家政权体系中依法享有行政权力的组织体系，如我国从中央到地方的各级人民政府；广义政府一般指一个国家行使国家权力的全部组织体系。从经济学角度分析，政府是指管理和使用公共经济资源、履行政府职能的组织体系。与企业相比，政府组织的经济特征主要包括三个方面：①组织运行不以营利为目的；②无偿取得经济资源；③无偿或低收费提供服务。

二、政府会计的对象与范围

政府会计核算的对象是政府会计主体掌控的公共经济资源。政府会计对政府会计主体掌控的公共经济资源的关注重点不同，对资源划定的范围就不同，进而纳入会计核算的资源的口径也不同。根据国际会计师联合会公立单位委员会对政府会计核算对象与范围的理论观点，政府会计核算的资源大体分为以下四个口径。

（一）现金资源

现金资源是指全部货币资金。在会计核算对象为现金资源时，会计要核算现金资源的存量和变动情况，包括货币资产、现金收入、现金支出、现金结余。

（二）当期财务资源

当期财务资源包括现金资源以及报告日后能够在短期收回的款项和短期内需要付出的款项。在会计核算对象为当期财务资源时，会计要核算当期财务资源的存量和变动情况，包括货币资产和应收款项（包括短期债权性资产，下同）、应付款项（包括各种短期负债，下同）、净当期财务资源（包括现金和约当现金结余）、现金收入（不含收到的非本期的短期应收款项）和短期应收收入、现金支出（不含支付的非本期的短期应付支出）和短期应付支出。

（三）总财务资源

总财务资源包括当期财务资源以及报告日后能够在长期收回的款项和在报告会计期间承担义务导致长期需要付出的款项。在会计核算对象为总财务资源时，会计要核算总财务资源的存量和变动情况，包括：货币资产、应收款项和其他可以转化为现金的长期金融性资产（即长期债权性资产），应付款项和长期负债，净总财务资源；总财务资源增加引起的收入［包括现金收入（不含收到的短期应收款项和收回长期金融性资产的款项）、短期应收收入和其他金融性资产增加引起的收入］，总财务资源减少引起的支出和费用［包括现金支出（不含支付的短期应付支出、取得长期金融性资产的现金支出、归还长期负债的现金支出）、短期应付支出和长期负债增加引起的费用］。

（四）经济资源

经济资源是指政府可以掌控和运用的各种具有经济价值的资源。从财产的角度看，经济资源包括总财务资源的全部金融性资产以及各种非金融性资产，如预付款项、实物资产、无形资产、股权投资等。在会计核算对象为经济资源时，会计要核算经济资源的存量和变动情况，包括：货币资产、应收款项、长期金融性资产、预付款项、实物资产、无形资产、股权投资等，应付款项和长期负债，净经济资源；经济资源增加引起的收入［包括现金收入（不含收到的短期应收款项以及收回或变现长期金融性资产的款项）、短期应收收入和其他非金融性资产增加引起的收入］，经济资源减少引起的支出和费用［包括现金支出（不含支付的短期应付支出、投资长期金融性资产和非金融性资产的现金支出、归还长期负债的现金支出）、短期应付支出、长期负债增加以及非金融性资产减少引起的费用］。

从以上四个口径资源的内容可以看出，现金资源的口径最小，包含的政府财产内容最少；从现金资源依次到当期财务资源、总财务资源、经济资源，口径越来越宽，包含的政府财产内容越来越多。

三、政府会计的职能与适用范围

广义政府会计的基本职能是反映政府活动中的经济资源情况。中国政府会计适用的政府组织主要包括以下几种。

（1）行政机构，包括中央和地方各级人民政府。

（2）立法机构，包括全国和地方各级人民代表大会的常设机构。

（3）司法和监察机构，包括最高和地方各级人民法院和人民检察院，以及国家和地方各级监察委员会。

（4）政党和政治协商机构，包括中国共产党的中央和地方组织、各民主党派的中央和地方组织、全国和地方各级人民政治协商会议的常设机构等。

（5）军队，包括中国人民解放军和中国人民武装警察部队各级组织和单位。

（6）事业单位，包括教育、科学研究、勘察设计、勘探、文化、新闻出版、广播影视、医疗卫生、体育、农林牧水、交通、气象、地震、海洋、环境保护、测绘、信息咨询、标准计量和质量技术监督、知识产权、物资仓储和供销、房地产服务和城市公用、社会福利等行业的事业单位，但是不包括其中实行企业化管理的事业单位。

（7）使用国有资产和财政拨款的公立非营利组织。

四、政府会计信息的使用者

面对广泛而复杂的经济行为，政府会计要产出充分信息，反映政府的预算执行情况、财务状况和工作绩效，尽可能满足各种会计信息使用者的需要。基于我国现实情况，政府会计信息的使用者主要包括以下两个方面。

（一）政府内部的会计信息使用者

政府内部的会计信息使用者主要包括：

（1）政府会计主体中的组织负责人。

（2）政府会计主体中的管理部门。

（3）内部审计机构。

（4）政府单位的职工或职工代表组织。

（5）人民代表大会和其他政府监督机构。

（6）各级政府的负责人。

（7）上级政府主管部门及负责人。

（8）政府专职审计机构。

（9）其他相关的政府机构。

（二）政府外部的会计信息使用者

政府外部的会计信息使用者主要包括：

（1）向政府提供贷款的金融机构或外国政府。

（2）购买政府债券的机构和个人。

（3）与政府进行买卖交易的交易对手。

（4）向政府组织进行捐赠的捐赠人。

（5）社会公众。

（6）其他需要政府会计信息的使用者，如社会审计机构、信用评估机构、新闻媒体、对政府会计信息有需要的个人及社会组织等。

五、政府会计信息质量要求

会计核算的信息质量要求是会计核算工作应遵循的基本规范，是具体处理会计业务的基本依据，是对会计核算提供信息的基本要求。政府会计核算的信息质量要求主要有以下七个方面。

（一）真实性原则

真实性原则，也称客观性原则，是指会计核算应以实际发生的经济业务或者事项为依据，客观真实地反映各项会计要素的情况和结果，保证会计信息真实可靠。

（二）全面性原则

全面性原则是指会计主体提供的信息应当全面、完整、准确地反映单位的财务收支情况及其结果。全面性原则要求单位在提供会计信息时，不能有意忽略或隐瞒重要的财务数据，不应由于所提供的信息不充分而误导信息使用者作出错误决策。

（三）相关性原则

相关性原则，又称有用性原则，是指会计核算所提供的经济信息应当有助于信息使用者作出正确的经济决策，会计提供的信息要同经济决策相关联。

（四）及时性原则

及时性原则，是指对会计主体的各项经济业务应当及时进行会计核算。会计反映的经济信息是有时限的，只有对经济业务及时进行确认、计量、记录、报告，才能及时满足各方面的需要。

（五）可比性原则

可比性原则，是指会计核算应当按照规定的会计处理方法进行，同类单位的会计指标应当口径一致，相互可比；会计事项的会计处理方法和程序前后各期应当一致，如确有必要变更，应当将变更的情况、原因和对单位财务收支情况及其结果的影响在会计报告中加以说明。

（六）明晰性原则

明晰性原则，又称清晰性原则，要求会计记录和会计报告应当清晰明了、通俗易懂，能够一目了然地反映单位经济活动的来龙去脉，便于会计信息使用者理解和使用，以提高工作效率和决策效率。

（七）实质性原则

实质性原则，也称实质重于形式原则，是指会计主体应当按照实际发生的经济业务或者事项的经济实质进行会计核算，而不应当仅仅将它们的法律形式作为会计核算的依据。

第二节　政府会计的核心概念

一、政府会计目标

会计目标是会计理论与实务的逻辑起点，影响到会计主体设立、会计计量基础选择、财务报告编制等一系列会计技术活动的导向。因为财务报告是会计工作的综合性结果，所以很多组织和专家更多地倾向于用财务报告目标来描述政府会计目标。例如，《国际会计准则第1号——财务报表列报》明确了公共部门（一般指广义政府）财务报告的目标是，提供有助于广大使用者对资源分配作出决策和评价决策的有关主体财务状况、业绩和现金流量的信息，而且应当反映主体对受托资源的受托责任。

美国联邦政府财务报告的目标体系表明，“受托责任”和“决策有用性”是两个基本的目标取向，并且在其概念框架中，将“决策有用性”作为“受托责任”的推论。美国州和地方政府财务报告的目标定位是能帮助使用者评价受托责任和进行经济、社会和政治决策。我国学者李建发教授1999年在《政府会计论》中指出：政府公共受托责任既包括行为义务，也包括报告义务。 方面，政府应当从人民的公共利益出发，管理好人民托付的公共财产，履行好国家和社会公共事务管理职能；另一方面，政府应当向公众及其代表（立法机构）报告其受托责任的履行情况，即政府应当及时、完整、准确地提供其活动的财务和非财务信息，并保证公众能够方便地获取这些信息。公开、透明的政府会计与财务报告，应该以有助于公众评价政府受托责任履行情况并作出相关的决策为目标。

从表3-1中可以推断出，随着政府形态的不断升级，政府会计改革中，完整意义上的受托责任观逐渐形成，而随着公共服务体系的完善和会计技术的迭代，决策有用观的适用范围在不断扩大。

表3-1 政府形态与政府会计目标的对应关系

项目	统治型政府	管理型政府	服务型政府
是否通过广泛分权形成多层次代理关系	否	是，但不广泛	广泛
是否大量引入市场化手段来提供公共服务	否	是	是，但是强化治理
公共资源来源	主要是税收等手段，不广泛	公共服务市场化后，资源来源更广泛	公共资源来源广泛，但是更注重发挥公民自主意识
公共服务实际生产者	政府	政府、合作私人部门	政府、合作私人部门
公共服务提供者	政府	政府	政府，有需要、有能力的公众
政府会计人员	只向权力政府负责	向政府、公共部门或公共项目公司负责	向公众、政府、公共部门负责
会计目标	决策有用观，政策导向	一定程度受托责任观，政府导向，决策有用观仍占核心地位	受托责任观占核心地位，政府及其他相关利益者导向，决策有用观

二、政府会计主体

目前，国内外对于会计主体的界定，多采用“目标—需求者”导向，其基本思维逻辑是，以会计信息的主观需求作为会计信息生产的基本动力，通过明确会计目标和依托已有的信息形成基础来设定会计主体。从逻辑上看，这是一个涉及会计主体、会计客体及会计技术体系（比如确认、计量、记录和报告的方法、手段和形式等）的协调过程。

政府会计主体的界定可以通过公共受托资源运动的链式分析来实现。虽然政府主导的公共资源配置过程非常复杂，但是总归还是能够分析出该过程是由三个基本要素（资源提供者、资源接受者以及资源配置方式）构成的受托责任链（见图3-1）。

当由政府或其他公共部门主导配置的、以提供公共产品和服务为最终目标的公共资源流动，同时具备以下构成要件时，即可被确认为政府会计主体。

（1）资源流动过程具有可识别的资源提供者和资源接受者，即资源流动具有方向性。

（2）政府或其一部分能够对资源流动的时间、空间和资源转化形式具有可观察到的影响，比如政府主导资源配置。

（3）资源的取得、保全、分配、转化以及消耗过程能够主要以货币化的方式可靠计量，并且能够以文字、数据等证据形式得到系统化的反映。

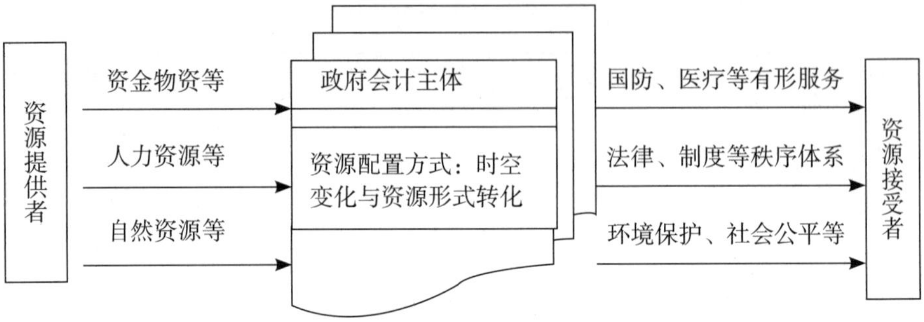

图3-1　政府会计主体与基本受托责任链

虽然对政府会计主体内涵的界定较为苛刻，但是其外延广阔，可以沿着不同的思维主线进行分析。

（1）按照政府的行政组织维度进行分析。

政府的组织方式复杂多样，根据行政归属关系形成的政府组织关系是构建政府会计主体最直接的基础。比如，目前我国实行5级行政区划，中央政府、省级政府、地（市）级政府、县级政府、乡（镇）政府等各层级政府都可以被确认为政府会计主体，因为在它们的属地及职权范围内，有确实的资源流动和受托责任形成，并且具有对资源流动进行客观反映的人员和技术条件。但是，这并不意味着所有层级的政府都能够编制完整的财务报告，因此不能笼统地把所有政府都确认为财务报告主体。

（2）按照会计信息的处理流程维度进行分析。

公共资源的性质多样，转化和运动方式也日趋多变，而会计技术系统要完成从确认、记录、计量到报告的一整套流程，是需要以确认相应的主体为前提的。这样完全可以按照会计程序的实现程度，区分会计计量主体、会计记账主体、财务报告主体等主体类型。

（3）按照资源配置职能目标维度进行分析。

现代政府承担着广泛的受托责任，尽管政府不一定时时刻刻都作为公共（产品）服务的直接“生产者”，但是无法逃避“提供者”的基本职责。公共服务的种类非常多，据此可以根据资源流动的目标和职能，来区分国防事务会计主体、全民健康事务会计主体、社会保险事务会计主体等政府会计主体。

（4）按照会计系统的技术功能特点维度进行分析。

广义的政府会计是一个庞大的技术系统，根据其不同的管理目标和技术要求，可以进行功能性划分，从而确认政府预算会计主体、政府财务会计主体、政府成本会计主体等类型。

三、政府会计基本假设

政府会计基本假设主要包括会计主体、持续运行、会计分期和货币计量。

（一）会计主体

会计主体是指在会计工作为其服务的特定单位或组织。会计主体规定了会计核算的空间范围和服务对象。根据有关现行制度，我国政府会计可以分为政府单位会计主体、政府部门会计主体和政府整体会计主体三个层级。

（二）持续运行

持续运行是指在可以预见的未来里，会计主体的业务活动将持续不断地进行下去。若没有经济业务活动持续进行这一前提条件，一些公认的会计处理方法将失去存在的基础，一些公认的会计处理方法也将无法被采用，单位也就不能按照正常的会计原则、正常的会计处理方法进行会计核算。我国政府会计基本准则规定：政府会计核算应当以政府会计主体持续运行为前提。

（三）会计分期

会计分期是将会计主体持续不断的经济业务活动分割为一定的期间，据以结算账目，编制会计报表，从而及时向有关方面提供会计信息。会计期间的划分对会计核算有着重要的影响。有了会计期间，才产生了本期与非本期的区别，才产生了权责发生制和收付实现制，才使不同类型的会计主体有了记账的基础。

我国政府会计基本准则规定：政府会计核算应当划分会计期间，分期结算账目，按规定编制决算报告和财务报告。会计期间至少分为年度和月度。会计年度、月度等会计期间的起讫日期采用公历日期。

（四）货币计量

货币计量是指会计主体的会计核算应该通过货币予以综合反映。这是现代会计最基本的前提条件，如果没有这个前提条件，会计就失去了价值核算的基本特征。政府会计核算应当以人民币为记账本位币。开展外币业务时，应当依据有关规定将外币金额折算为人民币金额计量，同时登记外币金额。

四、政府会计确认基础

（一）会计确认基础

会计确认基础有两种：一种是收付实现制或现收现付制、现金制，另一种是权责发生制或应收应付制、应计制。

1.收付实现制

收付实现制是指以现金的实际收付为标志来确定本期收入和支出的会计确认基础。凡在当期实际收到的现金收入和支出，均应当作为当期的收入和支出；凡是不属于当期的现金收入和支出，均不应当作为当期的收入和支出。

2.权责发生制

权责发生制是指以取得收取款项的权利或支付款项的义务为标志来确定本期收入和费用的会计确认基础。凡是属于当期已经实现的收入和已经发生的或应当负担的费用，不论款项是否收付，都应当作为当期的收入和费用；凡是不属于当期的收入和费用，即使款项已在当期收付，也不应当作为当期的收入和费用。

（二）不同核算对象范围的会计核算基础

（1）对现金资源核算采用的核算基础是收付实现制。核算时对全部收入和支出都采用收付实现制确认。采用收付实现制核算确认的资产只包括各种货币资金，采用收付实现制核算时不确认负债。

（2）对当期财务资源核算采用的核算基础是修正的收付实现制。核算时除了对大部分收入和支出采用收付实现制确认以外，对应收款项和应付款项采用权责发生制确认。采用修正的收付实现制核算确认的资产除了货币资金以外，还包括应收款项；采用修正的收付实现制核算确认的负债是应付款项。

（3）对总财务资源核算采用的核算基础是修正的权责发生制。核算时除了对大部分收入、费用采用权责发生制确认以外，对取得非金融性资产发生的支出和将非金融性资产变现取得的资金采用收付实现制确认。采用修正的权责发生制核算确认的资产包括全部金融性资产，采用修正的权责发生制核算确认的负债包括全部负债。

（4）对经济资源核算采用的核算基础是权责发生制。核算时对全部收入、费用都采用权责发生制确认。采用权责发生制核算确认的资产包括全部资产，采用权责发生制核算确认的负债包括全部负债。

会计核算对象与会计核算基础的对应关系如表3-2所示。

表3-2 会计核算对象与会计核算基础的对应关系

核算对象	核算基础	资产	负债	收入	支出/费用
现金资源	收付实现制	货币资金	无	收付实现制	收付实现制
当期财务资源	修正的收付实现制	货币资金、应收款项	应付款项	仅对应收款项采用权责发生制	仅对应付款项采用权责发生制
总财务资源	修正的权责发生制	金融性资产	全部负债	仅对将非金融性资产变现取得的资金采用收付实现制	仅对取得非金融性资产发生的支出采用收付实现制
经济资源	权责发生制	全部资产	全部负债	权责发生制	权责发生制

（三）政府会计子系统的核算基础

一般情况下，政府会计可以分解成3大子系统。

1.预算会计核算主要采用收付实现制基础

在政府会计中，将反映和监督政府或政府单位预算执行情况的会计管理活动称为政府预算会计，以提供预算执行情况会计信息为目的的会计核算属于预算会计核算。根据前面所述内容，预算会计的核算对象为现金资源，该资源对应的核算基础是收付实现制。因此，预算会计采用的核算基础应当是收付实现制。

在预算期末，有些受收支预算控制的政府活动已经发生，但是相应的现金尚未流入或流出会计主体，形成应计收入或应计支付。为了更详细地反映预算执行情况，预算会计核算往往在预算期末对这种应计收入或应计支付采用权责发生制确认并予以报告。因此，在预算期末，预算会计采用的核算基础可以是修正的收付实现制。

2.财务会计核算主要采用权责发生制基础

在政府会计中，将反映和监督政府或政府单位财务状况的会计管理活动称为政府财务会计，以提供财务状况会计信息为目的的会计核算属于财务会计核算。根据前面所述内容，财务会计的核算对象为经济资源，该资源对应的核算基础是权责发生制。因此，财务会计采用的核算基础应当是权责发生制。

在政府财务会计中，为了减少有些经济活动（如财政部门对预算单位的拨款）会计核算的工作量，在会计期间会采用收付实现制进行确认；有些活动形成的资产（如文物文化资产和自然资源资产等）由于很难计量，也会对其导致的收支采用收付实现制确认。因此，财务会计采用的核算基础往往不是完全的权责发生制。

3.成本会计核算主要采用权责发生制基础

在政府会计中，将反映和监督政府单位提供服务成本的会计管理活动称为政府成本会计，以提供服务成本会计信息为目的的会计核算属于成本会计核算。根据前面所述内容，成本会计核算的对象为经济资源，经济资源对应的核算基础是权责发生制。因此，成本会计采用的核算基础也应当是权责发生制。

第三节 政府会计要素与等式

政府会计要素是基于报告的需要对政府会计核算对象的基本划分。

每组会计报表会计要素中的各个会计要素之间具有等式关系，各组会计报表会计要素之间也具有一定的等式关系，这些等式关系形成会计报表内部结构和会计报表之间的勾稽关系。预算收入支出表的要素包括预算收入、预算支出和预算结余。资产负债表的要素包括资产、负债和净资产。收入费用表的要素包括收入和费用。回顾发现，我国政府会计要素和等式历经了两种模式。

一、“五要素”的政府会计要素与等式

“五要素”核算是指政府会计核算时设置预算收入、预算支出、资产、负债、净资产五个会计要素。在采用“五要素”进行核算时，会计要素等式如下。

资产负债表会计要素之间的等式关系：

资产=负债+净资产 （3－1）

预算收入支出表会计要素之间的等式关系：

期初滚存结转结余+预算收入–预算支出=期末滚存结转结余 （3－2）

二、“八要素”的政府会计要素与等式

“八要素”核算是指政府会计核算时设置预算收入、预算支出、预算结余、资产、负债、净资产、收入、费用八个会计要素。在采用“八要素”进行核算时，会计要素等式如下。

预算收入支出表会计要素之间的等式关系：

预算收入–预算支出=当期预算结余 （3－3）

资产负债表会计要素之间的等式关系：

资产=负债+净资产 （3－4）

收入费用表会计要素之间的等式关系：

收入–费用=当期盈余（收入费用差额） （3－5）

预算收入支出表中的预算收入与收入费用表中的收入之间的等式关系：

预算收入–不属于收入的预算收入 +不属于预算收入的收入= 收入 （3－6）

预算收入支出表中的预算支出与收入费用表中的费用之间的等式关系：

预算支出 –不属于费用的预算支出 +不属于预算支出的费用 = 费用 （3–7）

将公式（3–6）、公式（3–7）代入公式（3–5），得到下列等式：

（预算收入–不属于收入的预算收入+不属于预算收入的收入）–（预算支出–不属于费用的预算支出+不属于预算支出的费用）=当期盈余 （3–8）

整理得出：

(预算收入–预算支出)–(不属于收入的预算收入–不属于费用的预算支出)+(不属于预算收入的收入–不属于预算支出的费用)=当期盈余 （3–9）

进一步整理得到：

当期预算结余–(不属于收入的预算收入–不属于费用的预算支出)+(不属于预算收入的收入–不属于预算支出的费用)=当期盈余 （3–10）

公式（3–10）反映出预算收入支出表与收入费用表之间的勾稽关系。

截至目前，我国财政总会计、政府单位会计都采用“八要素”模式，即财务会计要素包括资产、负债、净资产、收入和费用，预算会计要素包括预算收入、预算支出和预算结余。

第四节　政府会计的规范体系

政府会计的法规体系是指导和约束财政总会计和政府单位会计工作的法律、准则、制度和政策的总称。政府会计的法规体系包括基本法律、行政法规和部门规章制度三个层次。

一、基本法律与行政法规

《中华人民共和国会计法》和《中华人民共和国预算法》是政府会计法规体系中的两部基本法律。

《中华人民共和国会计法》是会计法律制度中层次最高的法律规范，是指导会计工作的最高准则，是规范会计行为的基本法律，是制定其他会计法规的依据。政府与事业单位会计规范的制定都必须以《中华人民共和国会计法》为准绳，不能与之相抵触或相背离。

《中华人民共和国预算法》是规范政府收支行为，强化预算约束，加强对预算的管理和监督，建立健全全面规范、公开透明的预算制度，规范各级政府、行政事业单位财务会计活动的基本法律。政府会计编制和执行预算、组织财政财务活动、进行财政管理都必须遵守《中华人民共和国预算法》。

国务院发布，或者经国务院批准财政部发布的各种单项规定是政府会计法规体系中的行政法规，主要包括《中华人民共和国预算法实施条例》《权责发生制政府综合财务报告制度改革方案》等。

二、部门规章制度

会计规章制度是由财政部发布，或者由国务院主管业务部门制定后经财政部同意而联合发布的具体制度和规定。基于我国政府会计改革的实际，目前我国已经形成了相对完整的政府会计规则体系，也称政府会计标准体系。目前，中国政府会计核算依据的会计标准体系是政府会计准则体系、政府会计制度体系和政府会计报告制度体系。

（一）政府会计准则体系

政府会计准则主要用于规范政府会计核算中的会计确认、计量和信息披露。作为政府会计标准的会计准则体系包括政府会计基本准则、政府会计具体准则及应用指南以及财政部根据具体情况发布的准则解释。截至2023年10月，中国政府会计准则体系如图3–2所示。

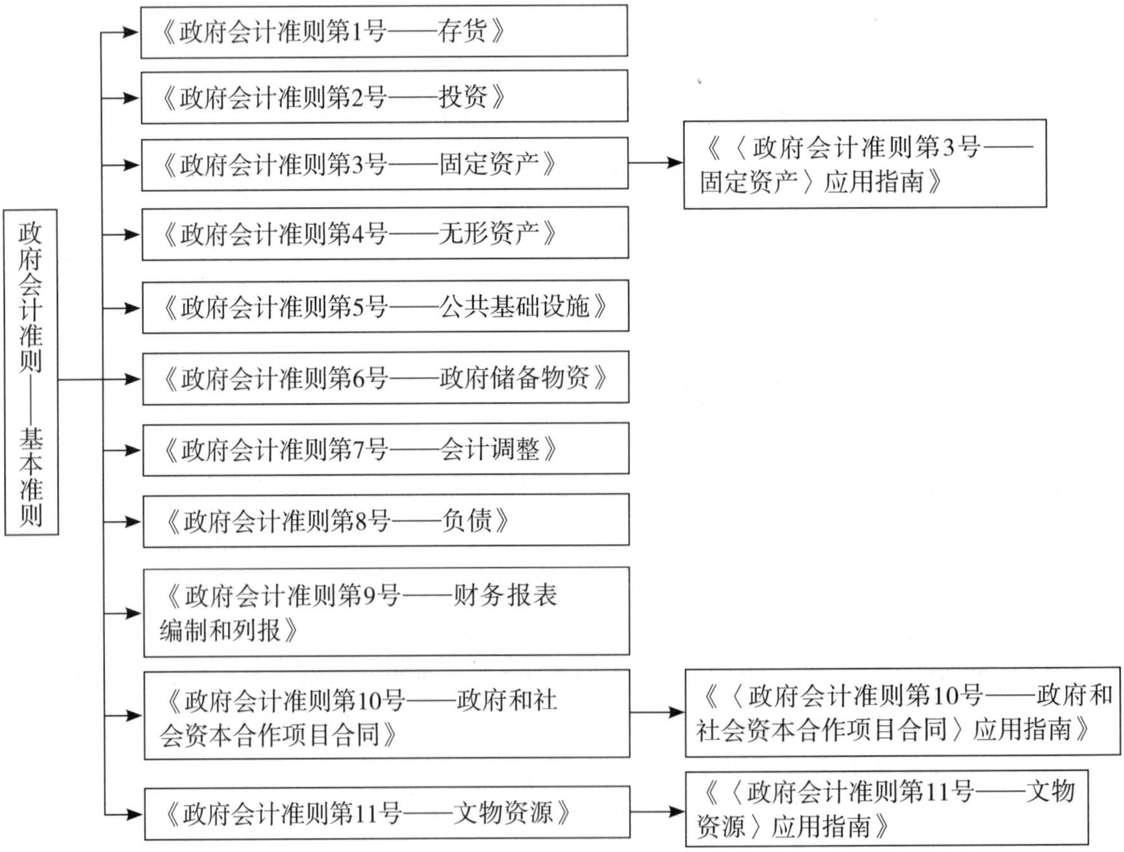

图3–2　中国政府会计准则体系

（二）政府会计制度体系

政府会计制度主要用于规范政府会计核算中的会计记账和会计报表编制。作为政府会计标准的会计制度体系包括适用于各种政府会计主体的会计制度、补充规定及制度解释。目前，中国涉及政府组织的会计制度（含会计核算办法）有10多个。这些会计制度可以从不同角度进行划分（见图3-3）。

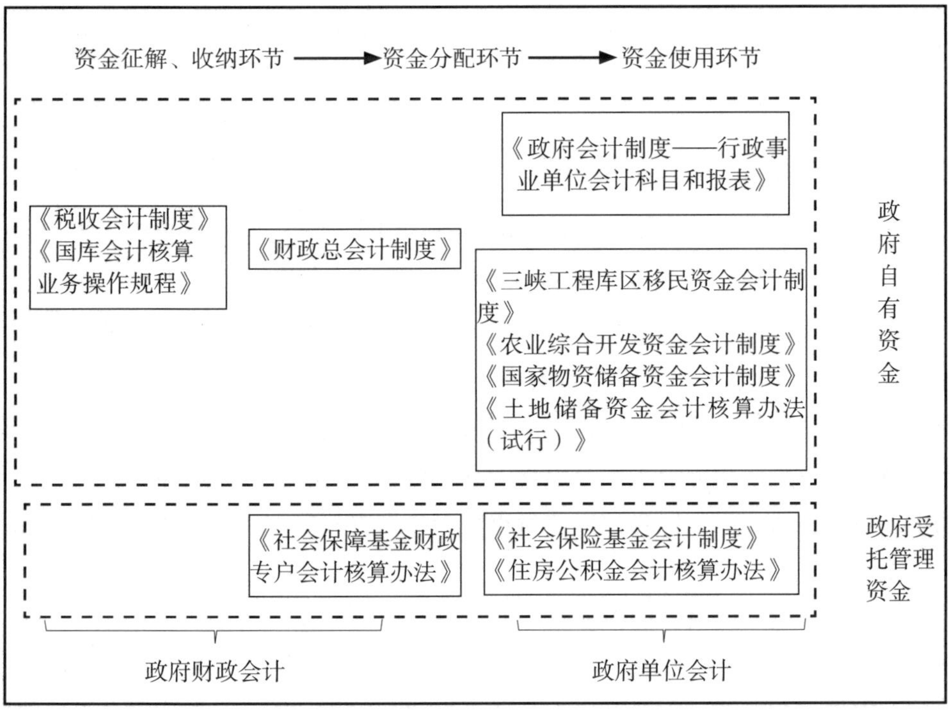

图3-3　中国政府会计制度体系

（1）按照政府获得、分配及使用资金的过程，政府会计制度可以分为核算政府收入征解和收纳环节资金的会计制度（如《税收会计制度》和《国库会计核算业务操作规程》）、核算政府财政分配环节资金的会计制度（如《财政总会计制度》）、核算政府财政资金和其他资金使用环节的会计制度（如《政府会计制度——行政事业单位会计科目和报表》《国家物资储备资金会计制度》等）。

（2）按照涵盖的资金业务内容，政府会计制度可以分为核算普通业务资金的会计制度、核算特定资金的会计制度。

（3）按照资金的性质，政府会计制度可以分为核算政府自有资金的会计制度、核算政府受托管理资金的会计制度。

（4）按照适用会计主体的属性，政府会计制度可以分为适用以组织为核算主体的会计制度（如《政府会计制度——行政事业单位会计科目和报表》）、适用以特定资金为核算主体的会计制度（如《三峡工程库区移民资金会计制度》《农业综合开发资金会计制度》等）。

从总体上看，中国政府会计体系可以分成“财政端”的财政总会计，由各级财政部门履行会计职能；“单位端”的政府单位会计，由各级各类政府单位履行会计职能。目前，财政总会计与政府单位会计在概念框架上趋同，都采用了财务会计与预算会计适度区分并相互衔接的功能设计，其中财务会计实行权责发生制，预算会计实行收付实现制，国家法律法规另有规定的除外。

政府单位是指履行政府功能作为主要职责的机构，主要包括行政单位和事业单位。其中，行政单位是指进行国家行政管理、组织经济建设和文化建设、维护社会公共秩序的单位；事业单位是指国家或者国有单位出资成立的、以增进社会公共利益为目的的组织。

（三）政府会计报告制度体系

政府会计报告制度的主要作用是规范政府会计报告主体编制会计报告。根据编制会计报告的目的和内容，政府会计报告制度分为财务报告制度和决算报告制度。根据会计报告涵盖的范围，政府会计报告制度分为适用于政府整体（由财政部门编制）的会计报告制度和适用于政府部门（单位）的会计报告制度。

财务报告制度规范政府会计报告主体的财务报告编制。其内容包括规定会计报告主体财务报告编制的范围、财务报告应当包含的基本内容、财务报告汇总编报流程、财务报告报表的汇总编制方法、财务报告数据质量审核和数据资料管理、财务报告各级编制单位的职责分工等。

目前，政府财政部门执行的财务报告制度是财政部颁布的《政府财务报告编制办法》中关于政府综合财务报告的规定和《政府综合财务报告编制操作指南》。政府部门（单位）执行的财务报告制度是财政部颁布的《政府财务报告编制办法》中关于政府部门财务报告的规定和《政府部门财务报告编制操作指南》。

章后思考题

1. 政府会计核算对象有哪些资源口径，主要区别在哪里？
2. 政府会计的外部信息使用者有哪些？
3. 服务型政府建设对政府会计目标和技术选择有何影响？
4. 我国现行政府会计的规范体系是如何构成的？

第四章　政府预算与财政总会计

第一节　政府预算的概念与构成

一、政府预算

政府预算是由政府立法机构批准、由政府行政机构执行的法定收支计划，是对政府及政府单位的收支进行控制和监督的标准。

《中华人民共和国预算法》第三条：国家实行一级政府一级预算，设立中央，省、自治区、直辖市，设区的市、自治州，县、自治县、不设区的市、市辖区，乡、民族乡、镇五级预算。全国预算由中央预算和地方预算组成。地方预算由各省、自治区、直辖市总预算组成。地方各级总预算由本级预算和汇总的下一级总预算组成；下一级只有本级预算的，下一级总预算即指下一级的本级预算。没有下一级预算的，总预算即指本级预算。《中华人民共和国预算法》第八条：各部门预算由本部门及其所属各单位预算组成。

政府预算包括收入预算和支出预算。收入预算是对政府及政府单位筹集资金的来源及数量的法定计划，支出预算是对政府及政府单位安排资金分配的公共服务领域及数量或者使用资金的用途及数量的法定计划。

二、财政预算与部门预算

中国的政府预算包括财政预算和部门预算。财政预算是对财政部门筹集、分配和使用资金的预算，部门预算是对政府主管部门及所属单位筹集、使用资金的预算。

财政预算按照对财政资金不同的预算管理分为一般公共预算、 政府性基金预算、国有资本经营预算，以及财政部门管理的社会保险基金预算。

财政预算的收入包括各种税收收入和政府非税收入。财政预算的支出包括两个部分：一是财政部门对各个政府单位的财政拨款，又称财政拨款支出，这是财政预算支出的主要部分；二是财政部门代表政府直接对政府以外的支出，又称财政直接支出，如偿还政府的主权外债和兑付政府债券的本息支出、对国际组织的投资支出等。

部门预算的收入包括两个部分：一是获得财政部门对本部门所属单位的财政拨款，又称财政拨款收入，这是部门预算收入的主要部分；二是本部门所属单位通过事业活动或经营活动等取得的收入，又称非财政资金收入。部门预算的支出包括各个政府单位对政府以外的支出。

从政府整体看，财政预算的财政拨款支出就是部门预算的财政拨款收入。在政府全部收支纳入预算管理的条件下，财政预算收入加上部门预算中的非财政资金收入组成政府全部收入，财政预算直接支出加上部门预算支出组成政府全部支出。财政预算收支和部门预算收支的关系如图4–1所示。

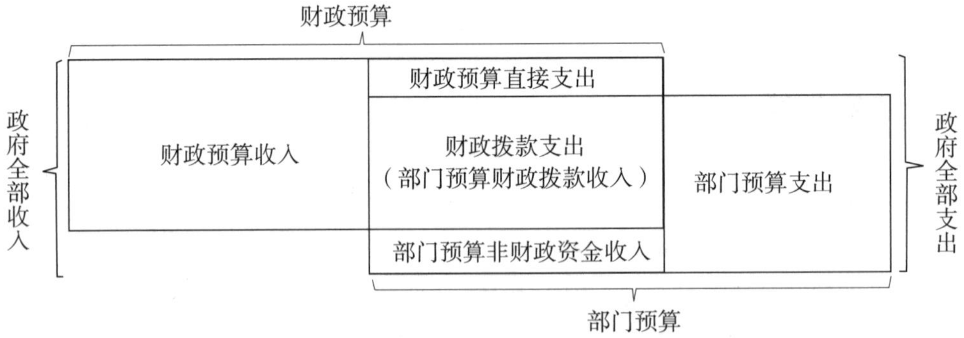

图4–1　财政预算收支和部门预算收支的关系

第二节　政府会计与政府预算的关系

一、政府会计与政府预算的对应关系

政府会计的组成与政府预算的组成紧密联系（见图4–2）。基于我国现行的预算体制，政府会计体系分成财政总会计和政府单位会计两部分。前者是反映和监督政府财政预算执行情况及财政财务状况的会计，由于设在政府财政部门，因此简称财政总会计；后者是反映和监督政府所属单位的预算执行情况及财务状况的会计，简称政府单位会计。

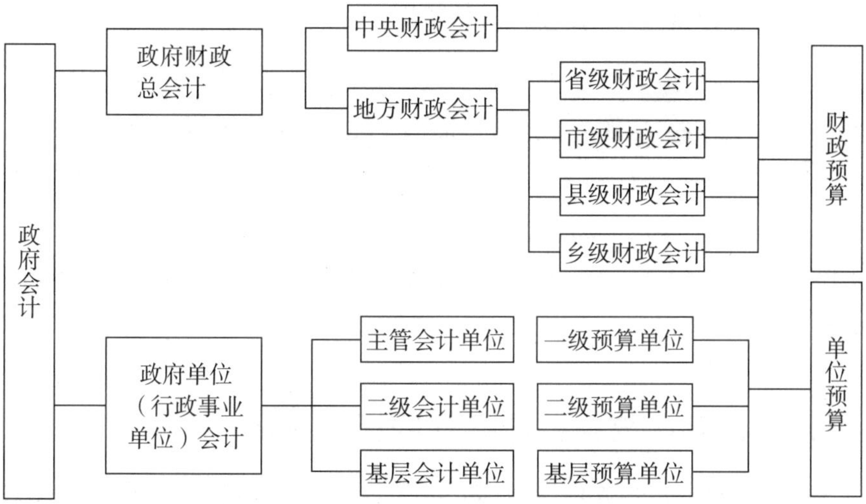

图4-2　政府会计与政府预算的对应关系

二、财政预算的有关核算账户

2022年，为了规范有关财政预算的会计核算，财政部制定了《财政总会计制度》，以其取代2015年制定的《财政总预算会计制度》；另外，还在《预算指标会计核算实施方案》基础上发布了《预算指标核算管理办法（试行）》。这两项制度都于2023年1月1日起开始实施。目前，我国政府会计体系中可用于财政会计核算的账户可以分成三大类。

（一）预算指标会计账户

《预算指标核算管理办法（试行）》规定设置的预算指标会计账户，用以核算财政预算资金的预算数及在预算数基础上形成的各个层级预算指标，与《财政总会计制度》的预算执行数具有紧密的对应关系。根据《预算指标核算管理办法（试行）》，用来核算预算指标的会计账户总体上分为两大部分：一部分是收入预算账户，由于其账户余额一般在贷方，又称贷方余额账户；另一部分是支出预算账户，由于其账户余额在借方，又称借方余额账户。

（二）财政总会计——预算会计账户

《财政总会计制度》规定设置的预算会计账户，用以核算纳入财政预算管理的财政资金（简称“财政预算资金”）的流入流出，以及滚存的财政预算资金。按照预算会计要素，预算会计账户分为预算收入类账户、预算支出类账户和预算结余类账户。当财政预算资金的收入、支出及结余发生变化时，在预算会计账户之间进行借贷平衡的登记。期末，根据各个预算会计账户的本期累计发生额或期末余额，编制预算会计报表。

（三）财政总会计——财务会计账户

《财政总会计制度》规定设置的财务会计账户，用以核算除社会保险基金以外财政资金形成的财政资产、财政负债和财政净资产的增减变动。按照财务会计要素，财务会计账户分为资产类账户、负债类账户、净资产类账户、收入类账户和费用类账户。当发生财政资产、财政负债、财政净资产变动，以及这些变动引发财政收入、费用变化时，在财务会计账户之间进行借贷平衡的登记。期末，根据各个财务会计账户的本期累计发生额或期末余额，编制财务会计报表。

三、预算指标会计与财政总会计的记账关系

（一）预算指标会计账户与财政总会计——预算会计账户的记账关系

当财政部门收到纳入财政收入预算管理的财政资金时，预算指标会计账户中的“确认收入”账户和预算会计账户中的预算收入类账户进行同步（时间一致、金额一致）记账；当财政部门支付纳入财政支出预算管理的财政资金时，预算指标会计账户中的“确认支付”账户和预算会计账户中的预算支出类账户进行同步（时间一致、金额一致）记账。通过预算指标会计账户和预算会计相关账户的同步记账，确保预算指标会计账户核算的确认收入和确认支付如实反映财政预算资金的实际收支。同时，通过“确认收入”“确认支付”账户登记的数据与“政府收入预算”“政府支出预算”账户登记的数据的对比，反映财政预算的实际执行情况。

（二）财政总会计中预算会计与财务会计账户的记账关系

财政总会计对财政部门的经济活动，采用预算会计账户和财务会计账户平行记账的方式登记，即如果一项经济活动既引起预算会计要素项目发生变动，又引起财务会计要素项目发生变动，就要同时在预算会计账户和财务会计账户中进行登记；如果一项经济活动只引起预算会计要素项目发生变动，那么只在预算会计账户中进行登记；如果一项经济活动只引起财务会计要素项目发生变动，那么只在财务会计账户中进行登记。预算会计账户和财务会计账户的平行记账，既可以及时反映财政预算的执行情况，又可以全面反映政府财政的财务状况（见图4–3）。

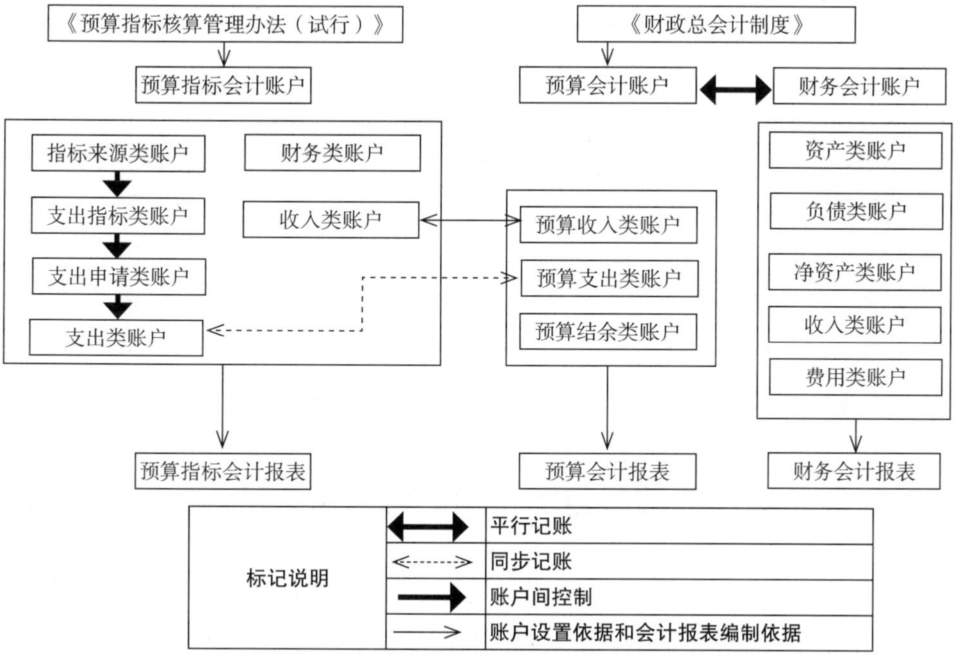

图4-3　财政会计账户体系示意图

第三节　财政总会计的概念框架

一、财政总会计的内涵与职责

财政总会计是各级政府财政核算、反映、监督一般公共预算资金、政府性基金预算资金、国有资本经营预算资金、社会保险基金预算资金以及财政专户管理资金、专用基金和代管资金等有关资金的经济活动或事项的专业会计。

财政总会计应当根据政府会计准则（包括基本准则和具体准则）规定的原则和《财政总会计制度》的要求，对各级财政机关发生的各项经济业务或事项进行会计核算，具体职责如下。

（1）各级财政机关应进行会计核算。开展政府财政各项预算收支、资产负债以及财政运行的会计核算工作，反映政府财政预算执行情况、财务状况、运行情况和现金流量情况等。

（2）各级财政机关应严格实施财政资金收付调度管理。政府财政部门组织实施财政资金的收付、调拨，在确保资金安全性、规范性、流动性的前提下，合理调度管理资金，提高资金的使用效益。

（3）各级财政机关应规范账户管理。政府财政部门应加强对国库单一账户、财政专户、零余额账户和预算单位银行账户等的管理。

（4）各级财政机关应实行会计监督，参与预算管理和财务管理。各级财政机关通过会计核算和反映，进行预算执行情况、财务状况、运行情况和现金流量情况分析，并对政府财政部门及其所属单位的预算执行和财务管理情况实行会计监督。

（5）财政总会计需要协调预算收入征收部门、国家金库、国库集中收付代理银行、财政专户开户银行和其他有关部门之间的业务关系。

（6）财政机关负责组织本地区财政总决算、部门决算、政府财务报告编审和汇总工作。政府各部门、各单位应当对本部门、本单位财务报告的真实性、准确性、完整性、规范性进行初审。政府财政部门应当对部门财务报告的准确性、完整性、规范性进行复审。

（7）各级财政机关负责组织和指导下级财政总会计工作。

二、财政总会计的核算目标、期间和计量方法

财政总会计的核算目标是向会计信息使用者提供政府财政预算执行情况、财务状况、运行情况和现金流量等会计信息，反映政府财政受托责任履行情况。财政总会计的会计核算应当以本级政府财政业务活动持续正常进行为前提。财政总会计的会计信息使用者包括人民代表大会、政府及其有关部门、政府财政部门自身和其他会计信息使用者。

财政总会计应当划分会计期间，分期结算账目，按规定编制会计报表和报告。会计期间至少分为年度和月度。会计年度、月度等会计期间的起讫日期采用公历日期。年度终了后，可根据工作需要设置一定期限的上年报告清理期。

财政总会计应当以人民币作为记账本位币，以元为金额单位，元以下记至角、分。发生外币业务，在登记外币金额的同时，一般应当按照业务发生当日中国人民银行公布的汇率中间价，将有关外币金额折算为人民币金额记账。

期末，各种以外币计价或结算的资产负债项目，应当按照期末中国人民银行公布的汇率中间价进行折算，因汇率变动产生的差额记入有关费用和支出科目。财政总会计采用借贷记账法记账。

三、财政总会计的确认基础

财政总会计应当具备财务会计与预算会计双重功能，实现财务会计与预算会计适度区分并相互衔接，全面清晰地反映政府财政财务信息和预算执行信息。与此相适应的财务会计实行权责发生制、预算会计实行收付实现制，国家法律法规等另有规定的，依照其规定处理。

对于纳入预算管理的财政资金收支业务，在采用预算会计核算的同时应当进行财务会计核算；对于不同预算类型资金间的调入调出、代发国债等业务，仅需进行预算会计核

算；对于其他业务，仅需进行财务会计核算。

四、财政总会计中的财务会计要素

财务会计包括资产、负债、净资产、收入和费用五要素，其概念及具体内容如下。

（一）资产

财政总会计核算的资产，应当按照取得或发生时的实际金额进行计量。按照流动性，资产分为流动资产和非流动资产。流动资产是指预计在1年内（含1年）耗用或者可以变现的资产，非流动资产是指流动资产以外的资产。

财政总会计核算的资产具体包括国库存款、其他财政存款、国库现金管理资产、有价证券、应收非税收入、应收股利、应收及暂付款项、借出款项、预拨经费、在途款、应收转贷款、股权投资等。

（二）负债

财政总会计核算的负债，应当按照承担的有关义务金额或实际发生金额进行计量。按照流动性，负债分为流动负债和非流动负债。流动负债是指预计在1年内（含1年）偿还的负债，非流动负债是指流动负债以外的负债。

财政总会计核算的负债具体包括应付政府债券、应付国库集中支付结余、应付及暂收款项、应付代管资金、应付利息、借入款项、应付转贷款、其他负债等。

（三）净资产

财政总会计核算的净资产是指本级政府财政总会计核算的资产扣除负债后的净额。财政总会计核算的净资产包括累计盈余、本期盈余、预算稳定调节基金、预算周转金、权益法调整、以前年度盈余调整等。

（四）收入

财政总会计核算的收入，应当按照开具票据金额或实际取得金额进行计量。财政总会计核算的收入包括税收收入、非税收入、投资收益、转移性收入、其他收入、财政专户管理资金收入、专用基金收入等。

（五）费用

财政总会计核算的费用，应当按照承担支付义务金额或实际发生金额进行计量。财政总会计核算的费用包括政府机关商品和服务拨款费用、政府机关工资福利拨款费用、对事业单位补助拨款费用、对企业补助拨款费用、对个人和家庭补助拨款费用、对社会保障基金补助拨款费用、资本性拨款费用、其他拨款费用、财务费用、转移性费用、其他费用、财政专户管理资金支出、专用基金支出等。

五、财政总会计中的预算会计要素

预算会计要素包括预算收入、预算支出和预算结余，其概念及具体内容如下。

（一）预算收入

预算收入一般在实际取得时予以确认，以实际取得的金额计量。财政总会计核算的预算收入包括一般公共预算收入、政府性基金预算收入、国有资本经营预算收入、财政专户管理资金收入、专用基金收入、转移性预算收入、动用预算稳定调节基金、债务预算收入、债务转贷预算收入、待处理收入等。

财政总会计应当加强对各项预算收入的管理，严格办理会计核算手续。对于各项预算收入的账务处理必须以审核无误的国库入账凭证、预算收入日报表、专户资金入账凭证和其他合法凭证为依据。若发现错误，应当按照有关规定及时通知有关单位共同更正。

对于已缴入国库和财政专户的预算收入退库（付），要严格把关，加强监督。凡不属于国家规定的退库（付）项目，一律不得办理退库（付）及冲退预算收入。属于国家规定的退库（付）项目，具体退库（付）事项按财政部的有关规定办理。

（二）预算支出

预算支出一般在实际发生时予以确认，以实际发生的金额计量。财政总会计核算的预算支出包括一般公共预算支出、政府性基金预算支出、国有资本经营预算支出、财政专户管理资金支出、专用基金支出、转移性预算支出、安排预算稳定调节基金、债务还本预算支出、债务转贷预算支出、待处理支出等。

财政总会计应当加强预算支出管理，科学预测和调度资金，严格按照批准的年度预算办理支出业务，严格审核拨付申请，严格按照预算管理规定和实际拨付金额列报支出，不得办理无预算、超预算的支出业务，不得任意调整预算支出科目。对于各项支出的账务处理必须以审核无误的国库划款清算凭证、资金支付凭证和其他合法凭证为依据。

（三）预算结余

预算结余是指预算年度内政府预算收入扣除预算支出后的余额，以及历年滚存的库款和专户资金余额。财政总会计核算的预算结余包括一般公共预算结转结余、政府性基金预算结转结余、国有资本经营预算结转结余、财政专户管理资金结余、专用基金结余、预算稳定调节基金、预算周转金和资金结存等。

六、财政总会计的会计科目

财政总会计的会计科目如表4-1所示。

表4-1 财政总会计的会计科目

一、财务会计科目		
（一）资产类		
序号	科目编号	会计科目名称
1	1001	国库存款
2	1002	其他财政存款
3	1003	国库现金管理资产
	100301	商业银行定期存款
	100399	其他国库现金管理资产
4	1011	有价证券
5	1021	应收非税收入
6	1022	应收股利
7	1031	借出款项
8	1032	与下级往来
9	1033	预拨经费
10	1034	在途款
11	1035	其他应收款
12	1041	应收地方政府债券转贷款
	104101	应收本金
	104102	应收利息
13	1042	应收主权外债转贷款
	104201	应收本金
	104202	应收利息
14	1061	股权投资
	106101	国际金融组织股权投资
	106102	政府投资基金股权投资
	106103	企业股权投资
（二）负债类		
序号	科目编号	会计科目名称
15	2001	应付短期政府债券
	200101	应付国债
	200102	应付地方政府一般债券
	200103	应付地方政府专项债券
16	2011	应付国库集中支付结余

续表

17	2012	与上级往来
18	2013	其他应付款
19	2014	应付代管资金
20	2015	应付利息
	201501	应付国债利息
	201502	应付地方政府债券利息
	201503	应付地方政府主权外债利息
21	2021	应付长期政府债券
	202101	应付国债
	202102	应付地方政府一般债券
	202103	应付地方政府专项债券
22	2022	借入款项
23	2031	应付地方政府债券转贷款
	203101	应付本金
	203102	应付利息
24	2032	应付主权外债转贷款
	203201	应付本金
	203202	应付利息
25	2041	其他负债
（三）净资产类		
序号	科目编号	会计科目名称
26	3001	累计盈余
	300101	预算管理资金累计盈余
	300102	财政专户管理资金累计盈余
	300103	专用基金累计盈余
27	3011	本期盈余
	301101	预算管理资金本期盈余
	301102	财政专户管理资金本期盈余
	301103	专用基金本期盈余
28	3021	预算稳定调节基金
29	3022	预算周转金
30	3041	权益法调整
31	3051	以前年度盈余调整
	305101	预算管理资金以前年度盈余调整
	305102	财政专户管理资金以前年度盈余调整
	305103	专用基金以前年度盈余调整
（四）收入类		
序号	科目编号	会计科目名称
32	4001	税收收入
33	4002	非税收入
34	4011	投资收益

续表

35	4021	补助收入
36	4022	上解收入
37	4023	地区间援助收入
38	4031	其他收入
39	4041	财政专户管理资金收入
40	4042	专用基金收入
（五）费用类		
序号	科目编号	会计科目名称
41	5001	政府机关商品和服务拨款费用
42	5002	政府机关工资福利拨款费用
43	5003	对事业单位补助拨款费用
44	5004	对企业补助拨款费用
45	5005	对个人和家庭补助拨款费用
46	5006	对社会保障基金补助拨款费用
47	5007	资本性拨款费用
48	5008	其他拨款费用
49	5011	财务费用
	501101	利息费用
	501102	债务发行兑付费用
	501103	汇兑损益
50	5021	补助费用
51	5022	上解费用
52	5023	地区间援助费用
53	5031	其他费用
54	5041	财政专户管理资金支出
55	5042	专用基金支出
二、预算会计科目		
（一）预算收入类		
序号	科目编号	会计科目名称
56	6001	一般公共预算收入
57	6002	政府性基金预算收入
58	6003	国有资本经营预算收入
59	6005	财政专户管理资金收入
60	6007	专用基金收入
61	6011	补助预算收入
	601101	一般公共预算补助收入
	601102	政府性基金预算补助收入
	601103	国有资本经营预算补助收入
	601111	上级调拨

续表

62	6012	上解预算收入
	601201	一般公共预算上解收入
	601202	政府性基金预算上解收入
	601203	国有资本经营预算上解收入
63	6013	地区间援助预算收入
64	6021	调入预算资金
	602101	一般公共预算调入资金
	602102	政府性基金预算调入资金
65	6031	动用预算稳定调节基金
66	6041	债务预算收入
	604101	国债收入
	604102	一般债务收入
	604103	专项债务收入
67	6042	债务转贷预算收入
	604201	一般债务转贷收入
	604202	专项债务转贷收入
68	6051	待处理收入
	605101	库款资金待处理收入
	605102	专户资金待处理收入
（二）预算支出类		
序号	科目编号	会计科目名称
69	7001	一般公共预算支出
70	7002	政府性基金预算支出
71	7003	国有资本经营预算支出
72	7005	财政专户管理资金支出
73	7007	专用基金支出
74	7011	补助预算支出
	701101	一般公共预算补助支出
	701102	政府性基金预算补助支出
	701103	国有资本经营预算补助支出
	701111	调拨下级
75	7012	上解预算支出
	701201	一般公共预算上解支出
	701202	政府性基金预算上解支出
	701203	国有资本经营预算上解支出
76	7013	地区间援助预算支出
77	7021	调出预算资金
	702101	一般公共预算调出资金
	702102	政府性基金预算调出资金
	702103	国有资本经营预算调出资金
78	7031	安排预算稳定调节基金

续表

79	7041	债务还本预算支出
	704101	国债还本支出
	704102	一般债务还本支出
	704103	专项债务还本支出
80	7042	债务转贷预算支出
	704201	一般债务转贷支出
	704202	专项债务转贷支出
81	7051	待处理支出
（三）预算结余类		
序号	科目编号	会计科目名称
82	8001	一般公共预算结转结余
83	8002	政府性基金预算结转结余
84	8003	国有资本经营预算结转结余
85	8005	财政专户管理资金结余
86	8007	专用基金结余
87	8031	预算稳定调节基金
88	8033	预算周转金
89	8041	资金结存
	804101	库款资金结存
	804102	专户资金结存
	804103	在途资金结存
	804104	集中支付结余结存
	804105	上下级调拨结存
	804106	待发国债结存
	804107	零余额账户结存
	804108	已结报支出
	804109	待处理结存

第四节　财政总会计的结账与结算

财政总会计应当按月进行会计结账。具体结账事宜按照会计基础工作规范有关规定办理。政府财政部门应当及时进行年终清理结算，并在预算会计和财务会计账中准确反映清理结算结果。年终清理结算的主要事项如下。

一、核对年度预算

年终前，财政总会计应配合预算管理部门将本级政府财政全年预算指标与上下级政府财政转移性收支预算和本级各部门预算进行核对，及时办理预算调整和转移支付事项。本年预算调整和对下级政府下达财政转移支付预算指标一般截止到11月30日，各项预算拨款一般截止到12月25日。

二、清理本年收入

财政总会计应认真清理本年收入，与非税收入征收部门核对年末应收非税收入情况，并组织收入征收部门和国家金库进行年度对账，督促收入征收部门和国家金库年终前及时将本年税收收入和非税收入缴入国库或指定财政专户，确保准确核算本年收入。

三、清理本年支出和费用

各级部门应在本年支领列报的款项，非特殊原因，应在年终前办理完毕。财政总会计对本级各单位的支出和费用应与单位的相应收入进行核对，确保核对无误。属于应收回的拨款应及时收回，并按收回数相应冲减支出和费用。

四、核实股权、债权和债务

财政部门内部、债务管理部门应在有关业务发生时及时向财政总会计提供与股权、债权、债务等核算和反映有关的资料，确保财务会计资产负债信息确认的及时性。各级财政债务管理部门需定期向财政总会计提供上下级政府财政核对确认的本地区债权债务利息有关资料。财政部门内部涉及股权投资的相关管理部门应提供与股权投资对应的股权证明材料及变动情况资料。

年末，财政总会计应将股权投资、借出款项、应收股利、应收地方政府债券转贷款、应收主权外债转贷款、借入款项、应付短期政府债券、应付长期政府债券、应付地方政府债券转贷款、应付主权外债转贷款、应付利息、其他负债等余额与相关管理部门进行核对，记录不一致的要及时查明原因，按规定调整账务，相关管理部门要及时向财政总会计提供有关资料，确保账实相符、账账相符。

五、清理往来款项

政府财政要认真清理其他应收款、其他应付款等各种往来款项，在年度终了前予以收回或归还。应转作收入或支出、费用的各项款项，预算会计与财务会计要及时处理。

财政总会计对年终报告清理期内发生的会计事项，应当划清会计年度，及时进行结账。属于上年度的会计事项记入上年度会计账，属于新年度的会计事项记入新年度会计账，防止错记漏记。通常记入上年度的会计事项主要有如下三项。

（一）依据年终财政结算单进行核算

财政预算管理部门要在年终清理的基础上，于次年元月底前结清上下级政府财政的转移性收支和往来款项。财政总会计要按照财政管理体制的规定和专项需要，根据预算结算单，与年度预算执行过程中已补助和已上解的数额进行比较，结合往来款项和借垫款项情况，计算出全年最后应补或应退的数额，填制“年终财政决算结算单”，经核对无误后，作为年终财政结算凭证，由预算会计和财务会计入账。

（二）依据企业决算数据进行核算

财政部门内部涉及股权投资的相关管理部门应及时取得纳入财政总会计核算范围的被投资主体经审计后的决算报表，并据此向财政总会计提供股权投资核算所需资料，由财务会计对股权投资变动情况进行核算。

（三）依据人大审议意见进行核算

本级人民代表大会常务委员会（或人民代表大会）审查意见中提出的需更正原报告的有关事项，财政总会计应根据审查意见调整有关账目。

六、年终结账程序

财政总会计应对预算会计和财务会计分别办理年终结账。年终结账工作一般分为年终转账、结清旧账和记入新账三个步骤，依次做账。

（一）年终转账

计算出预算会计和财务会计各科目12月合计数和全年累计数，结出年末余额。

预算会计将预算收入和预算支出分别转入“一般公共预算结转结余”“政府性基金预算结转结余”“国有资本经营预算结转结余”“财政专户管理资金结余”“专用基金结余”等科目冲销。

财务会计将收入和费用分别转入相应的本期盈余科目冲销，再将本期盈余科目转入相应的累计盈余科目冲销。

（二）结清旧账

将各收入、支出和费用科目的借方、贷方结出全年总计数。对年终有余额的科目，在“摘要”栏内注明“结转下年”字样，表示转入新账。

（三）记入新账

根据年终转账后的总账和明细账余额，编制年终资产负债表和有关明细表（不需填制记账凭证），预算会计和财务会计将表列的各科目余额分别记入新年度有关总账和明细账的“年初余额”栏内，并在“摘要”栏内注明“上年结转”字样，以区别新年度发生数。

第五节　财政总会计的报告编制

一、财政总会计的财务会计报表

财务会计报表包括资产负债表、收入费用表、现金流量表、本年预算结余与本期盈余调节表等会计报表和附注。

财政总会计应当按照下列规定编制财务会计报表。

（1）财政总会计的收入费用表应当按月度和年度编制，资产负债表、现金流量表、本年预算结余与本期盈余调节表等会计报表和附注应当至少按年度编制。

（2）财政总会计应当根据《财政总会计制度》编制并提供真实、完整的会计报表，切实做到账表一致，不得估列代编，弄虚作假。

（3）财政总会计要严格按照统一规定的种类、格式、内容、计算方法和编制口径填制会计报表，以保证全国统一汇总和分析。汇总报表的单位，要把所属单位的报表汇集齐全，防止漏报。

二、财政总会计的预算会计报表

预算会计报表包括预算收入支出表、一般公共预算执行情况表、政府性基金预算执行情况表、国有资本经营预算执行情况表、财政专户管理资金收支情况表、专用基金收支情况表等会计报表和附注。

财政总会计预算会计报表附注应当至少披露下列内容。

（1）遵循《财政总会计制度》的声明。

（2）本级政府财政预算执行情况的说明。

（3）会计报表中列示的重要项目的进一步说明，包括主要构成、增减变动情况等。

（4）有助于理解和分析会计报表的其他需要说明的事项。

三、财政总会计的信息化管理

各级财政部门应当加强有关业务处理系统及网络的建设和运行维护，必须确保各级财政总会计采用的会计信息管理系统符合《财政总会计制度》规定的核算方法，系统运行安全稳定、业务办理规范有序、业务信息真实有效。同时，应不断推进会计信息化应用，加强会计信息管理系统电子化改造，推进与其他有关业务系统的有效衔接，不断提高财政总会计账务处理及报表生成的自动化程度，并为会计档案电子化管理提供支撑。

各级财政总会计不得直接在会计信息管理系统中更改登记有误的账簿信息，应当采取冲销法或补充登记法重新填制调账记账凭证，复核无误后登记会计账簿。信息管理系统储存的财政总会计原始数据应当由专人定期备份至专用存储设备。保存电子会计数据的存储介质应当纳入容灾备份体系妥善保管。

四、财政总会计的会计监督

各级财政总会计应加强对各项财政业务的核算管理与会计监督，应自觉接受人民代表大会、审计部门、监察部门，以及上级政府财政部门的监督，按规定向人民代表大会、审计部门、监察部门，以及上级政府财政部门提供有关资料。在工作中严格依法办事，对不合法的会计事项应及时予以纠正或按程序反映。同时，应加强对预算单位财政资金使用情况的管理，及时掌握有关单位的用款情况，发现问题及时按程序反映。

章后思考题

1. 预算指标会计与财政总会计有何关系？
2. 财政总会计的会计要素是什么？
3. 财政总会计年终清理有哪些步骤？

第五章　政府财务会计规范与实务

本章将依据政府会计准则、政府会计制度，以权责发生制为基础，介绍政府单位会计中的财务会计规范与处理，相关会计科目详见附录。

第一节　资产

政府财务会计的资产是指政府会计主体过去的经济业务或者事项形成的，由政府会计主体控制的，预期能够产生服务潜力或者带来经济利益流入的经济资源。按照流动性，政府财务会计的资产分为流动资产和非流动资产。流动资产是指预计在1年内（含1年）耗用或者可以变现的资产，包括货币资金、短期投资、应收及预付款项、存货及待摊费用等。非流动资产是指流动资产以外的资产，包括长期股权投资、长期债券投资、固定资产及其累计折旧、工程物资、在建工程、研发支出、无形资产及其累计折旧、公共基础设施及其累计折旧（摊销）、保障性住房及其累计折旧、政府储备物资、文物文化资产、受托代理资产、长期待摊费用和待处理财产损溢等。

一、流动资产的核算

（一）货币资金及短期投资

货币资金核算包括库存现金、银行存款、零余额账户用款额度、其他货币资金和短期投资的核算。

1.库存现金的核算

“库存现金”科目核算单位的库存现金。单位应当严格按照国家有关现金管理的规定收支现金，并按照《财政总会计制度》规定核算现金的各项收支业务。单位应当设置“库存现金日记账”，由出纳人员根据收付款凭证，按照业务发生顺序逐笔登记。每日终了，应当计算当日的现金收入合计数、现金支出合计数和结余数，并将结余数与实际库存数进行核对，做到账款相符。本科目应当设置“受托代理资产”明细科目，核算单位受托代理、代管的现金。本科目期末借方余额反映单位实际持有的库存现金。

库存现金的主要账务处理如表5-1所示。

表5-1 库存现金的主要账务处理

序号	业务和事项内容		账务处理	
			财务会计	预算会计
（1）	提现		借：库存现金 贷：银行存款等	—
	存现		借：银行存款等 贷：库存现金	—
（2）	差旅费	职工出差等借出现金	借：其他应收款 贷：库存现金	—
		出差人员报销差旅费	借：业务活动费用/单位管理费用等[实际报销金额] 库存现金[实际报销金额小于借款金额的差额] 贷：其他应收款 或： 借：业务活动费用/单位管理费用等[实际报销金额] 贷：其他应收款 库存现金[实际报销金额大于借款金额的差额]	借：行政支出/事业支出等[实际报销金额] 贷：资金结存——货币资金
（3）	其他涉及现金的业务	因开展业务等其他事项收到现金	借：库存现金 贷：事业收入/应收账款等	借：资金结存——货币资金 贷：事业预算收入等
		因购买服务、商品或其他事项支出现金	借：业务活动费用/单位管理费用/其他费用/应付账款等 贷：库存现金	借：行政支出/事业支出/其他支出等 贷：资金结存——货币资金
		对外捐赠现金资产	借：其他费用 贷：库存现金	借：其他支出 贷：资金结存——货币资金
（4）	受托代理、代管现金	收到	借：库存现金——受托代理资产 贷：受托代理负债	—
		支付	借：受托代理负债 贷：库存现金——受托代理资产	—
（5）	现金溢余	按照溢余金额转入待处理财产损溢	借：库存现金 贷：待处理财产损溢	借：资金结存——货币资金 贷：其他预算收入
		属于应支付给有关人员或单位的部分	借：待处理财产损溢 贷：其他应付款 借：其他应付款 贷：库存现金	借：其他预算收入 贷：资金结存——货币资金
		属于无法查明原因的部分，报经批准后	借：待处理财产损溢 贷：其他收入	—

续表

序号	业务和事项内容		账务处理	
			财务会计	预算会计
（6）	现金短缺	按照短缺金额转入待处理财产损溢	借：待处理财产损溢 贷：库存现金	借：其他支出 贷：资金结存——货币资金
		属于应由责任人赔偿的部分	借：其他应收款 贷：待处理财产损溢 借：库存现金 贷：其他应收款	借：资金结存——货币资金 贷：其他支出
		属于无法查明原因的部分，报经批准后	借：资产处置费用 贷：待处理财产损溢	—

2.银行存款的核算

“银行存款”科目核算单位存入银行或者其他金融机构的各种存款。单位应当严格按照国家有关支付结算办法的规定办理银行存款收支业务，并按照制度规定核算银行存款的各项收支业务。单位应当按照开户银行或其他金融机构、存款种类及币种等，分别设置“银行存款日记账”，由出纳人员根据收付款凭证，按照业务的发生顺序逐笔登记，每日终了应结出余额。应定期将“银行存款日记账”与“银行对账单”进行核对，至少每月核对一次。月度终了，单位银行存款日记账账面余额与银行对账单余额之间如有差额，应当逐笔查明原因并进行处理，按月编制“银行存款余额调节表”，调节相符。本科目应当设置“受托代理资产”明细科目，核算单位受托代理、代管的银行存款。本科目期末借方余额反映单位实际存放在银行或其他金融机构的款项。

银行存款的主要账务处理如表5-2所示。

表5-2　银行存款的主要账务处理

序号	业务和事项内容	账务处理	
		财务会计	预算会计
（1）	将款项存入银行或其他金融机构	借：银行存款 贷：库存现金/事业收入/其他收入等	借：资金结存——货币资金 贷：事业预算收入/其他预算收入等
（2）	提现	借：库存现金 贷：银行存款	—
（3）	支付款项	借：业务活动费用/单位管理费用/其他费用等 贷：银行存款	借：行政支出/事业支出/其他支出等 贷：资金结存——货币资金

续表

序号	业务和事项内容		账务处理	
			财务会计	预算会计
（4）	银行存款账户	收到银行存款利息	借：银行存款 贷：利息收入	借：资金结存——货币资金 贷：其他预算收入
		支付银行手续费等	借：业务活动费用/单位管理费用等 贷：银行存款	借：行政支出/事业支出等 贷：资金结存——货币资金
（5）	受托代理、代管银行存款	收到	借：银行存款——受托代理资产 贷：受托代理负债	—
		支付	借：受托代理负债 贷：银行存款——受托代理资产	—
（6）	外币业务	以外币购买物资、劳务等	借：在途物品/库存物品等 贷：银行存款[外币账户]/应付账款等[外币账户]	借：事业支出等 贷：资金结存——货币资金
		以外币收取相关款项等	借：银行存款[外币账户]/应收账款等[外币账户] 贷：事业收入等	借：资金结存——货币资金 贷：事业预算收入等
		期末，以各外币账户按照期末的即期汇率调整后的人民币余额与原账面人民币余额的差额，作为汇兑损益	借：银行存款/应收账款/应付账款等 贷：业务活动费用/单位管理费用等 [汇兑收益] 借：业务活动费用/单位管理费用等[汇兑损失] 贷：银行存款/应收账款/应付账款等	借：资金结存——货币资金 贷：行政支出/事业支出等[汇兑收益] 借：行政支出/事业支出等——汇兑损失 贷：资金结存——货币资金

“应收账款”、“应付账款”等科目的有关外币账户期末汇率调整业务的账务处理参照本科目。

3.零余额账户用款额度的核算

“零余额账户用款额度”科目核算实行国库集中支付的单位根据财政部门批复的用款计划收到和支用的零余额账户用款额度。本科目期末借方余额反映单位尚未支用的零余额账户的用款额度。年末注销单位零余额账户用款额度后，本科目应无余额。

零余额账户用款额度的主要账务处理如表5–3所示。

表5-3　零余额账户用款额度的主要账务处理

序号	业务和事项内容		账务处理	
			财务会计	预算会计
（1）	收到额度	收到“财政授权支付额度到账通知书”	借：零余额账户用款额度 贷：财政拨款收入	借：资金结存——零余额账户用款额度 贷：财政拨款预算收入
（2）	按照规定支用额度	支付日常活动费用	借：业务活动费用/单位管理费用等 贷：零余额账户用款额度	借：行政支出/事业支出等 贷：资金结存——零余额账户用款额度
		购买库存物品或购建固定资产等	借：库存物品/固定资产/在建工程等 贷：零余额账户用款额度	
（3）	提现	从零余额账户提取现金	借：库存现金 贷：零余额账户用款额度	借：资金结存——货币资金 贷：资金结存——零余额账户用款额度
		将现金退回单位零余额账户	借：零余额账户用款额度 贷：库存现金	借：资金结存——零余额账户用款额度 贷：资金结存——货币资金
（4）	因购货退回等发生国库授权支付额度退回	本年度授权支付的款项	借：零余额账户用款额度 贷：库存物品等	借：资金结存——零余额账户用款额度 贷：行政支出/事业支出等
		以前年度授权支付的款项	借：零余额账户用款额度 贷：库存物品/以前年度盈余调整等	借：资金结存——零余额账户用款额度 贷：财政拨款结转——年初余额调整/财政拨款结余——年初余额调整
（5）	年末，注销额度	根据代理银行提供的对账单注销财政授权支付额度	借：财政应返还额度——财政授权支付额度 贷：零余额账户用款额度	借：资金结存——财政应返还额度 贷：资金结存——零余额账户用款额度
		本年度财政授权支付预算指标数大于零余额账户额度下达数的，根据未下达的用款额度	借：财政应返还额度——财政授权支付额度 贷：财政拨款收入	借：资金结存——财政应返还额度 贷：财政拨款预算收入
（6）	下年初，恢复额度	根据代理银行提供的“财政授权支付额度恢复到账通知书”恢复财政授权支付额度	借：零余额账户用款额度 贷：财政应返还额度——财政授权支付额度	借：资金结存——零余额账户用款额度 贷：资金结存——财政应返还额度
		收到财政部门批复的上年末未下达零余额账户用款额度	借：零余额账户用款额度 贷：财政应返还额度——财政授权支付额度	借：资金结存——零余额账户用款额度 贷：资金结存——财政应返还额度

4.其他货币资金的核算

“其他货币资金”科目核算单位的外埠存款、银行本票存款、银行汇票存款、信用卡存款等各种其他货币资金。本科目应当设置“银行本票存款”“银行汇票存款”“信用卡存款”等明细科目进行明细核算。本科目期末借方余额反映单位实际持有的其他货币资金。

其他货币资金的主要账务处理如表5-4所示。

表5-4　其他货币资金的主要账务处理

<table>
<tr><th rowspan="2">序号</th><th rowspan="2" colspan="2">业务和事项内容</th><th colspan="2">账务处理</th></tr>
<tr><th>财务会计</th><th>预算会计</th></tr>
<tr><td>（1）</td><td>形成其他货币资金</td><td>取得银行本票、银行汇票、信用卡时</td><td>借：其他货币资金——银行本票存款
——银行汇票存款
——信用卡存款
贷：银行存款</td><td>—</td></tr>
<tr><td>（2）</td><td>发生支付</td><td>用银行本票、银行汇票、信用卡支付时</td><td>借：在途物品/库存物品等
贷：其他货币资金——银行本票存款
——银行汇票存款
——信用卡存款</td><td>借：事业支出等[实际支付金额]
贷：资金结存——货币资金</td></tr>
<tr><td>（3）</td><td>余款退回时</td><td>银行本票、银行汇票、信用卡的余款退回时</td><td>借：银行存款
贷：其他货币资金——银行本票存款
——银行汇票存款
——信用卡存款</td><td>—</td></tr>
</table>

5.短期投资的核算

“短期投资”科目核算事业单位按照规定取得的，持有时间不超过1年（含1年）的投资。本科目应当按照投资的种类等进行明细核算。本科目期末借方余额反映事业单位持有短期投资的成本。

短期投资的主要账务处理如表5-5所示。

表5-5　短期投资的主要账务处理

<table>
<tr><th rowspan="2">序号</th><th rowspan="2" colspan="2">业务和事项内容</th><th colspan="2">账务处理</th></tr>
<tr><th>财务会计</th><th>预算会计</th></tr>
<tr><td rowspan="2">（1）</td><td rowspan="2">取得短期投资</td><td>取得短期投资时</td><td>借：短期投资
贷：银行存款等</td><td>借：投资支出
贷：资金结存——货币资金</td></tr>
<tr><td>收到购买时已到付息期但尚未领取的利息时</td><td>借：银行存款
贷：短期投资</td><td>借：资金结存——货币资金
贷：投资支出</td></tr>
<tr><td>（2）</td><td colspan="2">短期投资持有期间收到利息</td><td>借：银行存款
贷：投资收益</td><td>借：资金结存——货币资金
贷：投资预算收益</td></tr>
</table>

续表

序号	业务和事项内容	账务处理	
		财务会计	预算会计
（3）	出售短期投资或到期收回短期投资（国债）本息	借：银行存款[实际收到的金额] 投资收益[借差] 贷：短期投资[账面余额] 投资收益[贷差]	借：资金结存——货币资金[实收款] 投资预算收益[实收款小于投资成本的差额] 贷：投资支出[出售或收回当年投资的] 其他结余[出售或收回以前年度投资的] 投资预算收益[实收款大于投资成本的差额]

【例5-1】某行政单位开出“现金支票”，从银行提取现金2 000元备用。

◎财务会计记账，预算会计不记账：

借：库存现金　　2 000

　　贷：银行存款　　2 000

【例5-2】某行政单位从单位零余额账户中提取现金3 000元以备日常零星开支。

◎财务会计记账：

借：库存现金　　3 000

　　贷：零余额账户用款额度　　3 000

◎预算会计记账：

借：资金结存——货币资金　　3 000

　　贷：资金结存——零余额账户用款额度　　3 000

【例5-3】某行政单位职工张某去外地出差，预借差旅费1 500元，以现金付讫。

◎财务会计记账，预算会计不记账：

借：其他应收款——张某　　1 500

　　贷：库存现金　　1 500

【例5-4】接上例，张某出差回来，核报差旅费1 250元，余款250元以现金交回。

◎财务会计记账：

借：业务活动费用　　1 250

　　库存现金　　250

　　贷：其他应收款——张某　　1 500

◎预算会计记账：

借：行政支出　　1 250

　　贷：资金结存——货币资金　　1 250

【例5-5】某事业单位以现金650元购买办公用品，已办理入库。

◎财务会计记账：

借：库存物品——办公用品　650

　　贷：库存现金　650

◎预算会计记账：

借：事业支出　650

　　贷：资金结存——货币资金　650

【例5-6】某事业单位盘点现金时，发现当日现金溢余200元，原因待查。

◎财务会计记账：

借：库存现金　200

　　贷：待处理财产损溢　200

◎预算会计记账：

借：资金结存——货币资金　200

　　贷：其他预算收入　200

【例5-7】接上例，经核实，该事业单位现金溢余200元确认并支付给某单位。

◎财务会计记账：

借：待处理财产损溢　200

　　贷：其他应付款　200

借：其他应付款　200

　　贷：库存现金　200

◎预算会计记账：

借：其他预算收入　200

　　贷：资金结存——货币资金　200

【例5-8】某事业单位在当日现金账款核对中发现现金短缺100元，原因待查。

◎财务会计记账：

借：待处理财产损溢　100

　　贷：库存现金　100

◎预算会计记账：

借：其他支出　100

　　贷：资金结存——货币资金　100

【例5-9】接上例，该事业单位经反复检查账目，确实无法查清现金短缺原因，经单位领导批准，同意将其列作资产处置费用处理。

◎财务会计记账，预算会计不记账：

借：资产处置费用　100

贷：待处理财产损溢　　100

【例5-10】某事业单位将多余现金1 000元送存银行。

◎财务会计记账，预算会计不记账：

借：银行存款　　1 000

　　贷：库存现金　　1 000

【例5-11】某事业单位尚未纳入国库集中支付制度改革，接到开户银行通知，收到财政拨入本月经费800 000元。

◎财务会计记账：

借：银行存款　　800 000

　　贷：财政拨款收入　　800 000

◎预算会计记账：

借：资金结存——货币资金　　800 000

　　贷：财政拨款预算收入　　800 000

【例5-12】未纳入国库集中支付制度改革的事业单位收到银行转来的委托收款凭证，经单位审核无误，支付业务活动用的物业管理费和租赁费共计60 000元。

◎财务会计记账：

借：业务活动费用　　60 000

　　贷：银行存款　　60 000

◎预算会计记账：

借：事业支出——财政拨款支出——基本支出　　60 000

　　贷：资金结存——货币资金　　60 000

【例5-13】某事业单位收到捐赠人受托代理的现金资产28 000元，已办理存款手续。

◎财务会计记账，预算会计不记账：

借：银行存款——受托代理资产　　28 000

　　贷：受托代理负债　　28 000

【例5-14】某事业单位订购培训教材100本，约定预付账款10 000元，签发转账支票付讫。

◎财务会计记账：

借：预付账款　　10 000

　　贷：银行存款　　10 000

◎预算会计记账：

借：事业支出　　10 000

　　贷：资金结存——货币资金　　10 000

【例5-15】接上例，该事业单位收到预订的培训教材，以现金补付价款280元。教材即领即发。

◎财务会计记账：

借：业务活动费用　　10 280

　　贷：库存现金　　280

　　　　预付账款　　10 000

◎预算会计记账：

借：事业支出　　280

　　贷：资金结存——货币资金　　280

【例5-16】某事业单位提供专业服务，收取外币款项收入100 000美元，当日汇率为1：6.8。

◎财务会计记账：

借：银行存款——美元存款　　680 000

　　贷：事业收入　　680 000

◎预算会计记账：

借：资金结存——货币资金　　680 000

　　贷：事业预算收入　　680 000

【例5-17】接上例，年末，美元与人民币汇率为1：6.5，调整美元存款年末余额。

◎财务会计记账：

借：业务活动费用　　30 000

　　贷：银行存款——美元存款　　30 000

◎预算会计记账：

借：事业支出——汇兑损失　　30 000

　　贷：资金结存——货币资金　　30 000

【例5-18】某行政单位收到单位零余额账户代理银行转来的“财政授权支付额度到账通知书”，列示该单位获得本月预算经费授权支付额度50 000元。

◎财务会计记账：

借：零余额账户用款额度　　50 000

　　贷：财政拨款收入　　50 000

◎预算会计记账：

借：资金结存——零余额账户用款额度　　50 000

　　贷：财政拨款预算收入　　50 000

【例5-19】某事业单位签发一份转账支票，通过单位零余额账户购买一批中性笔、打印纸等办公用品，共计金额9 600元，办公用品验收入库，款项以转账支票结清。

◎财务会计记账：

借：库存物品——办公用品　　9 600

　　贷：零余额账户用款额度　　9 600

◎预算会计记账：

借：事业支出　　9 600

　　贷：资金结存——零余额账户用款额度　　9 600

【例5-20】某事业单位通过零余额账户支付业务活动资料印刷费3 500元。

◎财务会计记账：

借：业务活动费用　　3 500

　　贷：零余额账户用款额度　　3 500

◎预算会计记账：

借：事业支出　　3 500

　　贷：资金结存——零余额账户用款额度　　3 500

【例5-21】某事业单位异地购买材料，在开户行取得银行本票30 000元。

◎财务会计记账，预算会计不记账：

借：其他货币资金——银行本票存款　　30 000

　　贷：银行存款　　30 000

【例5-22】接上例，该事业单位使用银行本票购买一批专用材料，价款28 000元，已办理入库手续，银行本票余款2 000元退回。

◎财务会计记账：

借：库存物品　　28 000

　　银行存款　　2 000

　　贷：其他货币资金——银行本票存款　　30 000

◎预算会计记账：

借：事业支出　　28 000

　　贷：资金结存——货币资金　　28 000

【例5-23】某事业单位购入1年期国债，债券面值300 000元，年利率3.5%，款项已通过银行转账支付。

◎财务会计记账：

借：短期投资　　300 000

　　贷：银行存款　　300 000

◎预算会计记账：

借：投资支出　　300 000

　　贷：资金结存——货币资金　　300 000

【例5-24】接上例，该事业单位购入的国债到期，兑付本金300 000元，利息收入

10 500元，按规定将投资收益纳入单位预算，款项已收存银行。

◎财务会计记账：

借：银行存款　　310 500

　　贷：短期投资　　300 000

　　　　投资收益　　10 500

◎预算会计记账：

借：资金结存——货币资金　　310 500

　　贷：投资支出　　300 000

　　　　投资预算收益　　10 500

（二）应收及预付款项

应收及预付款项的核算包括财政应返还额度、应收票据、应收账款、预付账款、应收股利、应收利息、其他应收款及坏账准备的核算。

1.财政应返还额度的核算

“财政应返还额度”科目核算实行国库集中支付的单位应收财政返还的资金额度，包括可以使用的以前年度财政直接支付资金额度和财政应返还的财政授权支付资金额度。本科目应当设置“财政直接支付”“财政授权支付”两个明细科目进行明细核算。本科目期末借方余额反映单位应收财政返还的资金额度。

财政应返还额度的主要账务处理如表5-6所示。

表5-6　财政应返还额度的主要账务处理

序号	业务和事项内容		账务处理	
			财务会计	预算会计
（1）	财政直接支付方式下，确认财政应返还额度	年末本年度预算指标数与当年实际支付数的差额	借：财政应返还额度——财政直接支付 　贷：财政拨款收入	借：资金结存——财政应返还额度 　贷：财政拨款预算收入
		下年度使用以前年度财政直接支付额度支付款项时	借：业务活动费用/单位管理费用/库存物品等 　贷：财政应返还额度——财政直接支付	借：行政支出/事业支出等 　贷：资金结存——财政应返还额度
（2）	财政授权支付方式下，确认财政应返还额度	年末本年度预算指标数大于额度下达数的，根据未下达的用款额度	借：财政应返还额度——财政授权支付 　贷：财政拨款收入	借：资金结存——财政应返还额度 　贷：财政拨款预算收入
		年末根据代理银行提供的对账单作注销额度处理	借：财政应返还额度——财政授权支付 　贷：零余额账户用款额度	借：资金结存——财政应返还额度 　贷：资金结存——零余额账户用款额度
		下年初额度恢复和下年初收到财政部门批复的上年末未下达零余额账户用款额度	借：零余额账户用款额度 　贷：财政应返还额度——财政授权支付	借：资金结存——零余额账户用款额度 　贷：资金结存——财政应返还额度

2.应收票据的核算

“应收票据”科目核算事业单位因开展经营活动销售产品、提供有偿服务等而收到的商业汇票，包括银行承兑汇票和商业承兑汇票。本科目应当按照开出、承兑商业汇票的单位等进行明细核算。本科目期末借方余额反映事业单位持有的商业汇票票面金额。

应收票据的主要账务处理如表5-7所示。

表5-7　应收票据的主要账务处理

序号	业务和事项内容		账务处理	
			财务会计	预算会计
（1）	收到商业汇票	销售产品、提供有偿服务等收到商业汇票时	借：应收票据 　贷：经营收入等	—
（2）	商业汇票向银行贴现	持未到期的商业汇票向银行贴现	借：银行存款[贴现净额]/经营费用等[贴现利息] 　贷：应收票据[不附追索权]/短期借款[附追索权]	借：资金结存——货币资金 　贷：经营预算收入等[贴现净额]
		附追索权的商业汇票到期未发生追索事项	借：短期借款 　贷：应收票据	—
（3）	商业汇票背书转让	将持有的商业汇票背书转让以取得所需物资	借：库存物品等 　贷：应收票据/银行存款[差额]	借：经营支出等[支付的金额] 　贷：资金结存——货币资金
（4）	商业汇票到期	商业汇票到期，收回应收票据	借：银行存款 　贷：应收票据	借：资金结存——货币资金 　贷：经营预算收入等
		商业汇票到期，付款人无力支付票款时	借：应收账款 　贷：应收票据	—

3.应收账款的核算

“应收账款”科目核算事业单位提供服务、销售产品等应收取的款项，以及单位因出租资产、出售物资等应收取的款项。本科目应当按照债务单位（或个人）进行明细核算。本科目期末借方余额反映单位尚未收回的应收账款。

应收账款的主要账务处理如表5-8所示。

表5-8　应收账款的主要账务处理

序号	业务和事项内容		账务处理	
			财务会计	预算会计
（1）	发生应收账款时	应收账款收回后不需上缴财政	借：应收账款 　贷：事业收入/经营收入/其他收入等	—
		应收账款收回后需上缴财政	借：应收账款 　贷：应缴财政款	—

续表

序号	业务和事项内容		账务处理	
			财务会计	预算会计
（2）	收回应收账款时	应收账款收回后不需上缴财政	借：银行存款等 贷：应收账款	借：资金结存——货币资金等 贷：事业预算收入/经营预算收入/其他预算收入等
		应收账款收回后需上缴财政	借：银行存款等 贷：应收账款	—
（3）	逾期无法收回应收账款	报批后予以核销	借：坏账准备/应缴财政款 贷：应收账款	—
		事业单位已核销不需上缴财政的应收账款在以后期间收回	借：应收账款 贷：坏账准备 借：银行存款 贷：应收账款	借：资金结存——货币资金 贷：非财政拨款结余等
		事业单位已核销需上缴财政的应收账款在以后期间收回	借：银行存款等 贷：应缴财政款	—

4.预付账款的核算

“预付账款”科目核算单位按照购货、服务合同或协议规定预付给供应单位（或个人）的款项，以及按照合同规定向承包工程的施工企业预付的备料款和工程款。本科目应当按照供应单位（或个人）及具体项目进行明细核算；对于基本建设项目发生的预付账款，还应当在本科目所属基建项目明细科目下设置“预付备料款”“预付工程款”“其他预付款”等明细科目进行明细核算。本科目期末借方余额反映单位实际预付但尚未结算的款项。

预付账款的主要账务处理如表5-9所示。

表5-9　预付账款的主要账务处理

序号	业务和事项内容	账务处理	
		财务会计	预算会计
（1）	发生预付账款时	借：预付账款 贷：财政拨款收入/零余额账户用款额度/银行存款等	借：行政支出/事业支出等 贷：财政拨款预算收入/资金结存
（2）	收到所购物资或劳务，以及根据工程进度结算工程价款等时	借：业务活动费用/库存物品/固定资产/在建工程等 贷：预付账款/零余额账户用款额度/财政拨款收入/银行存款等[补付款项]	借：行政支出/事业支出等[补付款项] 贷：财政拨款预算收入/资金结存

续表

<table>
<tr><th rowspan="2">序号</th><th rowspan="2" colspan="2">业务和事项内容</th><th colspan="2">账务处理</th></tr>
<tr><th>财务会计</th><th>预算会计</th></tr>
<tr><td rowspan="2">（3）</td><td rowspan="2">预付账款退回</td><td>当年预付账款退回</td><td>借：财政拨款收入/零余额账户用款额度/银行存款等
贷：预付账款</td><td>借：财政拨款预算收入/资金结存
贷：行政支出/事业支出等</td></tr>
<tr><td>以前年度预付账款退回</td><td>借：财政应返还额度/零余额账户用款额度/银行存款等
贷：预付账款</td><td>借：资金结存
贷：财政拨款结余——年初余额调整/财政拨款结转——年初余额调整等</td></tr>
<tr><td>（4）</td><td colspan="2">逾期无法收回的预付账款转为其他应收款</td><td>借：其他应收款
贷：预付账款</td><td>—</td></tr>
</table>

5.应收股利的核算

“应收股利”科目核算事业单位持有长期股权投资应当收取的现金股利或应当分得的利润。本科目应当按照被投资单位等进行明细核算。本科目期末借方余额反映事业单位应当收取但尚未收到的现金股利或利润。

应收股利的主要账务处理如表5-10所示。

表5-10　应收股利的主要账务处理

<table>
<tr><th rowspan="2">序号</th><th rowspan="2" colspan="2">业务和事项内容</th><th colspan="2">账务处理</th></tr>
<tr><th>财务会计</th><th>预算会计</th></tr>
<tr><td rowspan="2">（1）</td><td rowspan="2">取得的股权投资</td><td>取得长期股权投资</td><td>借：长期股权投资
应收股利[取得投资所支付价款中包含的已宣告但尚未发放的现金股利或利润]
贷：银行存款[取得投资所支付的全部价款]</td><td>借：投资支出[取得投资所支付的全部价款]
贷：资金结存——货币资金</td></tr>
<tr><td>收到取得投资所支付价款中包含的已宣告但尚未发放的股利或利润时</td><td>借：银行存款
贷：应收股利</td><td>借：资金结存——货币资金
贷：投资支出等</td></tr>
<tr><td rowspan="2">（2）</td><td rowspan="2">持有投资期间</td><td>被投资单位宣告发放现金股利或利润</td><td>借：应收股利
贷：投资收益/长期股权投资</td><td>—</td></tr>
<tr><td>收到现金股利或利润时</td><td>借：银行存款
贷：应收股利</td><td>借：资金结存——货币资金
贷：投资预算收益</td></tr>
</table>

6.应收利息的核算

“应收利息”科目核算事业单位长期债券投资应当收取的利息。本科目应当按照被投资单位等进行明细核算。本科目期末借方余额反映事业单位应收未收的长期债券投资利息。事业单位购入的到期一次还本付息的长期债券投资持有期间的利息，不通过本科目核算，而应当通过“长期债券投资——应计利息”科目核算。

应收利息的主要账务处理如表5-11所示。

表5-11　应收利息的主要账务处理

序号	业务和事项内容		账务处理	
			财务会计	预算会计
（1）	取得的债券投资	取得长期债券投资	借：长期债券投资 应收利息[取得投资所支付价款中包含的已到付息期但尚未领取的利息] 贷：银行存款[取得投资所支付的全部价款]	借：投资支出[取得投资所支付的全部价款] 贷：资金结存——货币资金
		收到取得投资所支付价款中包含的已到付息期但尚未领取的利息时	借：银行存款 贷：应收利息	借：资金结存——货币资金 贷：投资支出等
（2）	持有投资期间	按期计提利息	借：应收利息[分期付息、到期还本债券计提的利息] 贷：投资收益	—
		实际收到利息	借：银行存款 贷：应收利息	借：资金结存——货币资金 贷：投资预算收益

7.其他应收款的核算

“其他应收款”科目核算单位除财政应返还额度、应收票据、应收账款、预付账款、应收股利、应收利息以外的其他各项应收及暂付款项，如职工预借的差旅费、已经偿还银行尚未报销的本单位公务卡欠款、拨付给内部有关部门的备用金、应向职工收取的各种垫付款项、支付的可以收回的订金或押金、应收的上级补助和附属单位上缴款项等。本科目应当按照其他应收款的类别以及债务单位（或个人）进行明细核算。本科目期末借方余额反映单位尚未收回的其他应收款。

其他应收款的主要账务处理如表5-12所示。

表5-12　其他应收款的主要账务处理

序号	业务和事项内容		账务处理	
			财务会计	预算会计
（1）	发生暂付款项（包括偿还未报销的公务卡款项）	暂付款项时	借：其他应收款 贷：银行存款/库存现金/零余额账户用款额度等	—
		报销时	借：业务活动费用/单位管理费用等[实际报销金额] 贷：其他应收款	借：行政支出/事业支出等[实际报销金额] 贷：资金结存
		收回暂付款项时	借：库存现金/银行存款等 贷：其他应收款	—

续表

序号	业务和事项内容		账务处理	
			财务会计	预算会计
（2）	发生其他各种应收款项	确认其他应收款项时	借：其他应收款 贷：上级补助收入/附属单位上缴收入/其他收入等	—
		收到其他应收款项时	借：银行存款/库存现金等 贷：其他应收款	借：资金结存——货币资金 贷：上级补助预算收入/附属单位上缴预算收入/其他预算收入等
（3）	拨付给内部有关部门的备用金	财务部门核定并发放备用金时	借：其他应收款 贷：库存现金	—
		根据报销数用现金补足备用金定额时	借：业务活动费用/单位管理费用等 贷：库存现金	借：行政支出/事业支出等 贷：资金结存——货币资金
（4）	逾期无法收回的其他应收款	经批准核销时	借：坏账准备[事业单位]/资产处置费用[行政单位] 贷：其他应收款	—
		已核销的其他应收款在以后期间收回	事业单位： 借：其他应收款 贷：坏账准备 借：银行存款等 贷：其他应收款 行政单位： 借：银行存款等 贷：其他收入	借：资金结存——货币资金 贷：其他预算收入

8.坏账准备的核算

“坏账准备”科目核算事业单位对收回后不需上缴财政的应收账款和其他应收款提取的坏账准备。本科目应当分别对应收账款和其他应收款进行明细核算。本科目期末贷方余额反映事业单位提取的坏账准备金额。

事业单位应当于每年年末，对收回后不需上缴财政的应收账款和其他应收款进行全面检查，分析其可收回性，对预计可能产生的坏账损失计提坏账准备、确认坏账损失。事业单位可以采用应收款项余额百分比法、账龄分析法、个别认定法等方法计提坏账准备。坏账准备计提方法一经确定，不得随意变更。如需变更，应当按照规定报经批准，并在财务报表附注中予以说明。

当期应补提或冲减的坏账准备金额的计算公式如下：

当期应补提或冲减的坏账准备金额=按照期末应收账款和其他应收款计算应计提的坏账准备金额-本科目期末贷方余额（或+本科目期末借方余额）

坏账准备的主要账务处理如表5-13所示。

表5-13 坏账准备的主要账务处理

序号	业务和事项内容	账务处理		
		预算会计		财务会计
（1）	年末全面分析不需上缴财政的应收账款和其他应收款	计提坏账准备，确认坏账损失	借：其他费用 贷：坏账准备	—
		冲减坏账准备	借：坏账准备 贷：其他费用	—
（2）	逾期无法收回的应收账款和其他应收款	报批后予以核销	借：坏账准备 贷：应收账款/其他应收款	—
		已核销不需上缴财政的应收款项在以后期间收回	借：应收账款/其他应收款 贷：坏账准备 借：银行存款 贷：应收账款/其他应收款	借：资金结存——货币资金等 贷：非财政拨款结余等

【例5-25】年末，某事业单位本年度财政直接支付预算指标数为950 000元，财政直接支付实际支出数为900 000元，该单位存在尚未使用的财政直接支付预算指标50 000元。财政授权支付预算指标数为1 200 000元，单位零余额账户代理银行收到的零余额账户用款额度为1 150 000元，本年度财政授权支付实际支出数为1 130 000元，即该事业单位存在尚未收到的财政授权支付预算指标数50 000元，代理银行提供的对账单上列示零余额账户注销额度为20 000元。

◎财务会计记账：

借：财政应返还额度——财政直接支付　　50 000

　　　　　　　　　——财政授权支付　　50 000

　贷：财政拨款收入　　100 000

借：财政应返还额度——财政授权支付　　20 000

　贷：零余额账户用款额度　　20 000

◎预算会计记账：

借：资金结存——财政应返还额度　　100 000

　贷：财政拨款预算收入　　100 000

借：资金结存——财政应返还额度　　20 000

　贷：资金结存——零余额账户用款额度　　20 000

【例5-26】接上例，次年初，该事业单位向财政部门报送年终预算结余资金申报核定表，获得财政部门批复，同意恢复财政授权支付零余额账户用款额度20 000元。

◎财务会计记账：

借：零余额账户用款额度　　20 000

　　贷：财政应返还额度——财政授权支付　　20 000

◎预算会计记账：

借：资金结存——零余额账户用款额度　　20 000

　　贷：资金结存——财政应返还额度　　20 000

【例5-27】接上例，该事业单位收到财政部门批复的上年末未下达的单位零余额账户用款额度50 000元。

◎财务会计记账：

借：零余额账户用款额度　　50 000

　　贷：财政应返还额度——财政授权支付　　50 000

◎预算会计记账：

借：资金结存——零余额账户用款额度　　50 000

　　贷：资金结存——财政应返还额度　　50 000

【例5-28】次年初，某事业单位获得财政部门批复，同意恢复财政直接支付额度数，现使用该财政直接支付额度支付管理活动的相关费用11 800元。

◎财务会计记账：

借：单位管理费用　　11 800

　　贷：财政应返还额度　　11 800

◎预算会计记账：

借：事业支出　　11 800

　　贷：资金结存——财政应返还额度　　11 800

【例5-29】某事业单位因开展经营活动销售一批产品给某公司，价款50 000元，增值税税额8 500元，货已发出，合同约定两个月后付款，收到该公司开出的一张商业承兑汇票。

◎财务会计记账，预算会计不记账：

借：应收票据　　58 500

　　贷：经营收入　　50 000

　　　　应交增值税——应交税金（销项税额）　　8 500

【例5-30】接上例，该单位两个月期商业承兑汇票到期后，承兑单位无力付款。

◎财务会计记账，预算会计不记账：

借：应收账款　　58 500

　　贷：应收票据　　58 500

【例5-31】某事业单位因资金周转需要，持未到期的不带息商业承兑汇票申请银行贴现。票据面值20 000元，期限3个月，单位已持有1个月，银行的年贴现率为6%。

贴现实收金额=20 000−20 000×6%×2/12=19 800（元）

◎财务会计记账：

借：银行存款　　19 800

　　经营费用　　200

　　贷：应收票据　　20 000

◎预算会计记账：

借：资金结存——货币资金　　19 800

　　贷：经营预算收入　　19 800

【例5-32】某事业单位销售给甲企业一批产品，货款合计100 000元，增值税销项税额16 000元。货已发出，款未收到。

◎财务会计记账，预算会计不记账：

借：应收账款——甲企业　　116 000

　　贷：经营收入　　100 000

　　　　应交增值税——应交税金（销项税额）　　16 000

【例5-33】接上例，该事业单位应收某企业的货款116 000元已全部收回。

◎财务会计记账：

借：银行存款　　116 000

　　贷：应收账款　　116 000

◎预算会计记账：

借：资金结存——货币资金　　116 000

　　贷：经营预算收入　　116 000

【例5-34】某事业单位应收A公司的货款36 000元，由于该公司破产倒闭无法收回，因此该单位报批后予以核销处理。

◎财务会计记账，预算会计不记账：

借：坏账准备　　36 000

　　贷：应收账款　　36 000

【例5-35】某事业单位向B公司订购一批甲材料，按合同规定，预付该公司材料价款10 000元，款项通过单位零余额账户支付。

◎财务会计记账：

借：预付账款——B公司　　10 000

　　贷：零余额账户用款额度　　10 000

◎预算会计记账：

借：事业支出　　10 000

　　贷：资金结存——零余额账户用款额度　　10 000

【例5-36】接上例，该事业单位在合同收货期收到B公司运达的甲材料，材料价款20 000元，增值税税额3 400元。按合同规定将预付款抵作应付账款，余款13 400元通过单位零余额账户支付。

◎财务会计记账：

借：库存物品　20 000

　　应交增值税——应交税金（进项税额）　3 400

　　贷：预付账款——B公司　10 000

　　　　零余额账户用款额度　13 400

◎预算会计记账：

借：事业支出　13 400

　　贷：资金结存——零余额账户用款额度　13 400

【例5-37】某事业单位收到甲公司分派的现金股利12 000元。

◎财务会计记账：

借：银行存款　12 000

　　贷：应收股利　12 000

◎预算会计记账：

借：资金结存——货币资金　12 000

　　贷：投资预算收益　12 000

【例5-38】某事业单位收到乙公司长期债券投资利息10 000元。

◎财务会计记账：

借：银行存款　10 000

　　贷：应收利息　10 000

◎预算会计记账：

借：资金结存——货币资金　10 000

　　贷：投资预算收益　10 000

【例5-39】某事业单位根据审核后的借款单，签发给职工李某一张18 000元的转账支票。

◎财务会计记账，预算会计不记账：

借：其他应收款——李某　18 000

　　贷：银行存款　18 000

【例5-40】接上例，李某报销业务活动费用17 500元，余款退还。

◎财务会计记账：

借：业务活动费用　17 500

　　银行存款　500

贷：其他应收款——李某　　18 000

◎预算会计记账：

借：事业支出　　17 500

贷：资金结存——货币资金　　17 500

【例5-41】某事业单位采用应收款项余额百分比法计提坏账准备35 000元。

◎财务会计记账，预算会计不记账：

借：其他费用　　35 000

贷：坏账准备　　35 000

【例5-42】某事业单位确认一笔逾期无法收回的应收账款20 000元，按照有关规定报经批准后予以核销处理。

◎财务会计记账，预算会计不记账：

借：坏账准备　　20 000

贷：应收账款　　20 000

【例5-43】某事业单位收回一笔已核销不需上缴财政的应收账款18 000元。

◎财务会计记账：

借：应收账款　　18 000

贷：坏账准备　　18 000

借：银行存款　　18 000

贷：应收账款　　18 000

◎预算会计记账：

借：资金结存——货币资金　　18 000

贷：非财政拨款结余　　18 000

（三）存货及待摊费用

存货及待摊费用的核算包括在途物品、库存物品、加工物品和待摊费用的核算。

1.在途物品的核算

"在途物品"科目核算单位采购材料等物资时货款已支付或已开出商业汇票但尚未验收入库的在途物品的采购成本。本科目可按照供应单位和物品种类进行明细核算。本科目期末借方余额反映单位在途物品的采购成本。

在途物品的主要账务处理如表5-14所示。

表5-14 在途物品的主要账务处理

序号	业务和事项内容	账务处理	
		财务会计	预算会计
（1）	购入材料等物资，结算凭证收到而货未到，款已付或已开出商业汇票	借：在途物品 贷：财政拨款收入/零余额账户用款额度/银行存款/应付票据等	借：行政支出/事业支出/经营支出等 贷：财政拨款预算收入/资金结存
（2）	所购材料等物资到达验收入库	借：库存物品 贷：在途物品	—

2.库存物品的核算

“库存物品”科目核算单位在开展业务活动及其他活动中为耗用或出售而储存的各种材料、产品、包装物、低值易耗品，以及达不到固定资产标准的用具、装具、动植物等的成本。已完成的测绘、地质勘察、设计成果等的成本，也通过本科目核算。本科目应当按照库存物品的种类、规格、保管地点等进行明细核算。单位储存的低值易耗品、包装物较多的，可以在本科目（低值易耗品、包装物）下按照“在库”“在用”和“摊销”等进行明细核算。本科目期末借方余额反映单位库存物品的实际成本。

单位随买随用的零星办公用品，可以在购进时直接列作费用，不通过本科目核算。单位控制的政府储备物资，应当通过“政府储备物资”科目核算，不通过本科目核算。单位受托存储保管的物资和受托转赠的物资，应当通过“受托代理资产”科目核算，不通过本科目核算。单位为在建工程购买和使用的材料物资，应当通过“工程物资”科目核算，不通过本科目核算。

库存物品的主要账务处理如表5-15所示。

表5-15 库存物品的主要账务处理

序号	业务和事项内容		账务处理	
			财务会计	预算会计
（1）	取得库存物品	外购的库存物品验收入库	借：库存物品 贷：财政拨款收入/财政应返还额度/零余额账户用款额度/银行存款/应付账款等	借：行政支出/事业支出/经营支出等 贷：财政拨款预算收入/资金结存
		自制的库存物品加工完成、验收入库	借：库存物品——相关明细科目 贷：加工物品——自制物品	—

续表

序号	业务和事项内容		账务处理	
			财务会计	预算会计
（1）	取得库存物品	委托外单位加工收回的库存物品	借：库存物品——相关明细科目 贷：加工物品——委托加工物品	—
		置换换入的库存物品	借：库存物品[换出资产评估价值+其他相关支出]/固定资产累计折旧/无形资产累计摊销 资产处置费用[借差] 贷：库存物品/固定资产/无形资产等[账面余额]/银行存款等[其他相关支出] 其他收入[贷差]	借：其他支出[实际支付的其他相关支出] 贷：资金结存
		涉及补价的： ①支付补价的	借：库存物品[换出资产评估价值+其他相关支出+补价]/固定资产累计折旧/无形资产累计摊销 资产处置费用[借差] 贷：库存物品/固定资产/无形资产等[账面余额]/银行存款等[其他相关支出+补价] 其他收入[贷差]	借：其他支出[实际支付的补价和其他相关支出] 贷：资金结存
		②收到补价的	借：库存物品[换出资产评估价值+其他相关支出−补价]/银行存款等[补价] 固定资产累计折旧/无形资产累计摊销/资产处置费用[借差] 贷：库存物品/固定资产/无形资产等[账面余额]/银行存款等[其他相关支出] 应缴财政款[补价−其他相关支出] 其他收入[贷差]	借：其他支出[其他相关支出与收到补价的差额] 贷：资金结存
		接受捐赠的库存物品	借：库存物品[按照确定的成本] 贷：银行存款等[相关税费]/捐赠收入	借：其他支出[实际支付的相关税费] 贷：资金结存
		无偿调入的库存物品	借：库存物品[按照确定的成本] 贷：银行存款等[相关税费]/无偿调拨净资产	借：其他支出[实际支付的相关税费] 贷：资金结存
		按照名义金额入账的接收捐赠、无偿调入的库存物品及发生的相关税费、运输费等	借：库存物品[名义金额] 贷：捐赠收入[接受捐赠]/无偿调拨净资产[无偿调入]	—
			借：其他费用 贷：银行存款等	借：其他支出 贷：资金结存
（2）	发出库存物品	开展业务活动领用、按照规定自主出售或加工物品等领用、发出库存物品时	借：业务活动费用/单位管理费用/经营费用/加工物品等 贷：库存物品[按照领用、发出成本]	—
		经批准对外捐赠的库存物品发出时	借：资产处置费用 贷：库存物品[账面余额] 银行存款[归属于捐出方的相关费用]	借：其他支出[实际支付的相关费用] 贷：资金结存

续表

<table>
<tr><th rowspan="2">序号</th><th rowspan="2" colspan="2">业务和事项内容</th><th colspan="2">账务处理</th></tr>
<tr><th>财务会计</th><th>预算会计</th></tr>
<tr><td rowspan="3">（2）</td><td rowspan="3">发出库存物品</td><td>经批准无偿调出的库存物品发出时</td><td>借：无偿调拨净资产
贷：库存物品[账面余额]
借：资产处置费用
贷：银行存款等[归属于调出方的相关费用]</td><td>借：其他支出[实际支付的相关费用]
贷：资金结存</td></tr>
<tr><td>经批准对外出售[自主出售除外]的库存物品发出时</td><td>借：资产处置费用
贷：库存物品[账面余额]
借：银行存款等[收到的价款]
贷：银行存款等[发生的相关税费]
应缴财政款</td><td>—</td></tr>
<tr><td>经批准置换换出库存物品时</td><td colspan="2">参照置换换入库存物品的账务处理</td></tr>
<tr><td rowspan="3">（3）</td><td rowspan="3">库存物品定期盘点及毁损、报废</td><td>盘盈的库存物品</td><td>借：库存物品
贷：待处理财产损溢</td><td>—</td></tr>
<tr><td>盘亏或者毁损、报废的库存物品转入待处理资产</td><td>借：待处理财产损溢
贷：库存物品[账面余额]</td><td>—</td></tr>
<tr><td>增值税一般纳税人购进的非自用材料发生盘亏或者毁损、报废的</td><td>借：待处理财产损溢
贷：应交增值税——应交税金（进项税额转出）</td><td>—</td></tr>
</table>

3.加工物品的核算

“加工物品”科目核算单位自制或委托外单位加工的各种物品的实际成本。未完成的测绘、地质勘察、设计成果的实际成本，也通过本科目核算。本科目应当设置“自制物品”“委托加工物品”两个一级明细科目，并按照物品类别、品种、项目等设置明细账进行明细核算。本科目“自制物品”一级明细科目下应当设置“直接材料”、“直接人工”、“其他直接费用”等，二级明细科目归集自制物品发生的“直接材料”、“直接人工”（专门从事物品制造人员的人工费）等直接费用；对于自制物品发生的间接费用，应当在本科目“自制物品”一级明细科目下单独设置“间接费用”，二级明细科目予以归集，期末再按照一定的分配标准和方法，分配计入有关物品的成本。期末借方余额反映单位自制或委托外单位加工但尚未完工的各种物品的实际成本。

加工物品的主要账务处理如表5–16所示。

表5-16　加工物品的主要账务处理

<table>
<tr><th rowspan="2">序号</th><th rowspan="2" colspan="2">业务和事项内容</th><th colspan="2">账务处理</th></tr>
<tr><th>财务会计</th><th>预算会计</th></tr>
<tr><td rowspan="4">（1）</td><td rowspan="4">自制物品</td><td>为自制物品领用材料时</td><td>借：加工物品——自制物品（直接材料）
贷：库存物品（相关明细科目）</td><td>—</td></tr>
<tr><td>专门从事物品制造的人员发生的直接人工费用</td><td>借：加工物品——自制物品（直接人工）
贷：应付职工薪酬</td><td>—</td></tr>
<tr><td>为自制物品发生其他直接费用和间接费用</td><td>借：加工物品——自制物品（其他直接费用、间接费用）
贷：财政拨款收入/零余额账户用款额度/银行存款等</td><td>借：事业支出/经营支出等[实际支付金额]
贷：财政拨款预算收入/资金结存</td></tr>
<tr><td>自制的物品加工完成、验收入库</td><td>借：库存物品（相关明细科目）
贷：加工物品——自制物品（直接材料、直接人工、其他直接费用、间接费用）</td><td>—</td></tr>
<tr><td rowspan="3">（2）</td><td rowspan="3">委托加工物品</td><td>发给外单位加工的材料</td><td>借：加工物品——委托加工物品
贷：库存物品（相关明细科目）</td><td>—</td></tr>
<tr><td>支付加工费用等</td><td>借：加工物品——委托加工物品
贷：财政拨款收入/零余额账户用款额度/银行存款等</td><td>借：行政支出/事业支出/经营支出等
贷：财政拨款预算收入/资金结存</td></tr>
<tr><td>委托加工的物品加工完成、验收入库</td><td>借：库存物品（相关明细科目）
贷：加工物品——委托加工物品</td><td>—</td></tr>
</table>

4.待摊费用的核算

“待摊费用”科目核算单位已经支付，但应当由本期和以后各期分别负担的分摊期在1年以内（含1年）的各项费用，如预付航空保险费、预付租金等。待摊费用应当在其受益期限内分期平均摊销，如预付航空保险费应在保险的有效期内、预付租金应在租赁期内分期平均摊销，计入当期费用。本科目应当按照待摊费用种类进行明细核算。本科目期末借方余额反映单位各种已支付但尚未摊销的分摊期在1年以内（含1年）的费用。

摊销期限在1年以上的租入固定资产改良支出和其他费用，应当通过“长期待摊费用”科目核算，不通过本科目核算。

待摊费用的主要账务处理如表5-17所示。

表5-17 待摊费用的主要账务处理

序号	业务和事项内容	账务处理	
		财务会计	预算会计
（1）	发生待摊费用时	借：待摊费用 贷：财政拨款收入/零余额账户用款额度/银行存款等	借：行政支出/事业支出等 贷：财政拨款预算收入/资金结存
（2）	按照受益期限分期平均摊销时	借：业务活动费用/单位管理费用/经营费用等 贷：待摊费用[每期摊销金额]	—
（3）	将摊余金额一次全部转入当期费用时	借：业务活动费用/单位管理费用/经营费用等 贷：待摊费用[全部未摊销金额]	—

【例5-44】某事业单位从外地购入一批经营性生产所用材料200千克，单价50元，总价款10 000元，增值税进项税额1 700元。材料已发出，单位已通过零余额账户转账支付货款。

◎财务会计记账：

借：在途物品　　10 000

应交增值税——应交税费（进项税额）　　1 700

贷：零余额账户用款额度　　11 700

◎预算会计记账：

借：事业支出　　11 700

贷：资金结存——货币资金　　11 700

【例5-45】接上例，该事业单位所购材料已到达并办理了验收入库手续。

◎财务会计记账，预算会计不记账：

借：库存物品　　11 700

贷：在途物品　　11 700

【例5-46】某事业单位从商场购入一批计算器、打印纸等办公用品，价款1 500元。办公用品已验收入库，款项以转账支票付清。

◎财务会计记账：

借：库存物品　　1 500

贷：银行存款　　1 500

◎预算会计记账：

借：事业支出　　1 500

贷：资金结存——货币资金　　1 500

【例5-47】某事业单位用现金购买了一批笔筒等桌上办公用品，总计金额200元，直接发放给各办公室使用。

◎财务会计记账：

借：业务活动费用　　200
　　贷：库存现金　　200

◎预算会计记账：

借：事业支出　　200
　　贷：资金结存——货币资金　　200

【例5-48】某事业单位接受一批捐赠材料，该材料价值28 000元，以银行存款支付运输费300元。

◎财务会计记账：

借：库存材料　　28 300
　　贷：捐赠收入　　28 000
　　　　银行存款　　300

◎预算会计记账：

借：其他支出　　300
　　贷：资金结存——货币资金　　300

【例5-49】某事业单位材料管理部门月末报送发出甲材料的汇总表，列示本月用于日常维修的甲材料领用发出金额合计12 000元。

◎财务会计记账，预算会计不记账：

借：业务活动费用　　12 000
　　贷：库存物品——甲材料　　12 000

【例5-50】某事业单位经批准将已不适用的库存B材料无偿调出，B材料账面余额2 500元，在调出过程中发生相关清理费用800元。

◎财务会计记账：

借：无偿调拨净资产　　2 500
　　贷：库存物品　　2 500

借：资产处置费用　　800
　　贷：银行存款　　800

◎预算会计记账：

借：其他支出　　800
　　贷：资金结存——货币资金　　800

【例5-51】某事业单位有关部门对库存材料进行突击盘点，发现库存材料账实不符，盘盈用于日常维修的甲材料10千克，每千克55元，材料价值550元。

◎财务会计记账，预算会计不记账：

借：库存物品——甲材料　　550
　　贷：待处理财产损溢　　550

【例5-52】 某事业单位进行财产清查，盘亏用于经营项目的乙材料10千克，每千克100元。

◎财务会计记账，预算会计不记账：

借：待处理财产损溢　　1 000

　　贷：库存物品——乙材料　　1 000

【例5-53】 某事业单位为开展业务活动自制一批教学模具，领用甲材料共计6 000元，直接人工费用8 800元，归集并支付间接费用1 400元。

◎财务会计记账：

借：加工物品——自制物品——直接材料　　6 000

　　　　　　　　　　　　——直接人工　　8 800

　　　　　　　　　　　　——间接费用　　1 400

　　贷：库存物品　　6 000

　　　　应付职工薪酬　　8 800

　　　　银行存款　　1 400

◎预算会计记账：

借：事业支出　　1 400

　　贷：资金结存——货币资金　　1 400

【例5-54】 接上例，该事业单位自制教学模具制造完成并验收入库，实际成本16 200元。

◎财务会计记账，预算会计不记账：

借：库存物品——教学模具　　16 200

　　贷：加工物品——自制物品　　16 200

【例5-55】 某事业单位委托某企业加工一批教学仪器，所需加工材料实际成本8 600元，材料已发出，相关加工费和运输费共计1 200元，通过单位零余额账户支付。

◎财务会计记账：

借：加工物品——委托加工物品　　9 800

　　贷：库存物品　　8 600

　　　　零余额账户用款额度　　1 200

◎预算会计记账：

借：事业支出　　1 200

　　贷：资金结存——货币资金　　1 200

【例5-56】 某事业单位通过单位零余额账户预付一年房屋租金120 000元。

◎财务会计记账：

借：待摊费用　　120 000

　　贷：零余额账户用款额度　　120 000

◎预算会计记账：

借：事业支出　　120 000

　　贷：资金结存——零余额账户用款额度　　120 000

【例5-57】接上例，该事业单位在受益期限摊销本月房屋租金10 000元。

◎财务会计记账，预算会计不记账：

借：业务活动费用　　10 000

　　贷：待摊费用　　10 000

二、长期投资的核算

长期投资的核算包括长期股权投资和长期债券投资的核算。

（一）长期股权投资

“长期股权投资”科目核算事业单位按照规定取得的，持有时间超过1年（不含1年）的股权性质的投资。本科目应当按照被投资单位和长期股权投资取得方式等进行明细核算。长期股权投资采用权益法核算的，还应当按照“成本”“损益调整”“其他权益变动”设置明细科目进行明细核算。本科目期末借方余额反映事业单位持有的长期股权投资的价值。

长期股权投资的主要账务处理如表5-18所示。

表5-18　长期股权投资的主要账务处理

<table>
<tr><th rowspan="2">序号</th><th rowspan="2" colspan="2">业务和事项内容</th><th colspan="2">账务处理</th></tr>
<tr><th>财务会计</th><th>预算会计</th></tr>
<tr><td rowspan="3">（1）</td><td rowspan="3">取得长期股权投资</td><td rowspan="2">以现金取得的长期股权投资收到取得投资时实际支付价款中所包含的已宣告但尚未发放的股利或利润时</td><td>借：长期股权投资——成本/长期股权投资
　　应收股利[实际支付价款中包含的已宣告但尚未发放的股利或利润]
　　贷：银行存款等[实际支付的价款]</td><td>借：投资支出[实际支付的价款]
　　贷：资金结存——货币资金</td></tr>
<tr><td>借：银行存款
　　贷：应收股利</td><td>借：资金结存——货币资金
　　贷：投资支出等</td></tr>
<tr><td>以现金以外的其他资产置换取得长期股权投资</td><td colspan="2">参照“库存物品”科目中置换换入库存物品的账务处理</td></tr>
</table>

续表

序号	业务和事项内容			账务处理 财务会计	账务处理 预算会计
（1）	取得长期股权投资	以未入账的无形资产取得的长期股权投资		借：长期股权投资 贷：银行存款/其他应交税费/其他收入	借：其他支出[支付的相关税费] 贷：资金结存
		接受捐赠的长期股权投资		借：长期股权投资——成本/长期股权投资 贷：银行存款等[相关税费] 捐赠收入	借：其他支出[支付的相关税费] 贷：资金结存
		无偿调入的长期股权投资		借：长期股权投资 贷：无偿调拨净资产 银行存款等[相关税费]	借：其他支出[支付的相关税费] 贷：资金结存
（2）	持有长期股权投资期间	成本法下	被投资单位宣告发放现金股利或利润时	借：应收股利 贷：投资收益	—
			收到被投资单位发放的现金股利时	借：银行存款 贷：应收股利	借：资金结存——货币资金 贷：投资预算收益
		权益法下	被投资单位实现净利润的，按照其份额	借：长期股权投资——损益调整 贷：投资收益	—
			被投资单位发生净亏损的，按照其份额	借：投资收益 贷：长期股权投资——损益调整	—
			被投资单位发生净亏损，但以后年度又实现净利润的，按规定恢复确认投资收益	借：长期股权投资——损益调整 贷：投资收益	—
			被投资单位宣告发放现金股利或利润的，按照其份额	借：应收股利 贷：长期股权投资——损益调整	—
			被投资单位除净损益和利润分配以外的所有者权益变动时，按照其份额	借：长期股权投资——其他权益变动 贷：权益法调整或作相反分录	—
			权益法下收到被投资单位发放的现金股利	借：银行存款 贷：应收股利	借：资金结存——货币资金 贷：投资预算收益
		追加投资成本法改为权益法		借：长期股权投资——成本 贷：长期股权投资[成本法下账面余额]/银行存款等[追加投资]	借：投资支出[实际支付的金额] 贷：资金结存——货币资金
		权益法改为成本法		借：长期股权投资 贷：长期股权投资——成本 长期股权投资——损益调整 长期股权投资——其他权益变动	—

续表

<table>
<tr><th rowspan="2">序号</th><th rowspan="2" colspan="3">业务和事项内容</th><th colspan="2">账务处理</th></tr>
<tr><th>财务会计</th><th>预算会计</th></tr>
<tr><td rowspan="3">（3）</td><td rowspan="3">出售（转让）长期股权投资</td><td colspan="2">处置以现金取得的长期股权投资</td><td>借：银行存款[实际取得价款] 投资收益[借差]
贷：长期股权投资[账面余额]
应收股利[尚未领取的现金股利或利润]/银行存款等[支付的相关税费]
投资收益[贷差]</td><td>借：资金结存——货币资金[取得价款扣减支付的相关税费后的金额]
贷：投资支出/其他结余[投资款]/投资预算收益</td></tr>
<tr><td rowspan="2">处置现金以外的其他资产取得的长期股权投资</td><td>处置净收入上缴财政的</td><td>借：资产处置费用
贷：长期股权投资
借：银行存款[实际取得价款]
贷：应收股利[尚未领取的现金股利或利润]/银行存款等[支付的相关税费]
应缴财政款</td><td>借：资金结存——货币资金
贷：投资预算收益[获得的现金股利或利润]</td></tr>
<tr><td>按照规定投资收益纳入单位预算管理的</td><td>借：资产处置费用
贷：长期股权投资
借：银行存款[实际取得价款]
贷：应收股利[尚未领取的现金股利或利润]/银行存款等[支付的相关税费]
投资收益[取得价款扣减投资账面余额、应收股利和相关税费后的差额]
应缴财政款[贷差]</td><td>借：资金结存——货币资金[取得价款扣减投资账面余额和相关税费后的差额]
贷：投资预算收益</td></tr>
<tr><td rowspan="2">（4）</td><td rowspan="2">其他方式处置长期股权投资</td><td colspan="2">按照规定核销时</td><td>借：资产处置费用
贷：长期股权投资[账面余额]</td><td>—</td></tr>
<tr><td colspan="2">置换转出时</td><td colspan="2">参照“库存物品”科目中置换换入库存物品的账务处理</td></tr>
<tr><td>（5）</td><td colspan="3">权益法下，处置时结转原直接计入净资产的相关金额</td><td>借：权益法调整
贷：投资收益或作相反分录</td><td>—</td></tr>
</table>

【例5-58】某事业单位经批准以银行存款取得B公司长期股权投资550 000元，支付价款中包含已宣告但尚未发放的股利20 000元。

◎财务会计记账：

借：长期股权投资　　550 000

　　应收股利　　20 000

　　贷：银行存款　　570 000

◎预算会计记账：

借：投资支出　　570 000

　　贷：资金结存——货币资金　　570 000

【例5-59】接上例，该事业单位实际收到发放的现金股利20 000元。

◎财务会计记账：

借：银行存款	20 000	
贷：应收股利		20 000

◎预算会计记账：

借：资金结存——货币资金	20 000	
贷：投资支出		20 000

【例5-60】某事业单位以一项固定资产向丙公司进行投资，该固定资产账面原始价值100 000元，已计提折旧30 000元，资产评估机构评估价80 000元，其他相关支出5 600元以银行存款支付。

◎财务会计记账：

借：长期股权投资	85 600	
固定资产累计折旧	30 000	
贷：固定资产		100 000
银行存款		5 600
其他收入		10 000

◎预算会计记账：

借：其他支出	5 600	
贷：资金结存——货币资金		5 600

【例5-61】某事业单位以一项专利权向丁公司进行投资，该专利权账面原价280 000元，累计摊销50 000元，资产评估价220 000元。

◎财务会计记账，预算会计不记账：

借：长期股权投资	220 000	
无形资产累计摊销	50 000	
资产处置费用	10 000	
贷：无形资产——专利权		280 000

（二）长期债券投资

“长期债券投资”科目核算事业单位按照规定取得的，持有时间超过1年（不含1年）的债券投资。本科目应当设置“成本”和“应计利息”明细科目，并按照债券投资的种类进行明细核算。本科目期末借方余额反映事业单位持有的长期债券投资的价值。

长期债券投资的主要账务处理如表5-19所示。

表5-19 长期债券投资的主要账务处理

序号	业务和事项内容		账务处理	
			财务会计	预算会计
（1）	取得长期债券投资	取得长期债券投资时	借：长期债券投资——成本 应收利息[实际支付价款中包含的已到付息期但尚未领取的利息] 贷：银行存款等[实际支付价款]	借：投资支出[实际支付价款] 贷：资金结存——货币资金
		收到取得投资所支付的价款中包含的已到付息期但尚未领取的利息时	借：银行存款 贷：应收利息	借：资金结存——货币资金 贷：投资支出等
（2）	持有长期债券投资期间	按期以票面金额与票面利率计算确认利息收入时	借：应收利息[分期付息、到期还本]/长期债券投资——应计利息[到期一次还本付息] 贷：投资收益	—
		实际收到分期支付的利息时	借：银行存款 贷：应收利息	借：资金结存——货币资金 贷：投资预算收益
（3）	到期收回长期债券投资本息		借：银行存款等 贷：长期债券投资[账面余额] 应收利息 投资收益	借：资金结存——货币资金 贷：投资支出/其他结余[投资成本] 投资预算收益
（4）	对外出售长期债券投资		借：银行存款等[实际收到的款项] 投资收益[借差] 贷：长期债券投资[账面余额] 应收利息 投资收益[贷差]	借：资金结存——货币资金 贷：投资支出/其他结余[投资成本] 投资预算收益

【例5-62】某事业单位购入甲公司的三年期公司债券50 000元，年利率为6%，利息分月确认，按年支付，到期一次还本。

①购入债券时：

◎财务会计记账：

借：长期债券投资——成本　　50 000

　　贷：银行存款　　50 000

◎预算会计记账：

借：投资支出　　50 000

　　贷：资金结存——货币资金　　50 000

②利息分月确认，按年支付时：

◎财务会计记账：

借：应收利息　　250

　　贷：投资收益　　250

借：银行存款　　3 000

　　贷：应收利息　　3 000

◎预算会计记账：

借：资金结存——货币资金　　3 000

　　贷：投资预算收益　　3 000

③到期收回长期债券投资本金和第三年的利息时：

◎财务会计记账：

借：应收利息　　250

　　贷：投资收益　　250

借：银行存款　　53 000

　　贷：长期债券投资　　50 000

　　　　应收利息　　3 000

◎预算会计记账：

借：资金结存——货币资金　　53 000

　　贷：其他结余　　50 000

　　　　投资预算收益　　3 000

【例5-63】某事业单位已购两年期债券现到期收回，债券成本为80 000元，利息收入为12 480元，收回本息共计92 480元，款项已收存银行。

◎财务会计记账：

借：长期债券投资——应计利息　　520

　　贷：投资收益　　520

借：银行存款　　92 480

　　贷：长期债券投资——成本　　80 000

　　　　　　　　　　——应计利息　　12 480

◎预算会计记账：

借：资金结存——货币资金　　92 480

　　贷：其他结余　　80 000

　　　　投资预算收益　　12 480

三、长期资产的核算

长期资产的核算包括固定资产、固定资产累计折旧、工程物资、在建工程、研发支出、无形资产、无形资产累计摊销、公共基础设施、公共基础设施累计折旧（摊销）、保障性住房、保障性住房累计折旧的核算。

（一）固定资产及其累计折旧

1.固定资产的核算

“固定资产”科目核算单位固定资产的原值。固定资产一般分为六类：房屋及构筑物，专用设备，通用设备，文物和陈列品，图书、档案，家具、用具、装具及动植物。本科目应当按照固定资产类别和项目进行明细核算。本项目期末借方余额反映单位固定资产的原值。

固定资产核算时，应当考虑以下情况。

（1）购入需要安装的固定资产，应当先通过“在建工程”科目核算，安装完毕交付使用时再转入本科目核算。

（2）以借入、经营租赁租入方式取得的固定资产，不通过本科目核算，应当设置备查簿进行登记。

（3）采用融资租入方式取得的固定资产，通过本科目核算，并在本科目下设置“融资租入固定资产”明细科目。

（4）经批准在境外购买具有所有权的土地作为固定资产的，通过本科目核算；单位应当在本科目下设置“境外土地”明细科目进行相应的明细核算。

固定资产的主要账务处理如表5-20所示。

表5-20　固定资产的主要账务处理

序号	业务和事项内容		账务处理	
			财务会计	预算会计
（1）	固定资产取得	外购的固定资产不需安装的	借：固定资产 贷：财政拨款收入/零余额账户用款额度/应付账款/银行存款等	借：行政支出/事业支出/经营支出等 贷：财政拨款预算收入/资金结存
		需要安装的固定资产先通过“在建工程”科目核算	借：在建工程 贷：财政拨款收入/零余额账户用款额度/应付账款/银行存款等	借：行政支出/事业支出/经营支出等 贷：财政拨款预算收入/资金结存
		安装完工交付使用时	借：固定资产 贷：在建工程	—
		购入固定资产扣留质量保证金的	借：固定资产[不需安装]/在建工程[需要安装] 贷：财政拨款收入/零余额账户用款额度/应付账款/银行存款等其他应付款[扣留期在1年以内（含1年）]/长期应付款[扣留期超过1年]	借：行政支出/事业支出/经营支出等[购买固定资产实际支付的金额] 贷：财政拨款预算收入/资金结存
		质保期满支付质量保证金时	借：其他应付款/长期应付款 贷：财政拨款收入/零余额账户用款额度/银行存款等	借：行政支出/事业支出/经营支出等 贷：财政拨款预算收入/资金结存
		自行建造的固定资产，工程完工交付使用时	借：固定资产 贷：在建工程	—

续表

序号	业务和事项内容		账务处理	
			财务会计	预算会计
（1）	固定资产取得	融资租入（或跨年度分期付款购入）的固定资产	借：固定资产[不需安装]/在建工程[需要安装] 贷：长期应付款[协议或合同确定的租赁价款] 财政拨款收入/零余额账户用款额度/银行存款等[实际支付的相关税费、运输费等]	借：行政支出/事业支出/经营支出等[实际支付的相关税费、运输费等] 贷：财政拨款预算收入/资金结存
		定期支付租金（或分期付款）时	借：长期应付款 贷：财政拨款收入/零余额账户用款额度/银行存款等	借：行政支出/事业支出/经营支出等 贷：财政拨款预算收入/资金结存
		接受捐赠的固定资产	借：固定资产[不需安装] /在建工程[需要安装] 贷：银行存款/零余额账户用款额度等[发生的相关税费、运输费等] 捐赠收入[差额]	借：其他支出[支付的相关税费、运输费等] 贷：资金结存
		接受捐赠的固定资产按照名义金额入账的	借：固定资产[名义金额] 贷：捐赠收入 借：其他费用 贷：银行存款/零余额账户用款额度等[发生的相关税费、运输费等]	借：其他支出[支付的相关税费、运输费等] 贷：资金结存
		无偿调入的固定资产	借：固定资产[不需安装]/在建工程[需要安装] 贷：银行存款/零余额账户用款额度等 [发生的相关税费、运输费等] 无偿调拨净资产[差额]	借：其他支出[支付的相关税费、运输费等] 贷：资金结存
		置换取得的固定资产	参照“库存物品”科目中置换换入库存物品的账务处理	
（2）	与固定资产有关的后续支出	符合固定资产确认条件的（增加固定资产使用效能或延长其使用年限而发生的改建、扩建等后续支出）	借：在建工程 [固定资产账面价值] 固定资产累计折旧 贷：固定资产[账面余额]	—
			借：在建工程 贷：财政拨款收入/零余额账户用款额度/应付账款/ 银行存款等	借：行政支出/事业支出/经营支出等 贷：财政拨款预算收入/资金结存
		不符合固定资产确认条件的	借：业务活动费用/单位管理费用/经营费用等 贷：财政拨款收入/零余额账户用款额度/银行存款等	借：行政支出/事业支出/经营支出等 贷：财政拨款预算收入/资金结存

续表

序号	业务和事项内容		账务处理	
			财务会计	预算会计
（3）	固定资产处置	出售、转让固定资产	借：资产处置费用 固定资产累计折旧 贷：固定资产[账面余额]	—
			借：银行存款[处置固定资产收到的价款] 贷：应缴财政款 银行存款等[发生的相关费用]	—
		对外捐赠固定资产	借：资产处置费用 固定资产累计折旧 贷：固定资产[账面余额] 银行存款等[归属于捐出方的相关费用]	借：其他支出 贷：资金结存
		无偿调出固定资产	借：无偿调拨净资产 固定资产累计折旧 贷：固定资产[账面余额]	—
			借：资产处置费用 贷：银行存款等[归属于调出方的相关费用]	借：其他支出 贷：资金结存
		置换换出固定资产	参照“库存物品”科目中置换换入库存物品的账务处理	
（4）	固定资产定期盘点清查	盘盈的固定资产	借：固定资产 贷：待处理财产损溢	—
		盘亏、毁损或报废的固定资产	借：待处理财产损溢[账面价值] 固定资产累计折旧 贷：固定资产[账面余额]	—

2.固定资产累计折旧的核算

“固定资产累计折旧”科目核算单位计提的固定资产累计折旧。本科目应当按照所对应固定资产的明细分类进行明细核算。本科目期末贷方余额反映单位计提的固定资产折旧累计数。

公共基础设施和保障性住房计提的累计折旧应当分别通过“公共基础设施累计折旧（摊销）”科目和“保障性住房累计折旧”科目核算，不通过本科目核算。

单位计提融资租入固定资产折旧时，应当采用与自有固定资产相一致的折旧政策。能够合理确定租赁期届满时将会取得租入固定资产所有权的，应当在租入固定资产尚可使用年限内计提折旧；无法合理确定租赁期届满时能够取得租入固定资产所有权的，应当在租赁期与租入固定资产尚可使用年限两者中较短的期间计提折旧。

固定资产累计折旧的主要账务处理如表5-21所示。

表5-21　固定资产累计折旧的主要账务处理

序号	业务和事项内容	账务处理	
		财务会计	预算会计
（1）	按月计提固定资产累计折旧时	借：业务活动费用/单位管理费用/经营费用等 　　贷：固定资产累计折旧	—
（2）	处置固定资产时	借：待处理财产损溢/无偿调拨净资产/资产处置费用等固定资产累计折旧 　　贷：固定资产[账面余额]	涉及资金支付的，参照“固定资产”科目相关账务处理

【例5-64】某行政单位通过政府集中采购购入一台不需安装的专用设备，价款116 000元，款项通过财政零余额账户直接支付，该单位已收到财政国库支付执行机构委托代理银行转来的“财政直接支付入账通知书”。

◎财务会计记账：

借：固定资产——专用设备　116 000

　　贷：财政拨款收入　116 000

◎预算会计记账：

借：行政支出——财政拨款支出——基本支出——设备购置　116 000

　　贷：财政拨款预算收入　116 000

【例5-65】某事业单位通过单位零余额账户转账支付台式电脑价款7 200元，电脑直接安装并交付使用。

◎财务会计记账：

借：固定资产——办公设备　7 200

　　贷：零余额账户用款额度　7 200

◎预算会计记账：

借：事业支出——财政拨款支出——基本支出——设备购置　7 200

　　贷：资金结存——零余额账户用款额度　7 200

【例5-66】某事业单位融资租入一台专用设备，根据与租赁公司签订的协议，应付租赁费150 000元，租赁期限5年，应付租赁费按年通过单位零余额账户支付；租赁期满后，设备归承租单位所有。该单位租入设备时另发生运杂费和安装调试费共计3 600元，均通过银行存款账户支付。

①融资租入时：

◎财务会计记账：

借：在建工程　153 600

　　贷：长期应付款　150 000

　　　　银行存款　3 600

◎预算会计记账：

借：事业支出 3 600

贷：资金结存——货币资金 3 600

②安装调试后转入固定资产：

◎财务会计记账，预算会计不记账：

借：固定资产 153 600

贷：在建工程 153 600

③按年支付租金时：

◎财务会计记账：

借：长期应付款 30 000

贷：零余额账户用款额度 30 000

◎预算会计记账：

借：事业支出 30 000

贷：资金结存——零余额账户用款额度 30 000

【例5-67】某事业单位接受兄弟单位捐赠的一套自动化专用设备，确定的成本价格为180 000元。本单位支付相关运杂费8 000元，通过单位零余额账户支付。

◎财务会计记账：

借：固定资产 188 000

贷：捐赠收入 180 000

零余额账户用款额度 8 000

◎预算会计记账：

借：其他支出 8 000

贷：资金结存——零余额账户用款额度 8 000

【例5-68】某事业单位出售一套用于公务活动的办公自动化设备，售价160 000元，该设备原始价值为280 000元，已计提折旧100 000元，通过银行存款账户支付清理费用500元。经主管部门和财政部门审批，取得的收入上缴国家财政。

◎财务会计记账，预算会计不记账：

借：资产处置费用 180 000

固定资产累计折旧 100 000

贷：固定资产 280 000

借：银行存款 160 000

贷：应缴财政款 159 500

银行存款 500

【例5-69】某事业单位经批准无偿调出一辆中型公务车，账面原始价值为120 000元，已计提折旧 90 000元。

◎财务会计记账，预算会计不记账：

借：无偿调拨净资产　　30 000

　　固定资产累计折旧　　90 000

　　贷：固定资产　　120 000

【例5-70】某事业单位经批准报废一台专用设备，该设备账面原始价值为880 000元，已计提折旧640 000元。

◎财务会计记账，预算会计不记账：

借：待处理财产损溢　　240 000

　　固定资产累计折旧　　640 000

　　贷：固定资产　　880 000

【例5-71】年终，某事业单位进行财产清查，盘盈一台教学仪器，原价1 200元，经批准补账处理。

◎财务会计记账，预算会计不记账：

借：固定资产——一般设备　　1 200

　　贷：待处理财产损溢　　1 200

【例5-72】某事业单位按月应计提折旧的业务活动用固定资产原始价值为1 800 000元，月折旧率为5%，计提本月折旧额90 000元。

◎财务会计记账，预算会计不记账：

借：业务活动费用　　90 000

　　贷：固定资产累计折旧　　90 000

（二）工程物资与在建工程

1.工程物资的核算

“工程物资”科目核算单位为在建工程准备的各种物资的成本，包括工程用材料、设备等。本科目可按照“库存材料”“库存设备”等工程物资类别进行明细核算。本科目期末借方余额反映单位为在建工程准备的各种物资的成本。

工程物资的主要账务处理如表5-22所示。

表5-22　工程物资的主要账务处理

序号	业务和事项内容		账务处理	
			财务会计	预算会计
（1）	取得工程物资	购入工程物资	借：工程物资 　贷：财政拨款收入/零余额账户用款额度/银行存款/ 应付账款/其他应付款等	借：行政支出/事业支出/经营支出等[实际支付的款项] 　贷：财政拨款预算收入/资金结存
（2）	领用工程物资	发出工程物资	借：在建工程 　贷：工程物资	—
（3）	剩余工程物资	剩余工程物资转为存货	借：库存物品 　贷：工程物资	—

2.在建工程的核算

“在建工程”科目核算单位在建的建设项目工程的实际成本。单位在建的信息系统项目工程、公共基础设施项目工程、保障性住房项目工程的实际成本，也通过本科目核算。本科目期末借方余额反映单位尚未完工的建设项目工程发生的实际成本。

本科目应当设置“建筑安装工程投资”“设备投资”“待摊投资”“其他投资”“待核销基建支出”“基建转出投资”等明细科目，并按照具体项目进行明细核算。

（1）“建筑安装工程投资”明细科目核算单位发生的构成建设项目实际支出的建筑工程和安装工程的实际成本，不包括被安装设备本身的价值以及按照合同规定支付给施工单位的预付备料款和预付工程款。本明细科目应当设置“建筑工程”和“安装工程”两个明细科目进行明细核算。

（2）“设备投资”明细科目核算单位发生的构成建设项目实际支出的各种设备的实际成本。

（3）“待摊投资”明细科目核算单位发生的构成建设项目实际支出的、按照规定应当分摊计入有关工程成本和设备成本的各项间接费用和税费支出。本明细科目的具体核算内容如下。

①勘察费、设计费、研究试验费、可行性研究费及项目其他前期费用。

②土地征用及迁移补偿费，土地复垦及补偿费，森林植被恢复费及其他为取得土地使用权、租用权而发生的费用。

③土地使用税、耕地占用税、契税、车船税、印花税及按照规定应缴纳的其他税费。

④项目建设管理费、代建管理费、临时设施费、监理费、招投标费、社会中介审计（审查）费及其他管理性质的费用。项目建设管理费是指项目建设单位从项目筹建之日起至办理竣工财务决算之日止发生的管理性质的支出，包括不在原单位发工资的工作人员的工资及相关费用、办公费、办公场地租用费、差旅交通费、劳动保护费、工具用具使用费、固定资产使用费、招募生产工人费、技术图书资料费（含软件）、业务招待费、施工

现场津贴、竣工验收费等。

⑤项目建设期间发生的各类专门借款利息支出或融资费用。

⑥工程检测费、设备检验费、负荷联合试车费及其他检验检测类费用。

⑦固定资产损失、器材处理亏损、设备盘亏及毁损、单项工程或单位工程报废、毁损净损失及其他损失。

⑧系统集成等信息工程费用的支出。

⑨其他待摊性质支出。

本明细科目应当按照上述费用项目进行明细核算，其中有些费用（如项目建设管理费等），还应当按照更为具体的费用项目进行明细核算。

（4）“其他投资”明细科目核算单位发生的构成建设项目实际支出的房屋购置支出，基本畜禽、林木等购置、饲养、培育支出，办公生活用家具、器具购置支出，软件研发和不能计入设备投资的软件购置等支出。单位为进行可行性研究而购置的固定资产，以及取得土地使用权支付的土地出让金，也通过本明细科目核算。本明细科目应当设置“房屋购置”“基本畜禽支出”“林木支出”“办公生活用家具、器具购置”“可行性研究固定资产购置”“无形资产”等明细科目。

（5）“待核销基建支出”明细科目核算建设项目发生的江河清障、航道清淤、飞播造林、补助群众造林、水土保持、城市绿化等不能形成资产部分的基建投资支出。本明细科目应按照待核销基建支出的类别进行明细核算。

（6）“基建转出投资”明细科目核算为建设项目配套而建成的、产权不归属本单位的专用设施的实际成本。本明细科目应按照转出投资的类别进行明细核算。

在建工程的主要账务处理如表5-23所示。

表5-23　在建工程的主要账务处理

序号	业务和事项内容		账务处理	
			财务会计	预算会计
（1）	建筑安装工程投资	将固定资产等转入改建、扩建时	借：在建工程——建筑安装工程投资 固定资产累计折旧等 贷：固定资产等	—
		发包工程预付工程款时	借：预付账款——预付工程款 贷：财政拨款收入/零余额账户用款额度/银行存款等	借：行政支出/事业支出等 贷：财政拨款预算收入/资金结存
		按照进度结算工程款时	借：在建工程——建筑安装工程投资 贷：预付账款——预付工程款/财政拨款收入/零余额账户用款额度/银行存款/应付账款等	借：行政支出/事业支出等[补付款项] 贷：财政拨款预算收入/资金结存

续表

序号	业务和事项内容		账务处理	
			财务会计	预算会计
（1）	建筑安装工程投资	自行施工小型建筑安装工程发生支出时	借：在建工程——建筑安装工程投资 贷：工程物资/零余额账户用款额度/银行存款/应付职工薪酬等	借：行政支出/事业支出等[实际支付的款项] 贷：资金结存等
		改扩建过程中替换（拆除）原资产某些组成部分的	借：待处理财产损溢 贷：在建工程——建筑安装工程投资	—
		工程竣工验收交付使用时	借：固定资产等 贷：在建工程——建筑安装工程投资	—
（2）	设备投资	购入设备时	借：在建工程——设备投资 贷：财政拨款收入/零余额账户用款额度/应付账款/ 银行存款等	借：行政支出/事业支出等[实际支付的款项] 贷：财政拨款预算收入/资金结存
		安装完毕，交付使用时	借：固定资产等 贷：在建工程——设备投资——建筑安装工程投资——安装工程	—
		将不需要安装设备和达不到固定资产标准的工具器具交付使用时	借：固定资产/库存物资 贷：在建工程——设备投资	—
（3）	待摊投资	发生构成待摊投资的各类费用时	借：在建工程——待摊投资 贷：财政拨款收入/零余额账户用款额度/银行存款/ 应付利息/长期借款/其他应交税费等	借：行政支出/事业支出等[实际支付的款项] 贷：财政拨款预算收入/资金结存
		对于建设过程中试生产、设备调试等产生的收入	借：银行存款等 贷：在建工程——待摊投资[按规定冲减工程成本的部分] 应缴财政款/其他收入[差额]	借：资金结存 贷：其他预算收入
		经批准将单项工程或单位工程报废净损失计入继续施工的工程成本的	借：在建工程——待摊投资 银行存款/其他应收款等[残料变价收入、赔款等] 贷：在建工程——建筑安装工程投资[毁损报废工程成本]	—
		工程交付使用时，按照一定的分配方法进行待摊投资分配	借：在建工程——建筑安装工程投资——设备投资 贷：在建工程——待摊投资	—

续表

序号	业务和事项内容		账务处理	
			财务会计	预算会计
（4）	其他投资	发生其他投资支出时	借：在建工程——其他投资 贷：财政拨款收入/零余额账户用款额度/银行存款等	借：行政支出/事业支出等[实际支付的款项] 贷：财政拨款预算收入/资金结存
		资产交付使用时	借：固定资产/无形资产等 贷：在建工程——其他投资	—
（5）	基建转出投资	建造的产权不归属本单位的专用设施转出时	借：在建工程——基建转出投资 贷：在建工程——建筑安装工程投资	—
		冲销转出的在建工程时	借：无偿调拨净资产 贷：在建工程——基建转出投资	—
（6）	待核销基建支出	发生各类待核销基建支出时	借：在建工程——待核销基建支出 贷：财政拨款收入/零余额账户用款额度/银行存款等	借：行政支出/事业支出[实际支付的款项] 贷：财政拨款预算收入/资金结存
		取消的项目发生的可行性研究费	借：在建工程——待核销基建支出 贷：在建工程——待摊投资	—
		由于自然灾害等原因发生的项目整体报废所形成的净损失	借：在建工程——待核销基建支出 银行存款/其他应收款等[残料变价收入、保险赔款等] 贷：在建工程——建筑安装工程投资等	—
		经批准冲销待核销基建支出时	借：资产处置费用 贷：在建工程——待核销基建支出	—

【例5-73】某事业单位要建造一栋活动馆，先期购入一批为工程准备的物资，价款90 000元，货款以授权支付方式通过单位零余额账户支付。

◎财务会计记账：

借：工程物资——某活动馆　　90 000

　　贷：零余额账户用款额度　　90 000

◎预算会计记账：

借：事业支出——财政拨款支出　　90 000

　　贷：资金结存——零余额账户用款额度　　90 000

【例5-74】接上例，该活动馆建设开工，领用工程物资共计75 000元。

◎财务会计记账，预算会计不记账：

借：在建工程　　75 000

　　贷：工程物资　　75 000

【例5-75】 接上例，该事业单位将工程完工后剩余的工程物资转作本单位存货。

◎财务会计记账，预算会计不记账：

借：库存物品　　15 000

　　贷：工程物资　　15 000

【例5-76】 某事业单位与省建筑工程公司签订合同，建造一栋办公大楼。根据合同规定，工程预付款9 000 000元，以直接支付方式通过财政零余额账户支付。

◎财务会计记账：

借：预付账款——预付工程款　　9 000 000

　　贷：财政拨款收入　　9 000 000

◎预算会计记账：

借：事业支出——财政拨款支出　　9 000 000

　　贷：财政拨款预算收入　　9 000 000

【例5-77】 接上例，省建筑工程公司承建的办公大楼竣工，工程总价款24 000 000元。经验收合格交付使用。原已预付工程款9 000 000元，余款全部以直接支付方式由财政零余额账户支付。

◎财务会计记账：

借：在建工程——办公大楼　　24 000 000

　　贷：预付账款——预付工程款　　9 000 000

　　　　财政拨款收入　　15 000 000

借：固定资产——办公大楼　　24 000 000

　　贷：在建工程——办公大楼　　24 000 000

◎预算会计记账：

借：事业支出——财政拨款支出　　15 000 000

　　贷：财政拨款预算收入　　15 000 000

【例5-78】 某事业单位通过政府集中采购购入一台尚需安装的专用设备，价款86 000元，款项通过单位零余额账户转账支付。

◎财务会计记账：

借：在建工程——设备投资　　86 000

　　贷：零余额账户用款额度　　86 000

◎预算会计记账：

借：事业支出——财政拨款支出——基本支出——专用设备购置86 000

　　贷：资金结存——零余额账户用款额度　　86 000

【例5-79】 接上例，该专用设备安装调试完毕，交付使用。

◎财务会计记账，预算会计不记账：

借：固定资产——专用设备　　86 000
　　贷：在建工程——设备投资　　86 000

（三）研发支出、无形资产及其累计摊销

1.研发支出的核算

“研发支出”科目核算单位自行研究开发项目研究阶段和开发阶段发生的各项支出。本科目应当按照“研究支出”“开发支出”设置明细科目进行明细核算。本科目期末借方余额反映单位预计能达到预定用途的研究开发项目在开发阶段发生的累计支出数。

建设项目中的软件研发支出，应当通过“在建工程”科目核算，不通过本科目核算。

研发支出的主要账务处理如表5-24所示。

表5-24　研发支出的主要账务处理

<table>
<tr><th rowspan="2">序号</th><th rowspan="2" colspan="3">业务和事项内容</th><th colspan="2">账务处理</th></tr>
<tr><th>财务会计</th><th>预算会计</th></tr>
<tr><td rowspan="5"></td><td rowspan="5">单位自行研究开发无形资产</td><td rowspan="2">自行研究开发项目研究阶段的支出</td><td>应当按照合理的方法先归集</td><td>借：研发支出——研究支出
贷：应付职工薪酬
库存物品
财政拨款收入/零余额账户用款额度/银行存款等</td><td>借：事业支出/经营支出等（实际支付的款项）
贷：财政拨款预算收入/资金结存</td></tr>
<tr><td>期（月）末转入当期费用</td><td>借：业务活动费用等
贷：研发支出——研究支出</td><td>—</td></tr>
<tr><td colspan="2">自行研究开发项目开发阶段的支出</td><td>借：研发支出——开发支出
贷：应付职工薪酬
库存物品
财政拨款收入/零余额账户用款额度/银行存款等</td><td>借：事业支出/经营支出等（实际支付的款项）
贷：财政拨款预算收入/资金结存</td></tr>
<tr><td colspan="2">自行研究开发项目完成，达到预定用途形成无形资产</td><td>借：无形资产
贷：研发支出——开发支出</td><td>—</td></tr>
<tr><td colspan="2">年末经评估，研究开发项目预计不能达到预定用途</td><td>借：业务活动费用等
贷：研发支出——开发支出</td><td>—</td></tr>
</table>

自行研究开发项目涉及增值税业务的，相关账务处理参见“应交增值税”科目。

2.无形资产的核算

“无形资产”科目核算单位无形资产的原值。本科目应当按照无形资产的类别、项目等进行明细核算。本科目期末借方余额反映单位无形资产的成本。

非大批量购入、单价小于1000元的无形资产，可以于购买的当期将其成本直接计入当期费用。

无形资产的主要账务处理如表5-25所示。

表5-25　无形资产的主要账务处理

序号	业务和事项内容		账务处理	
			财务会计	预算会计
（1）	无形资产取得	① 外购的无形资产入账时	借：无形资产 贷：财政拨款收入/零余额账户用款额度/应付账款/银行存款等	借：行政支出/事业支出/经营支出等 贷：财政拨款预算收入/资金结存
		② 委托软件公司开发的软件按照合同约定预付开发费时	借：预付账款 贷：财政拨款收入/零余额账户用款额度/银行存款等	借：行政支出/事业支出/经营支出等（预付的款项） 贷：财政拨款预算收入/资金结存
		委托开发的软件交付使用，并支付剩余或全部软件开发费时	借：无形资产（开发费总额） 贷：预付账款 财政拨款收入/零余额账户用款额度/银行存款等（支付的剩余款项）	按照支付的剩余款项金额 借：行政支出/事业支出/经营支出等 贷：财政拨款预算收入/资金结存
		③ 自行研究开发无形资产开发完成，达到预定用途形成无形资产的	借：无形资产 贷：研发支出——开发支出	—
		自行研究开发无形资产尚未进入开发阶段，或者确实无法区分研究阶段支出和开发阶段支出，但按照法律程序已申请取得无形资产的	借：无形资产（依法取得时发生的注册费、聘请律师费等费用） 贷：财政拨款收入/零余额账户用款额度/银行存款等	借：行政支出/事业支出/经营支出等 贷：财政拨款预算收入/资金结存
		④ 置换取得的无形资产	参照“库存物品”科目中置换换入库存物品的账务处理	
		⑤ 接受捐赠的无形资产	借：无形资产 贷：银行存款/零余额账户用款额度等（发生的相关税费等） 捐赠收入（差额）	— 借：其他支出（支付的相关税费等） 贷：资金结存
		接受捐赠的无形资产按照名义金额入账的	借：无形资产（名义金额） 贷：捐赠收入 借：其他费用 贷：银行存款/零余额账户用款额度等（发生的相关税费等）	借：其他支出（支付的相关税费费等） 贷：资金结存
		⑥ 无偿调入的无形资产	借：无形资产 贷：银行存款/零余额账户用款额度等（发生的相关税费等） 无偿调拨净资产(差额)	借：其他支出（支付的相关税费等） 贷：资金结存

续表

<table>
<tr><th rowspan="2">序号</th><th rowspan="2" colspan="2">业务和事项内容</th><th colspan="2">账务处理</th></tr>
<tr><th>财务会计</th><th>预算会计</th></tr>
<tr><td rowspan="2">（2）</td><td rowspan="2">与无形资产有关的后续支出</td><td>符合无形资产确认条件的后续支出（如为增加无形资产的使用效能而发生的后续支出）</td><td>借：在建工程
　　无形资产累计摊销
　　贷：无形资产
借：在建工程/无形资产（不需暂停计提摊销的）
　　贷：财政拨款收入/零余额账户用款额度/银行存款等</td><td>借：行政支出/事业支出/经营支出等[实际支付的资金]
　　贷：财政拨款预算收入/资金结存</td></tr>
<tr><td>不符合无形资产确认条件的后续支出（如为维护无形资产的正常使用而发生的后续支出）</td><td>借：业务活动费用/单位管理费用/经营费用等
　　贷：财政拨款收入/零余额账户用款额度/银行存款等</td><td>借：行政支出/事业支出/经营支出等
　　贷：财政拨款预算收入/资金结存</td></tr>
<tr><td rowspan="6">（3）</td><td rowspan="6">无形资产处置</td><td rowspan="2">出售、转让无形资产</td><td rowspan="2">借：资产处置费用
　　无形资产累计摊销
　　贷：无形资产
借：银行存款等（收到的价款）
　　贷：银行存款等（发生的相关费用）
　　　　应缴财政款/其他收入</td><td>—</td></tr>
<tr><td>如有转让收入，按照规定纳入本单位预算
借：资金结存
　　贷：其他预算收入</td></tr>
<tr><td>对外捐赠无形资产</td><td>借：资产处置费用
　　无形资产累计摊销
　　贷：无形资产（账面余额）
　　　　银行存款等（归属于捐出方的相关费用）</td><td>借：其他支出（归属于捐出方的相关费用）
　　贷：资金结存</td></tr>
<tr><td>无偿调出无形资产</td><td>借：无偿调拨净资产
　　无形资产累计摊销
　　贷：无形资产（账面余额）
借：资产处置费用
　　贷：银行存款等（归属于调出方的相关费用）</td><td>借：其他支出（归属于调出方的相关费用）
　　贷：资金结存</td></tr>
<tr><td>置换换出无形资产</td><td colspan="2">参照“库存物品”科目中置换换入库存物品的账务处理</td></tr>
<tr><td>经批准核销无形资产</td><td>借：资产处置费用
　　无形资产累计摊销
　　贷：无形资产（账面余额）</td><td>—</td></tr>
</table>

3.无形资产累计摊销的核算

“无形资产累计摊销”科目核算单位对使用年限有限的无形资产计提的累计摊销。本科目应当按照所对应无形资产的明细分类进行明细核算。本科目期末贷方余额反映单位计提的无形资产摊销累计数。

无形资产累计摊销的主要账务处理如表5-26所示。

表5-26 无形资产累计摊销的主要账务处理

序号	业务和事项内容	账务处理	
		财务会计	预算会计
(1)	按月进行无形资产摊销时	借：业务活动费用/单位管理费用/加工物品等 贷：无形资产累计摊销	—
(2)	处置无形资产时	借：资产处置费用/无偿调拨净资产等 无形资产累计摊销 贷：无形资产（账面余额）	—

【例5-80】某事业单位自行研究开发一项技术，在项目研究阶段发生的单独核算费用共90 000元，其中，计提从事研究及其辅助活动人员薪酬30 000元，材料费40 000元，银行存款支付的制图费、设计费、试验费及其他费用20 000元。

◎财务会计记账：

借：研发支出——研究支出　　90 000

　贷：应付职工薪酬　　30 000

　　库存物品　　40 000

　　银行存款　　20 000

◎预算会计记账：

借：事业支出　　20 000

　贷：资金结存——货币资金　　20 000

【例5-81】接上例，月末，该事业单位将该项技术的研究支出90 000元转入当期费用。

◎财务会计记账，预算会计不记账：

借：业务活动费用　　90 000

　贷：研发支出——研究支出　　90 000

【例5-82】接上例，该事业单位自行研究开发的此项技术获准正式进入开发阶段，在项目开发阶段发生的单独核算费用共计190 000元，其中，计提从事研究及其辅助活动人员薪酬70 000元，材料费70 000元，银行存款支付的制图费、设计费、试验费及其他费用50 000元。

◎财务会计记账：

借：研发支出——开发支出　　190 000

　贷：应付职工薪酬　　70 000

　　库存物品　　70 000

　　银行存款　　50 000

◎预算会计记账：

借：事业支出　　50 000

　贷：资金结存——货币资金　　50 000

【例5-83】 接上例，该事业单位此项技术最终自行研制成功，达到预定用途，经申请获得专利权，该项专利技术进入开发阶段后所发生的支出共计190 000元。

◎财务会计记账，预算会计不记账：

借：无形资产　　190 000

　　贷：研发支出——开发支出　　190 000

【例5-84】 某事业单位从技术市场购入一项专利权，购入价180 000元，该事业单位以财政直接支付方式支付。

◎财务会计记账：

借：无形资产——专利权　　180 000

　　贷：财政拨款收入　　180 000

◎预算会计记账：

借：事业支出——财政拨款支出　　180 000

　　贷：财政拨款预算收入　　180 000

【例5-85】 接上例，该事业单位购入的专利权法定使用年限为10年，按月摊销无形资产价值1 500元。

◎财务会计记账，预算会计不记账：

借：业务活动费用　　1 500

　　贷：无形资产累计摊销　　1 500

【例5-86】 某事业单位接受友人捐赠的一套应用软件，按同类软件市场价格96 000元入账。

◎财务会计记账，预算会计不记账：

借：无形资产　　96 000

　　贷：捐赠收入　　96 000

【例5-87】 某事业单位对外转让一项专利权，账面价值160 000元，已计提摊销128 000元，经双方协商转让价格为50 000元，按规定纳入本单位预算，款项已存入银行。

◎财务会计记账：

借：资产处置费用　　32 000

　　无形资产累计摊销　　128 000

　　贷：无形资产　　160 000

借：银行存款　　50 000

　　贷：其他收入　　50 000

◎预算会计记账：

借：资金结存——货币资金　　50 000

　　贷：其他预算收入　　50 000

【例5-88】某事业单位一项专利技术已无使用价值，原始价值26 000元，已计提摊销19 000元，现予以注销。

◎财务会计记账，预算会计不记账：

借：资产处置费用　　　　　　　　　　　　　　7 000
　　无形资产累计摊销　　　　　　　　　　　　19 000
　　贷：无形资产　　　　　　　　　　　　　　　　26 000

（四）公共基础设施及其累计折旧（摊销）

1.公共基础设施的核算

“公共基础设施”科目核算单位控制的公共基础设施的原值。本科目应当按照公共基础设施的类别、项目等进行明细核算。本科目期末借方余额反映公共基础设施的原值。

单位应当根据行业主管部门对公共基础设施的分类规定，制定适合本单位管理的公共基础设施目录、分类方法，作为进行公共基础设施核算的依据。

公共基础设施的主要账务处理如表5-27所示。

表5-27　公共基础设施的主要账务处理

<table>
<tr><th rowspan="2">序号</th><th rowspan="2" colspan="2">业务和事项内容</th><th colspan="2">账务处理</th></tr>
<tr><th>财务会计</th><th>预算会计</th></tr>
<tr><td rowspan="4">（1）</td><td rowspan="4">取得公共基础设施时</td><td>自行建造的公共基础设施完工交付使用时</td><td>借：公共基础设施
　　贷：在建工程</td><td>—</td></tr>
<tr><td rowspan="2">接受无偿调入的公共基础设施</td><td>借：公共基础设施
　　贷：无偿调拨净资产
　　　　财政拨款收入/零余额账户用款额度/银行存款等（发生的归属于调入方的相关费用）</td><td>借：其他支出（支付的归属于调入方的相关费用）
　　贷：财政拨款预算收入/资金结存</td></tr>
<tr><td>如接受无偿调入的公共基础设施成本无法可靠取得的
借：其他费用（发生的归属于调入方的相关费用）
　　贷：财政拨款收入/零余额账户用款额度/银行存款等</td><td>—</td></tr>
<tr><td>接受捐赠的公共基础设施</td><td>借：公共基础设施
　　贷：捐赠收入/财政拨款收入/零余额账户用款额度/银行存款等（发生的归属于捐入方的相关费用）
如接受捐赠的公共基础设施成本无法可靠取得的
　　借：其他费用（发生的归属于捐入方的相关费用）
　　贷：财政拨款收入/零余额账户用款额度/银行存款等</td><td>借：其他支出（支付的归属于捐入方的相关费用）
　　贷：财政拨款预算收入/资金结存</td></tr>
</table>

续表

序号	业务和事项内容		账务处理	
			财务会计	预算会计
（1）	取得公共基础设施时	外购的公共基础设施	借：公共基础设施 贷：财政拨款收入/零余额账户用款额度/应付账款/银行存款等	借：行政支出/事业支出 贷：财政拨款预算收入/资金结存
（2）	与公共基础设施有关的后续支出	为增加公共基础设施使用效能或延长其使用年限而发生的改建、扩建等后续支出	借：在建工程 公共基础设施累计折旧（摊销） 贷：公共基础设施（账面余额） 借：在建工程（发生的相关后续支出） 贷：财政拨款收入/零余额账户用款额度/应付账款/银行存款等	借：行政支出/事业支出（实际支付的款项） 贷：财政拨款预算收入/资金结存
		为维护公共基础设施的正常使用而发生的日常维修、养护等后续支出	借：业务活动费用 贷：财政拨款收入/零余额账户用款额度/银行存款等	借：行政支出/事业支出（实际支付的款项） 贷：财政拨款预算收入/资金结存
（3）	按照规定处置公共基础设施时	对外捐赠公共基础设施	借：资产处置费用 公共基础设施累计折旧（摊销） 贷：公共基础设施（账面余额） 银行存款等（归属于捐出方的相关费用）	借：其他支出（支付的归属于捐出方的相关费用） 贷：资金结存等
		无偿调出公共基础设施	借：无偿调拨净资产 公共基础设施累计折旧（摊销） 贷：公共基础设施（账面余额） 借：资产处置费用 贷：银行存款等（归属于调出方的相关费用）	借：其他支出（支付的归属于调出方的相关费用） 贷：资金结存等
（4）	报废、毁损的公共基础设施		借：待处理财产损溢 公共基础设施累计折旧（摊销） 贷：公共基础设施（账面余额）	—

2.公共基础设施累计折旧（摊销）的核算

“公共基础设施累计折旧（摊销）”科目核算单位计提的公共基础设施累计折旧和累计摊销。本科目应当按照所对应公共基础设施的明细分类进行明细核算。本科目期末贷方余额反映单位提取的公共基础设施折旧和摊销的累计数。

公共基础设施累计折旧（摊销）的主要账务处理如表5–28所示。

表5-28　公共基础设施累计折旧（摊销）的主要账务处理

序号	业务和事项内容	账务处理	
		财务会计	预算会计
（1）	按月计提公共基础设施折旧或摊销时	借：业务活动费用 　　贷：公共基础设施累计折旧（摊销）	—
（2）	处置公共基础设施时	借：待处理财产损溢/资产处置费用/无偿调拨净资产等 　　公共基础设施累计折旧（摊销） 　　贷：公共基础设施（账面余额）	—

【例5-89】某事业单位自行建造的公共基础设施完工交付使用，并已办理竣工决算，在建工程总成本240 000元。

◎财务会计记账，预算会计不记账：

借：公共基础设施　　240 000
　　贷：在建工程　　240 000

【例5-90】某事业单位接受兄弟单位捐赠的公共基础设施，确定的成本为860 000元，本单位支付相关运杂费18 000元，通过单位零余额账户支付。

◎财务会计记账：

借：公共基础设施　　860 000
　　贷：捐赠收入　　842 000
　　　　零余额账户用款额度　　18 000

◎预算会计记账：

借：其他支出　　18 000
　　贷：资金结存——零余额账户用款额度　　18 000

【例5-91】某事业单位经批准无偿调出公共基础设施，该公共基础设施账面余额为240 000元，已计提折旧120 000元，在无偿调出过程中发生相关费用8 600元，通过银行存款转账支付。

◎财务会计记账：

借：无偿调拨净资产　　120 000
　　公共基础设施累计折旧（摊销）　　120 000
　　贷：公共基础设施　　240 000

借：资产处置费用　　8 600
　　贷：银行存款　　8 600

◎预算会计记账：

借：其他支出　　8 600

贷：资金结存——货币资金　　8 600

【例5-92】某事业单位按月应计提折旧的公共基础设施价值800 000元，月折旧率5%，计提本月折旧额40 000元。

◎财务会计记账，预算会计不记账：

借：业务活动费用　　40 000

　　贷：公共基础设施累计折旧（摊销）　　40 000

【例5-93】某事业单位经批准报废一批公共基础设施，该批公共基础设施账面价值600 000元，已计提折旧400 000元。

◎财务会计记账，预算会计不记账：

借：待处理财产损溢　　200 000

　　公共基础设施累计折旧（摊销）　　400 000

　　贷：公共基础设施　　600 000

（五）保障性住房及其累计折旧

1.保障性住房的核算

“保障性住房”科目核算单位为满足社会公共需求而控制的保障性住房的原值。本科目应当按照保障性住房的类别、项目等进行明细核算。本科目期末借方余额反映保障性住房的原值。

根据《政府会计制度》规定，保障性住房的主要账务处理如下。

（1）保障性住房在取得时，应当按其成本入账。

①外购的保障性住房，其成本包括购买价款、相关税费以及可归属于该项资产达到预定用途前所发生的其他支出。外购的保障性住房，按照确定的成本，借记本科目，贷记“财政拨款收入”“零余额账户用款额度”“银行存款”等科目。

②自行建造的保障性住房交付使用时，按照在建工程成本，借记本科目，贷记“在建工程”科目。已交付使用但尚未办理竣工决算手续的保障性住房，按照估计价值入账，待办理竣工决算后再按照实际成本调整原来的估计价值。

③接受其他单位无偿调入的保障性住房，其成本按照该项资产在调出方的账面价值加上归属于调入方的相关费用确定。无偿调入的保障性住房，按照确定的成本，借记本科目，按照发生的归属于调入方的相关费用，贷记“零余额账户用款额度”“银行存款”等科目，按照其差额，贷记“无偿调拨净资产”科目。

④接受捐赠、融资租赁取得的保障性住房，参照“固定资产”科目相关规定进行处理。

（2）与保障性住房有关的后续支出，参照“固定资产”科目相关规定进行处理。

（3）按照规定出租保障性住房并将出租收入上缴同级财政，按照收取的租金金额，借记“银行存款”等科目，贷记“应缴财政款”科目。

（4）按照规定报经批准处置保障性住房，应当分以下情况进行处理。

①报经批准无偿调出保障性住房，按照保障性住房已计提的折旧，借记“保障性住房累计折旧”科目，按照被处置保障性住房账面余额，贷记本科目，按照其差额，借记“无偿调拨净资产”科目；同时，按照无偿调出过程中发生的归属于调出方的相关费用，借记“资产处置费用”科目，贷记“银行存款”等科目。

②报经批准出售保障性住房，按照被出售保障性住房的账面价值，借记“资产处置费用”科目，按照保障性住房已计提的折旧，借记“保障性住房累计折旧”科目，按照保障性住房账面余额，贷记本科目；同时，按照收到的价款，借记“银行存款”等科目，按照出售过程中发生的相关费用，贷记“银行存款”等科目，按照其差额，贷记“应缴财政款”科目。

（5）单位应当定期对保障性住房进行清查盘点。对于发生的保障性住房盘盈、盘亏、毁损或报废等，参照“固定资产”科目相关规定进行账务处理。

2.保障性住房累计折旧的核算

“保障性住房累计折旧”科目核算单位计提的保障性住房的累计折旧。本科目应当按照所对应保障性住房的类别进行明细核算。本科目期末贷方余额反映单位计提的保障性住房折旧累计数。

单位应当参照《企业会计准则第3号——投资性房地产》及其应用指南的相关规定，按月对其控制的保障性住房计提折旧。

保障性住房累计折旧的主要账务处理如下。

（1）按月计提保障性住房折旧时，按照应计提的折旧额，借记“业务活动费用”科目，贷记本科目。

（2）报经批准处置保障性住房时，按照所处置保障性住房的账面价值，借记“资产处置费用”“无偿调拨净资产”“待处理财产损溢”等科目，按照已计提折旧，借记本科目，按照保障性住房的账面余额，贷记“保障性住房”科目。

【例5-94】某事业单位外购保障性住房，以财政直接支付方式支付价款、相关税费共计8 400 000元。

◎财务会计记账：

借：保障性住房	8 400 000	
贷：财政拨款收入		8 400 000

◎预算会计记账：

借：事业支出	8 400 000	
贷：财政拨款预算收入		8 400 000

【例5-95】某事业单位报经批准接受无偿调入保障性住房，其账面价值为3 600 000

元，另通过单位零余额账户支付相关费用12 000元。

◎财务会计记账：

借：保障性住房　　3 612 000

　　贷：无偿调拨净资产　　3 600 000

　　　　零余额账户用款额度　　12 000

◎预算会计记账：

借：其他支出　　12 000

　　贷：资金结存——零余额账户用款额度　　12 000

【例5-96】某事业单位按月应计提折旧的保障性住房价值6 000 000元，月折旧率为5%，计提本月折旧额300 000元。

◎财务会计记账，预算会计不记账：

借：业务活动费用　　300 000

　　贷：保障性住房累计折旧　　300 000

四、其他长期资产的核算

其他长期资产的核算包括政府储备物资、文物文化资产、受托代理资产、长期待摊费用、待处理财产损溢的核算。

（一）政府储备物资

“政府储备物资”科目核算单位控制的政府储备物资的成本。本科目应当按照政府储备物资的种类、品种、存放地点等进行明细核算。单位根据需要，可在本科目下设置“在库”“发出”等明细科目进行明细核算。本科目期末借方余额反映政府储备物资的成本。

对政府储备物资不负有行政管理职责但接受委托具体负责执行其存储保管等工作的单位，其受托代储的政府储备物资应当通过“受托代理资产”科目核算，不通过本科目核算。

政府储备物资的主要账务处理如表5-29所示。

表5-29　政府储备物资的主要账务处理

序号	业务和事项内容		账务处理	
			财务会计	预算会计
（1）	取得政府储备物资时	购入的政府储备物资	借：政府储备物资 　贷：财政拨款收入/零余额账户用款额度/应付账款/银行存款等	借：行政支出/事业支出 　贷：财政拨款预算收入/资金结存

续表

<table>
<tr><th rowspan="2">序号</th><th colspan="3" rowspan="2">业务和事项内容</th><th colspan="2">账务处理</th></tr>
<tr><th>财务会计</th><th>预算会计</th></tr>
<tr><td rowspan="2">（1）</td><td rowspan="2">取得政府储备物资时</td><td colspan="2">接受捐赠的政府储备物资</td><td>借：政府储备物资
贷：捐赠收入/财政拨款收入/零余额账户用款额度/银行存款（捐入方承担的相关税费）</td><td>借：其他支出（捐入方承担的相关税费）
贷：财政拨款预算收入/资金结存</td></tr>
<tr><td colspan="2">无偿调入的政府储备物资</td><td>借：政府储备物资
贷：无偿调拨净资产
财政拨款收入/零余额账户用款额度/银行存款（调入方承担的相关税费）</td><td>借：其他支出（调入方承担的相关税费）
贷：财政拨款预算收入/资金结存</td></tr>
<tr><td rowspan="5">（2）</td><td rowspan="5">发出政府储备物资时</td><td colspan="2">动用发出不需收回的政府储备物资</td><td>借：业务活动费用
贷：政府储备物资（账面余额）</td><td>—</td></tr>
<tr><td colspan="2">动用发出需要收回或预期可能收回的政府储备物资</td><td>发出物资时
借：政府储备物资——发出
贷：政府储备物资——在库
按照规定的质量验收标准收回物资时
借：政府储备物资——在库（收回物资的账面余额）
业务活动费用（未收回物资的账面余额）
贷：政府储备物资——发出</td><td>—</td></tr>
<tr><td colspan="2">因行政管理主体变动等原因而将政府储备物资调拨给其他主体的</td><td>借：无偿调拨净资产
贷：政府储备物资（账面余额）</td><td>—</td></tr>
<tr><td rowspan="2">对外销售政府储备物资的</td><td>按照规定物资销售收入纳入本单位预算的</td><td>借：业务活动费用
贷：政府储备物资
借：银行存款/应收账款等
贷：事业收入等
借：业务活动费用
贷：银行存款等（发生的相关税费）</td><td>借：资金结存（收到的销售价款）
贷：事业预算收入等
借：行政支出/事业支出
贷：资金结存（支付的相关税费</td></tr>
<tr><td>按照规定物资销售收入扣除相关税费后上缴财政的</td><td>借：资产处置费用
贷：政府储备物资
借：银行存款等（收到的销售价款）
贷：银行存款（发生的相关税费）
应缴财政款</td><td>—</td></tr>
<tr><td rowspan="2">（3）</td><td rowspan="2">政府储备物资盘盈、盘亏、报废或毁损时</td><td colspan="2">盘盈的政府储备物资</td><td>借：政府储备物资
贷：待处理财产损溢</td><td>—</td></tr>
<tr><td colspan="2">盘亏、报废或毁损的政府储备物资</td><td>借：待处理财产损溢
贷：政府储备物资</td><td>—</td></tr>
</table>

（二）文物文化资产

“文物文化资产”科目核算单位为满足社会公共需求而控制的文物文化资产的成本。本科目应当按照文物文化资产的类别、项目等进行明细核算。本科目期末借方余额反映文物文化资产的成本。

单位为满足自身开展业务活动或其他活动需要而控制的文物和陈列品，应当通过“固定资产”科目核算，不通过本科目核算。

文物文化资产的主要账务处理如表5-30所示。

表5-30　文物文化资产的主要账务处理

<table>
<tr><th rowspan="2">序号</th><th rowspan="2" colspan="2">业务和事项内容</th><th colspan="2">账务处理</th></tr>
<tr><th>财务会计</th><th>预算会计</th></tr>
<tr><td rowspan="3">（1）</td><td rowspan="3">取得文物文化资产时</td><td>外购的文物文化资产</td><td>借：文物文化资产
贷：财政拨款收入/零余额账户用款额度/应付账款/银行存款等</td><td>借：行政支出/事业支出
贷：财政拨款预算收入/资金结存</td></tr>
<tr><td>接受无偿调入的文物文化资产</td><td>借：文物文化资产
贷：无偿调拨净资产
财政拨款收入/零余额账户用款额度/银行存款等（发生的归属于调入方的相关费用）
如无偿调入的文物文化资产成本无法可靠取得的
借：其他费用（发生的归属于调入方的相关费用）
贷：财政拨款收入/零余额账户用款额度/银行存款等</td><td>借：其他支出（支付的归属于调入方的相关费用）
贷：财政拨款预算收入/资金结存</td></tr>
<tr><td>接受捐赠的文物文化资产</td><td>借：文物文化资产
贷：捐赠收入
财政拨款收入/零余额账户用款额度/银行存款（发生的归属于捐入方的相关费用）
如接受捐赠的文物文化资产成本无法可靠取得的
借：其他费用（发生的归属于捐入方的相关费用）
贷：财政拨款收入/零余额账户用款额度/银行存款等</td><td>借：其他支出（支付的归属于捐入方的相关费用）
贷：资金结存等</td></tr>
<tr><td rowspan="2">（2）</td><td rowspan="2">按照规定处置文物文化资产时</td><td>对外捐赠文物文化资产</td><td>借：资产处置费用
贷：文物文化资产（账面余额）
银行存款等（归属于捐出方的相关费用）</td><td>借：其他支出（支付的归属于捐出方的相关费用）
贷：资金结存等</td></tr>
<tr><td>无偿调出文物文化资产</td><td>借：无偿调拨净资产
贷：文物文化资产（账面余额）
借：资产处置费用
贷：银行存款等（归属于调出方的相关费用）</td><td>借：其他支出（支付的归属于调出方的相关费用）
贷：资金结存等</td></tr>
<tr><td rowspan="2">（3）</td><td rowspan="2">盘点文物文化资产时</td><td>盘盈时</td><td>借：文物文化资产
贷：待处理财产损溢</td><td>—</td></tr>
<tr><td>盘亏、毁损、报废时</td><td>借：待处理财产损溢
贷：文物文化资产（账面余额）</td><td>—</td></tr>
</table>

（三）受托代理资产

“受托代理资产”科目核算单位接受委托方委托管理的各项资产，包括受托指定转赠的物资、受托存储保管的物资等的成本。单位管理的罚没物资也应当通过本科目核算。本科目应当按照资产的种类和委托人进行明细核算；属于转赠资产的，还应当按照受赠人进行明细核算。本科目期末借方余额反映单位受托代理实物资产的成本。

单位收到的受托代理资产为现金和银行存款的，不通过本科目核算，应当通过“库存现金”“银行存款”科目进行核算。

受托代理资产的主要账务处理如表5-31所示。

表5-31　受托代理资产的主要账务处理

序号	业务和事项内容		账务处理	
			财务会计	预算会计
（1）	受托转赠物资	接受委托人委托需要转赠给受赠人的物资	借：受托代理资产 　贷：受托代理负债	—
		受托协议约定由受托方承担相关税费、运输费的	借：其他费用 　贷：财政拨款收入/零余额账户用款额度/银行存款等	借：其他支出（实际支付的相关税费、运输费等） 　贷：财政拨款预算收入/资金结存
		将受托转赠物资交付受赠人时	借：受托代理负债 　贷：受托代理资产	—
		转赠物资的委托人取消了对捐赠物资的转赠要求，且不再收回捐赠物资的	借：受托代理负债 　贷：受托代理资产 借：库存物品/固定资产等 　贷：其他收入	—
（2）	受托储存保管物资	接受委托人委托储存保管的物资	借：受托代理资产 　贷：受托代理负债	—
		支付由受托单位承担的与受托储存保管的物资相关的运输费、保管费等	借：其他费用等 　贷：财政拨款收入/零余额账户用款额度/银行存款等	借：其他支出等（实际支付的运输费、保管费等） 　贷：财政拨款预算收入/资金结存
		根据委托人要求交付受托储存保管的物资时	借：受托代理负债 　贷：受托代理资产	—
（3）	罚没物资	取得罚没物资时	借：受托代理资产 　贷：受托代理负债	—
		按照规定处置罚没物资时	借：受托代理负债 　贷：受托代理资产 处置时取得款项的 借：银行存款等 　贷：应缴财政款	—

（四）长期待摊费用

“长期待摊费用”科目核算单位已经支出，但应由本期和以后各期负担的分摊期限在1年以上（不含1年）的各项费用，如以经营租赁方式租入的固定资产发生的改良支出等。本科目应当按照费用项目进行明细核算。本科目期末借方余额反映单位尚未摊销完毕的长期待摊费用。

长期待摊费用的主要账务处理如表5-32所示。

表5-32　长期待摊费用的主要账务处理

序号	业务和事项内容	账务处理	
		财务会计	预算会计
（1）	发生长期待摊费用时	借：长期待摊费用 　　贷：财政拨款收入/零余额账户用款额度/银行存款等	借：行政支出/事业支出等 　　贷：财政拨款预算收入/资金结存
（2）	按期摊销或一次转销长期待摊费用剩余账面余额时	借：业务活动费用/单位管理费用/经营费用等 　　贷：长期待摊费用	—

（五）待处理财产损溢

“待处理财产损溢”科目核算单位在资产清查过程中查明的各种资产盘盈、盘亏和报废、毁损的价值。本科目应当按照待处理的资产项目进行明细核算；对于在资产处理过程中取得收入或发生相关费用的项目，还应当设置“待处理财产价值”“处理净收入”明细科目进行明细核算。期末如为借方余额，反映尚未处理完毕的各种资产的净损失；期末如为贷方余额，反映尚未处理完毕的各种资产的净溢余。年末，经批准处理后，本科目一般无余额。

单位在资产清查过程中查明的资产盘盈、盘亏、报废和毁损，一般应当先记入本科目，按照规定报经批准后及时进行账务处理。年末结账前一般应处理完毕。

待处理财产损溢的主要账务处理如表5-33所示。

表5-33　待处理财产损溢的主要账务处理

序号	业务和事项内容	账务处理	
		财务会计	预算会计
（1）	账款核对时发现的现金短缺或溢余	参照“库存现金”科目的账务处理	

续表

序号	业务和事项内容			账务处理	
				财务会计	预算会计
（2）	盘盈的非现金资产	转入待处理财产时		借：库存物品/固定资产/无形资产/公共基础设施/政府储备物资/文物文化资产/保障性住房等 贷：待处理财产损溢	—
		报经批准后处理时	对于流动资产	借：待处理财产损溢 贷：单位管理费用（事业单位）/业务活动费用（行政单位）	—
			对于非流动资产	借：待处理财产损溢 贷：以前年度盈余调整	—
（3）	盘亏或毁损、报废的非现金资产	转入待处理财产时		借：待处理财产损溢——待处理财产价值 固定资产累计折旧/公共基础设施累计折旧（摊销）/无形资产累计摊销/保障性住房累计折旧 贷：库存物品/固定资产/公共基础设施/无形资产/政府储备物资/文物文化资产/保障性住房等	—
		报经批准处理时		借：资产处置费用 贷：待处理财产损溢——待处理财产价值	—
		处理毁损、报废实物资产过程中取得的残值或残值变价收入、保险理赔或过失人赔偿等		借：库存现金/银行存款/库存物品/其他应收款等 贷：待处理财产损溢——处理净收入	—
		处理毁损、报废实物资产过程中发生的相关费用		借：待处理财产损溢——处理净收入 贷：库存现金/银行存款等	—
		处理收支结清，处理收入大于相关费用的		借：待处理财产损溢——处理净收入 贷：应缴财政款	—
		处理收支结清，处理收入小于相关费用的		借：资产处置费用 贷：待处理财产损溢——处理净收入	借：其他支出 贷：资金结存等（支付的处理净支出）

【例5-97】某事业单位购入一批政府储备物资，价款500 000元以财政直接支付方式支付，物资已验收入库。

◎财务会计记账：

借：政府储备物资　　500 000

　　贷：财政拨款收入　　500 000

◎预算会计记账：

借：事业支出　　500 000

　　贷：财政拨款预算收入　　500 000

【例5-98】某事业单位接受一批政府储备物资捐赠，确定的成本为700 000元。

◎财务会计记账，预算会计不记账：

借：政府储备物资　　700 000

　　贷：捐赠收入　　700 000

【例5-99】某事业单位对政府储备物资进行清查盘点，发现账实不符，盘亏一批政府储备物资，账面余额6 000元。

◎财务会计记账，预算会计不记账：

借：待处理财产损溢　　6 000

　　贷：政府储备物资　　6 000

【例5-100】某事业单位接受无偿调入文物文化资产，其对方账面价值 670 000元，在途中发生运输费、安装费和装卸费等合计22 000元，通过银行存款转账支付。

◎财务会计记账：

借：文物文化资产　　692 000

　　贷：无偿调拨净资产　　670 000

　　　　银行存款　　22 000

◎预算会计记账：

借：其他支出　　22 000

　　贷：资金结存——货币资金　　22 000

【例5-101】某事业单位购入文物文化资产，价款120 000元，以财政授权支付方式通过单位零余额账户转账支付。

◎财务会计记账：

借：文化文物资产　　120 000

　　贷：零余额账户用款额度　　120 000

◎预算会计记账：

借：事业支出　　120 000

　　贷：资金结存——零余额账户用款额度　　120 000

【例5-102】某事业单位经批准对外捐赠文物文化资产，该文物文化资产账面余额158 000元，在捐赠过程中发生的相关税费合计8 000元。

◎财务会计记账：

借：资产处置费用　　166 000

　　贷：文化文物资产　　158 000

　　　　银行存款　　8 000

◎预算会计记账：

借：其他支出　　8 000

贷：资金结存——货币资金 8 000

【例5-103】某事业单位接受某慈善机构委托，转赠一批桌椅和教具给某边远山区的乡村民办学校，按照有关凭据注明的金额确定其成本为56 000元，该批委托转赠的物资已验收入库，受托协议确定由该事业单位承担的相关税费和运输费共计3 000元，通过银行存款账户转账支付。

◎财务会计记账：

借：受托代理资产 56 000

贷：受托代理负债 56 000

借：其他费用 3 000

贷：银行存款 3 000

◎预算会计记账：

借：其他支出 3 000

贷：资金结存——货币资金 3 000

【例5-104】接上例，该事业单位将受托转赠物资交付给某边远山区的乡村民办学校，已办理交接手续。

◎财务会计记账，预算会计不记账：

借：受托代理负债 56 000

贷：受托代理资产 56 000

【例5-105】某事业单位取得一批罚没物资，按照有关凭据注明的金额确定其成本为88 000元，罚没物资已验收入库。

◎财务会计记账，预算会计不记账：

借：受托代理资产 88 000

贷：受托代理负债 88 000

【例5-106】接上例，该事业单位按照规定处置该批罚没物资，处置所得款项70 000元。

◎财务会计记账，预算会计不记账：

借：受托代理负债 88 000

贷：受托代理资产 88 000

借：银行存款 70 000

贷：应缴财政款 70 000

【例5-107】某事业单位因经营活动所需，以经营租赁方式租入一台设备，为更好地满足经营业务要求，该事业单位对设备进行了改良，共发生相关改良支出36 000元，通过银行存款账户转账支付。

◎财务会计记账：

借：长期待摊费用 36 000

贷：银行存款 36 000

◎预算会计记账：

借：经营支出 36 000

贷：资金结存——货币资金 36 000

【例5-108】接上例，该设备经营租赁期限是两年，该事业单位按月摊销该笔长期待摊费用。

◎财务会计记账，预算会计不记账：

借：经营费用 1 500

贷：长期待摊费用 1 500

【例5-109】某事业单位在当日现金账款核对中发现现金短缺2 000元，原因待查。

◎财务会计记账：

借：待处理财产损溢 2 000

贷：库存现金 2 000

◎预算会计记账：

借：其他支出 2 000

贷：资金结存——货币资金 2 000

【例5-110】接上例，该事业单位经反复检查账目，确定属于工作疏忽，经单位领导批准，由责任人赔偿80%，并收回现金，另20%列作费用处置。

◎财务会计记账：

借：库存现金 1 600

贷：待处理财产损溢 1 600

借：资产处置费用 400

贷：待处理财产损溢 400

◎预算会计记账：

借：资金结存——货币资金 1 600

贷：其他支出 1 600

【例5-111】某事业单位有关部门对库存材料进行盘点，盘盈日常维修用的A材料20千克，每千克20元，共计400元。

◎财务会计记账，预算会计不记账：

借：库存物品——A材料 400

贷：待处理财产损溢 400

【例5-112】接上例，该事业单位对盘盈的A材料报经批准后作冲减单位管理费用处理。

◎财务会计记账，预算会计不记账：

借：待处理财产损溢 400

贷：单位管理费用 400

【例5-113】某事业单位经批准报废一台专用设备，该设备账面原始价值120 000元，已计提折旧115 000元，在处理该专用设备过程中取得残值变价收入1 700元，发生相关费用2 000元。

①转入待处理财产时：

◎财务会计记账，预算会计不记账：

借：待处理财产损溢——待处理财产价值 5 000

固定资产累计折旧 115 000

贷：固定资产 120 000

②报经批准处理时：

◎财务会计记账，预算会计不记账：

借：资产处置费用 5 000

贷：待处理财产损溢——待处理财产价值 5 000

③残值变价收入和相关费用的处理：

◎财务会计记账，预算会计不记账：

借：库存现金 1 700

贷：待处理财产损溢——处理净收入 1 700

借：待处理财产损溢——处理净收入 2 000

贷：库存现金 2 000

④处理收支结清，处理收入小于相关费用的账务处理：

◎财务会计记账：

借：资产处置费用 300

贷：待处理财产损溢——处理净收入 300

◎预算会计记账：

借：其他支出 300

贷：资金结存——货币资金 300

第二节 负债

政府财务会计的负债是指政府会计主体过去的经济业务或者事项形成的，预期会导致经济资源流出政府会计主体的现时义务。负债按照流动性分为流动负债和非流动负债。流动负债是指预计在1年内（含1年）偿还的负债，包括短期借款及应缴款项、应付及预收款项、应付职工薪酬等。非流动负债是指流动负债以外的负债，包括长期应付款、应付政府债券和政府依法担保形成的债务等。

一、流动负债

流动负债是指预计在1年内（含1年）偿还的负债，包括短期借款、应交增值税、其他应交税费、应缴财政款、应付票据、应付账款、应付政府补贴款、预收账款、其他应付款、应付职工薪酬、应付利息和预提费用。

（一）短期借款及应缴款项

1.短期借款的核算

“短期借款”科目核算事业单位经批准向银行或其他金融机构等借入的期限在1年内（含1年）的各种借款。本科目应当按照债权人和借款种类进行明细核算。本科目期末贷方余额反映事业单位尚未偿还的短期借款本金。

短期借款的主要账务处理如表5-34所示。

表5-34 短期借款的主要账务处理

序号	业务和事项内容	账务处理	
		财务会计	预算会计
（1）	借入各种短期借款时	借：银行存款 贷：短期借款	借：资金结存——货币资金 贷：债务预算收入
（2）	银行承兑汇票到期，本单位无力支付票款时	借：应付票据 贷：短期借款	借：经营支出等 贷：债务预算收入
（3）	归还短期借款时	借：短期借款 贷：银行存款	借：债务还本支出 贷：资金结存——货币资金

2.应交增值税的核算

“应交增值税”科目核算单位按照税法规定计算应交纳的增值税。期末如为贷方余额，反映单位应交未交的增值税；期末如为借方余额，反映单位尚未抵扣或多交的增值税。

属于增值税一般纳税人的单位，应当在本科目下设置“应交税金”“未交税金”“预交税金”“待抵扣进项税额”“待认证进项税额”“待转销项税额”“简易计税”“转让金融商品应交增值税”“代扣代交增值税”等明细科目。

（1）“应交税金”明细账应当设置“进项税额”“已交税金”“转出未交增值税”“转出多交增值税”“减免税款”“销项税额”“进项税额转出”等专栏。其中：

①“进项税额”专栏，记录单位购进货物、加工修理修配劳务、服务、无形资产或不动产而支付或负担的、准予从当期销项税额中抵扣的增值税税额。

②“已交税金”专栏，记录单位当月已交纳的应交增值税税额。

③“转出未交增值税”和“转出多交增值税”专栏，分别记录一般纳税人月度终了转出当月应交未交或多交的增值税税额。

④“减免税款”专栏，记录单位按照现行增值税制度规定准予减免的增值税税额。

⑤“销项税额”专栏，记录单位销售货物、加工修理修配劳务、服务、无形资产或不动产应收取的增值税税额。

⑥“进项税额转出”专栏，记录单位购进货物、加工修理修配劳务、服务、无形资产或不动产等发生非正常损失以及其他原因而不应从销项税额中抵扣、按照规定转出的进项税额。

（2）“未交税金”明细科目，核算单位月度终了从“应交税金”或“预交税金”明细科目转入当月应交未交、多交或预缴的增值税税额，以及当月交纳以前期间未交的增值税税额。

（3）“预交税金”明细科目，核算单位转让不动产、提供不动产经营租赁服务等，以及其他按照现行增值税制度规定应预缴的增值税税额。

（4）“待抵扣进项税额”明细科目，核算单位已取得增值税扣税凭证并经税务机关认证，按照现行增值税制度规定准予以后期间从销项税额中抵扣的进项税额。

（5）“待认证进项税额”明细科目，核算单位由于未经税务机关认证而不得从当期销项税额中抵扣的进项税额。包括一般纳税人已取得增值税扣税凭证并按规定准予从销项税额中抵扣，但尚未经税务机关认证的进项税额；一般纳税人已申请稽核但尚未取得稽核相符结果的海关缴款书进项税额。

（6）“待转销项税额”明细科目，核算单位销售货物、加工修理修配劳务、服务、无形资产或不动产，已确认相关收入（或利得）但尚未发生增值税纳税义务而需于以后期间确认为销项税额的增值税税额。

（7）“简易计税”明细科目，核算单位采用简易计税方法发生的增值税计提、扣减、预缴等业务。

（8）“转让金融商品应交增值税”明细科目，核算单位转让金融商品发生的增值税税额。

（9）“代扣代交增值税”明细科目，核算单位购进在境内未设经营机构的境外单位或个人在境内的应税行为代扣代缴的增值税税额。

属于增值税小规模纳税人的单位只需在本科目下设置“转让金融商品应交增值税”“代扣代交增值税”明细科目。小规模纳税人购买资产或服务等时不能抵扣增值税，发生的增值税计入资产成本或相关成本费用。

应交增值税的主要账务处理如表5-35所示。

表5-35　应交增值税的主要账务处理

序号	业务和事项内容			账务处理	
				财务会计	预算会计
（1）	增值税一般纳税人	购入资产或接受劳务时	购入应税资产或服务时	借：业务活动费用/在途物品/库存物品/工程物资/在建工程/固定资产/无形资产等 应交增值税——应交税金（进项税额）（当月已认证可抵扣） 应交增值税——待认证进项税额（当月未认证可抵扣） 贷：银行存款/零余额账户用款额度等（实际支付的金额）/应付票据（开出并承兑的商业汇票）/应付账款等（应付的金额）	借：事业支出/经营支出等 贷：资金结存等（实际支付的金额）
			经税务机关认证为不可抵扣进项税额时	借：应交增值税——应交税金（进项税额） 贷：应交增值税——待认证进项税额 同时： 借：业务活动费用等 贷：应交增值税——应交税金（进项税额转出）	—
			购进应税不动产或在建工程按规定分年抵扣进项税额的	借：固定资产/在建工程等 应交增值税——应交税金（进项税额）（当期可抵扣） 应交增值税——待抵扣进项税额（以后期间可抵扣） 贷：银行存款/零余额账户用款额度等（实际支付的金额）/应付票据（开出并承兑的商业汇票）/应付账款等（应付的金额）	借：事业支出/经营支出等 贷：资金结存等（实际支付的金额）
			尚未抵扣的进项税额以后期间抵扣时	借：应交增值税——应交税金（进项税额） 贷：应交增值税——待抵扣进项税额	—
			购进属于增值税应税项目的资产后，发生非正常损失或改变用途的	借：待处理财产损溢/固定资产/无形资产等（按照现行增值税制度规定不得从销项税额中抵扣的进项税额） 贷：应交增值税——应交税金（进项税额转出）/应交增值税——待认证进项税额/应交增值税——待抵扣进项税额	—
			原不得抵扣且未抵扣进项税额的固定资产、无形资产等，因改变用途等用于允许抵扣进项税额的应税项目时	借：应交增值税——应交税金（进项税额）（可以抵扣的进项税额） 贷：固定资产/无形资产等	—
			购进时已全额计入进项税额的货物或服务等用于不动产在建工程的，对于结转以后期间的进项税额	借：应交增值税——待抵扣进项税额 贷：应交增值税——应交税金（进项税额转出）	—

续表

<table>
<tr><th rowspan="2">序号</th><th rowspan="2" colspan="4">业务和事项内容</th><th colspan="2">账务处理</th></tr>
<tr><th>财务会计</th><th>预算会计</th></tr>
<tr><td rowspan="13">（1）</td><td rowspan="13">增值税一般纳税人</td><td rowspan="2">购入货物或接受劳务时</td><td rowspan="2" colspan="2">购进货物或接受劳务时作为扣缴义务人</td><td>借：业务活动费用/在途物品/库存物品/工程物资/固定资产/无形资产等
应交增值税——应交税金（进项税额）（当期可抵扣）
贷：银行存款（实际支付的金额）/应付账款等
应交增值税——代扣代交增值税</td><td>借：事业支出/经营支出等
贷：资金结存(实际支付的金额)</td></tr>
<tr><td>实际缴纳代扣代交增值税时：
借：应交增值税——代扣代交增值税
贷：银行存款/零余额账户用款额度等</td><td>借：事业支出/经营支出等
贷：资金结存（实际支付的金额）</td></tr>
<tr><td rowspan="5">销售应税产品或提供应税服务时</td><td colspan="2">销售应税产品或提供应税服务时</td><td>借：银行存款/应收账款/应收票据等（包含增值税的价款总额）
贷：事业收入/经营收入等（扣除增值税销项税额后的价款）
应交增值税——应交税金（销项税额）/应交增值税——简易计税</td><td>借：资金结存（实际收到的含税金额）
贷：事业预算收入/经营预算收入等</td></tr>
<tr><td rowspan="4">金融商品转让</td><td>产生收益时</td><td>借：投资收益（按净收益计算的应纳增值税）
贷：应交增值税——转让金融商品应交增值税</td><td>—</td></tr>
<tr><td>产生损失时</td><td>借：应交增值税——转让金融商品应交增值税
贷：投资收益（按净损失计算的应纳增值税）</td><td>—</td></tr>
<tr><td>缴纳增值税时</td><td>借：应交增值税——转让金融商品应交增值税
贷：银行存款等</td><td>借：投资预算收益等
贷：资金结存(实际支付的金额)</td></tr>
<tr><td>年末，如有借方余额</td><td>借：投资收益
贷：应交增值税——转让金融商品应交增值税</td><td>—</td></tr>
<tr><td rowspan="2">月末转出多交和未交增值税时</td><td colspan="2">月末转出本月未交增值税时</td><td>借：应交增值税——应交税金（转出未交增值税）
贷：应交增值税——未交税金</td><td>—</td></tr>
<tr><td colspan="2">月末转出本月多交增值税时</td><td>借：应交增值税——未交税金
贷：应交增值税——应交税金（转出多交增值税）</td><td>—</td></tr>
<tr><td rowspan="2">缴纳增值税时</td><td colspan="2">本月缴纳本月增值税时</td><td>借：应交增值税——应交税金（已交税金）
贷：银行存款/零余额账户用款额度等</td><td>借：事业支出/经营支出等
贷：资金结存</td></tr>
<tr><td colspan="2">本月缴纳以前期间未交增值税时</td><td>借：应交增值税——未交税金
贷：银行存款/零余额账户用款额度等</td><td>借：事业支出/经营支出等
贷：资金结存</td></tr>
</table>

续表

<table>
<tr><th rowspan="2">序号</th><th rowspan="2" colspan="4">业务和事项内容</th><th colspan="2">账务处理</th></tr>
<tr><th>财务会计</th><th>预算会计</th></tr>
<tr><td rowspan="2">（1）</td><td rowspan="2">增值税一般纳税人</td><td rowspan="2">缴纳增值税时</td><td colspan="2">按规定预缴增值税时</td><td>预缴时：
借：应交增值税——预交税金
贷：银行存款/零余额账户用款额度等
月末：
借：应交增值税——未交税金
贷：应交增值税——预交税金</td><td>借：事业支出/经营支出等
贷：资金结存</td></tr>
<tr><td colspan="2">当期直接减免的增值税应纳税额</td><td>借：应交增值税——应交税金（减免税款）
贷：业务活动费用/经营费用等</td><td>—</td></tr>
<tr><td rowspan="9">（2）</td><td rowspan="9">增值税小规模纳税人</td><td rowspan="2">购入应税货物或接受劳务时</td><td colspan="2">购入应税货物或接受劳务时</td><td>借：业务活动费用/在途物品/库存物品等（按价税合计金额）
贷：银行存款等（实际支付的金额）/应付票据（开出并承兑的商业汇票）/应付账款等（应付的金额）</td><td>借：事业支出/经营支出等
贷：资金结存（实际支付的金额）</td></tr>
<tr><td colspan="2">购入应税货物或接受劳务时作为扣缴义务人</td><td>借：在途物品/库存物品/固定资产/无形资产等
贷：应付账款/银行存款等
应交增值税——代扣代交增值税
实际缴纳增值税时参见一般纳税人的账务处理</td><td>借：事业支出/经营支出等
贷：资金结存（实际支付的金额）</td></tr>
<tr><td rowspan="5">销售应税产品或提供应税服务时</td><td colspan="2">销售产品或提供服务时</td><td>借：银行存款/应收账款/应收票据（包含增值税的价款总额）
贷：事业收入/经营收入等（扣除增值税金额后的价款）
应交增值税</td><td>借：资金结存（实际收到的含税金额）
贷：事业预算收入/经营预算收入等</td></tr>
<tr><td rowspan="3">金融商品转让时</td><td>产生收益时</td><td>借：投资收益（按净收益计算的应纳增值税）
贷：应交增值税——转让金融商品应交增值税</td><td>—</td></tr>
<tr><td>产生损失时</td><td>借：应交增值税——转让金融商品应交增值税
贷：投资收益（按净损失计算的应纳增值税）</td><td>—</td></tr>
<tr><td>实际缴纳增值税时</td><td colspan="2">参见一般纳税人的账务处理</td></tr>
<tr><td colspan="3">缴纳增值税时</td><td>借：应交增值税
贷：银行存款等</td><td>借：事业支出/经营支出等
贷：资金结存</td></tr>
<tr><td colspan="3">减免增值税时</td><td>借：应交增值税
贷：业务活动费用/经营费用等</td><td>—</td></tr>
</table>

3.其他应交税费的核算

“其他应交税费”科目核算单位按照税法等规定计算应缴纳的除增值税以外的各种税费，包括城市维护建设税、教育费附加、地方教育附加、车船税、房产税、城镇土地使用税和企业所得税等。单位代扣代缴的个人所得税，也通过本科目核算。本科目应当按照应缴纳的税费种类进行明细核算。期末如为贷方余额，反映单位应交未交的除增值税以外的税费金额；期末如为借方余额，反映单位多缴纳的除增值税以外的税费金额。

单位应缴纳的印花税不需要预提应交税费，直接通过“业务活动费用”“单位管理费用”“经营费用”等科目核算，不通过本科目核算。

其他应交税费的主要账务处理如表5-36所示。

表5-36　其他应交税费的主要账务处理

<table>
<tr><th rowspan="2">序号</th><th rowspan="2" colspan="2">业务和事项内容</th><th colspan="2">账务处理</th></tr>
<tr><th>财务会计</th><th>预算会计</th></tr>
<tr><td rowspan="2">（1）</td><td rowspan="2">发生城市维护建设税、教育费附加、地方教育附加、车船税、房产税、城镇土地使用税等时</td><td>发生时，按照税法规定计算的应缴税费金额</td><td>借：业务活动费用/单位管理费用/经营费用等
贷：其他应交税费——应交城市维护建设税/应交教育费附加/应交地方教育附加/应交车船税/应交房产税/应交城镇土地使用税等</td><td>—</td></tr>
<tr><td>实际缴纳时</td><td>借：其他应交税费——应交城市维护建设税/应交教育费附加/应交地方教育附加/应交车船税/应交房产税/应交城镇土地使用税等
贷：银行存款等</td><td>借：事业支出/经营支出等
贷：资金结存</td></tr>
<tr><td rowspan="3">（2）</td><td rowspan="3">代扣代缴职工个人所得税时</td><td>计算应代扣代缴职工的个人所得税金额</td><td>借：应付职工薪酬
贷：其他应交税费——应交个人所得税</td><td>—</td></tr>
<tr><td>计算应代扣代缴职工以外其他人员个人所得税</td><td>借：业务活动费用/单位管理费用等
贷：其他应交税费——应交个人所得税</td><td>—</td></tr>
<tr><td>实际缴纳时</td><td>借：其他应交税费——应交个人所得税
贷：财政拨款收入/零余额账户用款额度/银行存款等</td><td>借：行政支出/事业支出/经营支出等
贷：财政拨款预算收入/资金结存</td></tr>
<tr><td rowspan="2">（3）</td><td rowspan="2">发生企业所得税纳税义务时</td><td>按照税法规定计算的应缴税费金额</td><td>借：所得税费用
贷：其他应交税费——单位应交所得税</td><td>—</td></tr>
<tr><td>实际缴纳时</td><td>借：其他应交税费——单位应交所得税
贷：银行存款等</td><td>借：非财政拨款结余
贷：资金结存</td></tr>
</table>

4.应缴财政款的核算

“应缴财政款”科目核算单位取得或应收的按照规定应当上缴财政的款项，包括应缴国库的款项和应缴财政专户的款项。本科目应当按照应当上缴财政款项的类别进行明细核算。本科目期末贷方余额反映单位应当上缴财政但尚未缴纳的款项。年终清缴后，本科目一般无余额。

单位按照国家税法等有关规定应当上缴的各种税费，通过“应交增值税”“其他应交税费”科目核算，不通过本科目核算。

根据《政府会计制度》规定，应缴财政款的主要账务处理如下。

（1）单位取得或应收按照规定应当上缴财政的款项时，借记“银行存款”“应收账款”等科目，贷记本科目。

（2）单位处置资产取得的应当上缴财政的处置净收入的账务处理，参见“待处理财产损溢”等科目。

（3）单位上缴应当上缴财政的款项时，按照实际上缴的金额，借记本科目，贷记“银行存款”科目。

【例5-114】某事业单位因业务发展临时周转需要，经申请从银行借款2 400 000元，借款期限1年，借款年利率5%，借款利息按月计提，按季度支付。

①借入时：

◎财务会计记账：

借：银行存款　　2 400 000

　　贷：短期借款　　2 400 000

◎预算会计记账：

借：资金结存——货币资金　　2 400 000

　　贷：债务预算收入　　2 400 000

②按月计提利息时：

◎财务会计记账，预算会计不记账：

借：其他费用　　10 000

　　贷：应付利息　　10 000

③按季实际支付利息时：

◎财务会计记账：

借：应付利息　　30 000

　　贷：银行存款　　30 000

◎预算会计记账：

借：其他支出　　30 000

　　贷：资金结存——货币资金　　30 000

④到期向银行归还短期借款本金时：

◎财务会计记账：

借：短期借款　　2 400 000

　　贷：银行存款　　2 400 000

◎预算会计记账：

借：债务还本支出　　2 400 000

　　贷：资金结存——货币资金　　2 400 000

【例5-115】某事业单位（一般纳税人）购入一批经营生产用的甲材料，增值税专用发票上注明材料价款2 000 000元，增值税进项税额320 000元。材料已验收入库，货款已转账支付。

◎财务会计记账：

借：库存物品　　2 000 000

　　应交增值税——应交税金（进项税额）　　320 000

　　贷：银行存款　　2 320 000

◎预算会计记账：

借：经营支出　　2 320 000

　　贷：资金结存——货币资金　　2 320 000

【例5-116】某事业单位（一般纳税人）销售一批商品，增值税专用发票上注明商品销售价款3 000 000元，增值税销项税额480 000元，商品已发出，货款尚未收到。

◎财务会计记账：

借：应收账款　　3 480 000

　　贷：经营收入　　3 000 000

　　　　应交增值税——应交税金（销项税额）　　480 000

◎预算会计记账：

借：资金结存——货币资金　　3 480 000

　　贷：经营预算收入　　3 480 000

【例5-117】某事业单位为小规模纳税人，本期购入材料，增值税专用发票上注明材料成本100 000元，增值税税额16 000元，材料尚未到达，事业单位货款未付，开出一张商业承兑汇票。

◎财务会计记账：

借：在途物品　　116 000

　　贷：应付票据　　116 000

◎预算会计记账：

借：事业支出　　116 000

　　贷：资金结存——货币资金　　116 000

【例5-118】某事业单位为小规模纳税人，本期销售一批商品，含税售价247 200元，货已发出，货款尚未收到。

不含税价款=247 200÷（1+3%）=240 000（元）

应交增值税=240 000×3%=7 200（元）

◎财务会计记账：

借：应收账款　　247 200

　　贷：事业收入　　240 000

　　　　应交增值税　　7 200

◎预算会计记账：

借：资金结存——货币资金　　247 200

　　贷：事业预算收入　　247 200

【例5-119】某事业单位（一般纳税人）购进一台仪器，用于免征增值税项目，增值税专用发票上注明仪器价款100 000元，增值税税额1600元，款项已通过银行转账支付。

①取得增值税专用发票时：

◎财务会计记账：

借：固定资产　　100 000

　　应交增值税——待认证进项税额　　16 000

　　贷：银行存款　　116 000

◎预算会计记账：

借：事业支出　　116 000

　　贷：资金结存——货币资金　　116 000

②经税务机关认证为不可抵扣进项税额时：

◎财务会计记账，预算会计不记账：

借：应交增值税——应交税金（进项税额）　　16 000

　　贷：应交增值税——待认证进项税额　　16 000

同时，将进项税额转出：

借：业务活动费用　　16 000

　　贷：应交增值税——应交税金（进项税额转出）　　16 000

【例5-120】某事业单位购进车库，增值税专用发票上注明该不动产价款200 000元，增值税税额32 000元，款项已通过银行转账支付。

①购入时：

◎财务会计记账：

借：固定资产　　200 000

　　应交增值税——待抵扣进项税额　　32000

　　贷：银行存款　　232 000

◎预算会计记账：

借：事业支出　　232 000

　　贷：资金结存——货币资金　　232 000

②按照现行增值税制度规定，自取得之日起分两年将该不动产应税项目的进项税额从销项税额中抵扣，尚未抵扣的进项税额在以后每月允许抵扣时：

◎财务会计记账，预算会计不记账：

借：应交增值税——应交税金（进项税额）　　1 333.33

　　贷：应交增值税——待抵扣进项税额　　1 333.33

【例5-121】某事业单位（一般纳税人）经税务部门核实，当期直接减免的增值税应纳税额为6 000元。

◎财务会计记账，预算会计不记账：

借：应交增值税——应交税金（减免税款）　　6 000

　　贷：业务活动费用　　6 000

【例5-122】某事业单位（一般纳税人）通过零余额账户缴纳本月应交增值税30 880元。

◎财务会计记账：

借：应交增值税——应交税金（已交税金）　　30 880

　　贷：零余额账户用款额度　　30 880

◎预算会计记账：

借：事业支出　　30 880

　　贷：资金结存——零余额账户用款额度　　30 880

【例5-123】某事业单位按照税法规定计算当期发生应缴税费的明细如下：城市维护建设税87 000元、教育费附加6 800元、地方教育附加3 200元、车船税5 600元、房产税92 000元、城镇土地使用税36 000元，其中归集于履职或开展业务活动的税费金额为138 360元，从事管理活动的税费金额为57 650元，从事经营活动的税费金额为34 590元。

◎财务会计记账，预算会计不记账：

借：业务活动费用　　138 360

　　单位管理费用　　57 650

　　经营费用　　34 590

　　贷：其他应交税费——应交城市维护建设税　　87 000

　　　　　　　　　——应交教育费附加　　6 800

　　　　　　　　　——应交地方教育附加　　3 200

　　　　　　　　　——应交车船税　　5 600

　　　　　　　　　——应交房产税　　92 000

　　　　　　　　　——应交城镇土地使用税　　36 000

【例5-124】接上例，该事业单位通过银行转账缴纳以上税费共计230 600元。

◎财务会计记账：

借：其他应交税费——应交城市维护建设税　　87 000

——应交教育费附加　　6 800
——应交地方教育附加　　3 200
——应交车船税　　5 600
——应交房产税　　92 000
——应交城镇土地使用税　　36 000
贷：银行存款　　230 600

◎预算会计记账：

借：事业支出　　196 010
经营支出　　34 590
贷：资金结存——货币资金　　230 600

【例5-125】某事业单位计提本月应付职工薪酬960 000元，代扣个人所得税48 000元后，通过财政零余额账户为职工支付薪酬912 000元。

◎财务会计记账：

借：业务活动费用　　960 000
贷：应付职工薪酬　　960 000

借：应付职工薪酬　　960 000
贷：财政拨款收入　　912 000
其他应交税费——应交个人所得税　　48 000

◎预算会计记账：

借：事业支出　　912 000
贷：财政拨款预算收入　　912 000

【例5-126】接上例，事业单位通过零余额账户缴纳代扣的个人所得税48 000元。

◎财务会计记账：

借：其他应交税费——应交个人所得税　　48 000
贷：零余额账户用款额度　　48 000

◎预算会计记账：

借：事业支出　　48 000
贷：资金结存——零余额账户用款额度　　48 000

【例5-127】某事业单位按照规定计算出全年应纳企业所得税392 000元。

◎财务会计记账，预算会计不记账：

借：所得税费用　　392 000
贷：其他应交税费——单位应交所得税　　392 000

【例5-128】接上例，事业单位通过银行存款账户转账缴纳企业所得税392 000元。

◎财务会计记账：

借：其他应交税费——单位应交所得税　　392 000
　　贷：银行存款　　392 000

◎预算会计记账：

借：非财政拨款结余——累计结余　　392 000
　　贷：资金结存——货币资金　　392 000

【例5-129】某高校尚未实行非税收入收缴制度改革，收到一笔学费990 000元，存入银行。

◎财务会计记账，预算会计不记账：

借：银行存款　　990 000
　　贷：应缴财政款　　990 000

【例5-130】接上例，该高校将学费990 000元缴入财政指定专户。

◎财务会计记账，预算会计不记账：

借：应缴财政款　　990 000
　　贷：银行存款　　990 000

（二）应付及预收款项

1.应付票据的核算

“应付票据”科目核算事业单位因购买材料、物资等而开出、承兑的商业汇票，包括银行承兑汇票和商业承兑汇票。本科目应当按照债权人进行明细核算。本科目期末贷方余额反映事业单位开出、承兑的尚未到期的应付票据金额。

应付票据的主要账务处理如表5-37所示。

表5-37　应付票据的主要账务处理

序号	业务和事项内容	账务处理	
		财务会计	预算会计
（1）	开出、承兑商业汇票时	借：库存物品/固定资产等 　　贷：应付票据	—
（2）	以商业汇票抵付应付账款时	借：应付账款 　　贷：应付票据	—
（3）	支付银行承兑汇票的手续费时	借：业务活动费用/经营费用等 　　贷：银行存款等	借：事业支出/经营支出 　　贷：资金结存——货币资金

续表

序号	业务和事项内容		账务处理	
			财务会计	预算会计
（4）	商业汇票到期时	收到银行支付到期票据的付款通知时	借：应付票据 　贷：银行存款	借：事业支出/经营支出 　贷：资金结存——货币资金
		银行承兑汇票到期，本单位无力支付票款时	借：应付票据 　贷：短期借款	借：事业支出/经营支出 　贷：债务预算收入
		商业承兑汇票到期，本单位无力支付票款时	借：应付票据 　贷：应付账款	—

2.应付账款的核算

“应付账款”科目核算单位因购买物资、接受服务、开展工程建设等而应付的偿还期限在1年以内（含1年）的款项。本科目应当按照债权人进行明细核算。对于建设项目，还应设置“应付器材款”“应付工程款”等明细科目，并按照具体项目进行明细核算。本科目期末贷方余额反映单位尚未支付的应付账款金额。

应付账款的主要账务处理如表5-38所示。

表5-38　应付账款的主要账务处理

序号	业务和事项内容	账务处理	
		财务会计	预算会计
（1）	购入物资、设备或接受服务以及完成工程进度，但尚未付款时	借：库存物品/固定资产/在建工程等 　贷：应付账款	—
（2）	偿付应付账款时	借：应付账款 　贷：财政拨款收入/零余额账户用款额度/银行存款等	借：行政支出/事业支出等 　贷：财政拨款预算收入/资金结存
（3）	开出、承兑商业汇票抵付应付账款时	借：应付账款 　贷：应付票据	—
（4）	无法偿付或债权人豁免偿还应付账款时	借：应付账款 　贷：其他收入	—

3.应付政府补贴款的核算

“应付政府补贴款”科目核算负责发放政府补贴的行政单位按照规定应当支付给政府补贴接受者的各种政府补贴款。本科目应当按照应支付的政府补贴种类进行明细核算。本科目期末贷方余额反映行政单位应付未付的政府补贴金额。

单位还应当根据需要按照补贴接受者进行明细核算，或者建立备查簿对补贴接受者予以登记。

应付政府补贴款的主要账务处理如表5-39所示。

表5-39 应付政府补贴款的主要账务处理

序号	业务和事项内容	账务处理	
		财务会计	预算会计
（1）	发生（确认）应付政府补贴款	借：业务活动费用 贷：应付政府补贴款	—
（2）	支付应付政府补贴款时	借：应付政府补贴款 贷：零余额账户用款额度/银行存款等	借：行政支出 贷：资金结存等

4.预收账款的核算

“预收账款”科目核算事业单位预先收取但尚未结算的款项。本科目应当按照债权人进行明细核算。本科目期末贷方余额反映事业单位预收但尚未结算的款项金额。

预收账款的主要账务处理如表5-40所示。

表5-40 预收账款的主要账务处理

序号	业务和事项内容	账务处理	
		财务会计	预算会计
（1）	从付款方预收款项时	借：银行存款等 贷：预收账款	借：资金结存——货币资金 贷：事业预算收入/经营预算收入等
（2）	确认有关收入时	借：预收账款 银行存款（收到补付款） 贷：事业收入/经营收入等 银行存款（退回预收款）	借：资金结存——货币资金 贷：事业预算收入/经营预算收入等（收到补付款） 退回预收款的金额作相反的会计分录
（3）	无法偿付或债权人豁免偿还预收账款时	借：预收账款 贷：其他收入	—

5.其他应付款的核算

“其他应付款”科目核算单位除应交增值税、其他应交税费、应缴财政款、应付职工薪酬、应付票据、应付账款、应付政府补贴款、应付利息、预收账款以外的，其他各项偿还期限在1年内（含1年）的应付及暂收款项，如收取的押金、存入保证金、已经报销但尚未偿还银行的本单位公务卡欠款等。本科目应当按照其他应付款的类别以及债权人等进行明细核算。本科目期末贷方余额反映单位尚未支付的其他应付款金额。

同级政府财政部门预拨的下期预算款和没有纳入预算的暂付款项，以及采用实拨资金方式通过本单位转拨给下属单位的财政拨款，也通过本科目核算。

其他应付款的主要账务处理如表5-41所示。

表5-41　其他应付款的主要账务处理

序号	业务和事项内容		账务处理	
			财务会计	预算会计
（1）	发生暂收款项时	取得暂收款项时	借：银行存款等 贷：其他应付款	—
		确认收入时	借：其他应付款 贷：事业收入等	借：资金结存 贷：事业预算收入等
		退回（转拨）暂收款项时	借：其他应付款 贷：银行存款等	—
（2）	收到同级财政部门预拨的下期预算款和没有纳入预算的暂付款项时	按照实际收到的金额	借：银行存款等 贷：其他应付款	—
		待到下一预算期或批准纳入预算时	借：其他应付款 贷：财政拨款收入	借：资金结存 贷：财政拨款预算收入
（3）	发生其他应付义务时	确认其他应付款项时	借：业务活动费用/单位管理费用等 贷：其他应付款	—
		支付其他应付款项时	借：其他应付款 贷：银行存款等	借：行政支出/事业支出等 贷：资金结存
（4）	无法偿付或债权人豁免偿还其他应付款项时		借：其他应付款 贷：其他收入	—

【例5-131】某事业单位（一般纳税人）购入一批材料，增值税专用发票上注明材料价款为10 000元，增值税税款为1 600元，材料已验收入库，单位开出两个月期的商业承兑汇票结算。

①开出商业承兑汇票时：

◎财务会计记账，预算会计不记账：

借：库存物品　　10 000

　　应交增值税——应交税金（进项税额）　　1 600

　　贷：应付票据——商业承兑汇票　　11 600

②票据到期还款时：

◎财务会计记账：

借：应付票据——商业承兑汇票　　11 600

　　贷：银行存款　　11 600

◎预算会计记账：

借：经营支出　　11 600

　　贷：资金结存——货币资金　　11 600

【例5-132】某事业单位（小规模纳税人）购入一批材料，增值税专用发票上注明材料价款为15 000元，增值税税款为2 550元，材料已验收入库，单位采用银行承兑汇票方式结算。

①购入时：

◎财务会计记账，预算会计不记账：

借：库存物品　　17 550

　　贷：应付票据——银行承兑汇票　　17 550

②票据到期还款时：

◎财务会计记账：

借：应付票据——银行承兑汇票　　17 550

　　贷：银行存款　　17 550

◎预算会计记账：

借：经营支出　　17 550

　　贷：资金结存——货币资金　　17 550

③若票据到期，单位无力支付票款时：

◎财务会计记账：

借：应付票据　　17 550

　　贷：短期借款　　17 550

◎预算会计记账：

借：经营支出　　17 550

　　贷：债务预算收入　　17 550

【例5-133】某事业单位购入一批办公用品，价款2 500元，办公用品直接分发给各业务科室，款项尚未支付。

◎财务会计记账，预算会计不记账：

借：业务活动费用　　2 500

　　贷：应付账款　　2 500

【例5-134】接上例，该事业单位通过单位零余额账户支付购买办公用品的款项2 500元。

◎财务会计记账：

借：应付账款　　2 500

　　贷：零余额账户用款额度　　2 500

◎预算会计记账：

借：事业支出　　2 500

　　贷：资金结存——零余额账户用款额度　　2 500

【例5-135】某行政单位负责发放一项政府补贴，按照规定应当支付给政府补贴接受方补贴款项80 000元。

◎财务会计记账，预算会计不记账：

借：业务活动费用　　80 000
　　贷：应付政府补贴款　　80 000

【例5-136】接上例，该行政单位通过单位零余额账户支付应付政府补贴款80 000元。

◎财务会计记账：

借：应付政府补贴款　　80 000
　　贷：零余额账户用款额度　　80 000

◎预算会计记账：

借：行政支出　　80 000
　　贷：资金结存——零余额账户用款额度　　80 000

【例5-137】某事业单位销售产品，与客户签订订货合同，预计三个月完成，合同确定销售货款总额为30 000元，订货方需预付货款10 000元，该产品为免税产品，余款待产品完工发出后再支付。

①收到预付货款时：

◎财务会计记账：

借：银行存款　　10 000
　　贷：预收账款　　10 000

◎预算会计记账：

借：资金结存——货币资金　　10 000
　　贷：经营预算收入　　10 000

②三个月后产品发出并收到余款：

◎财务会计记账：

借：预收账款　　10 000
　　银行存款　　20 000
　　贷：经营收入　　30 000

◎预算会计记账：

借：资金结存——货币资金　　20 000
　　贷：经营预算收入　　20 000

【例5-138】某事业单位收到某企业包装物押金500元，款项已存入银行。

◎财务会计记账，预算会计不记账：

借：银行存款　　500
　　贷：其他应付款　　500

【例5-139】某事业单位职工李某持公务卡报销差旅费，经审核，差旅费报销金额为3 600元。

◎财务会计记账，预算会计不记账：

借：业务活动费用　　3 600

贷：其他应付款 3 600

【例5-140】接上例，该事业单位通过单位零余额账户转账偿还公务卡欠款3 600元。

◎财务会计记账：

借：其他应付款 3 600

贷：零余额账户用款额度 3 600

◎预算会计记账：

借：事业支出 3 600

贷：资金结存——零余额账户用款额度 3 600

【例5-141】某事业单位收到财政部门预拨的下期预算经费88 000元。

◎财务会计记账，预算会计不记账：

借：银行存款 88 000

贷：其他应付款 88 000

【例5-142】接上例，该事业单位在下一期将预拨经费88 000元确认为当期预算经费。

◎财务会计记账：

借：其他应付款 88 000

贷：财政拨款收入 88 000

◎预算会计记账：

借：资金结存——货币资金 88 000

贷：财政拨款预算收入 88 000

（三）其他流动负债

1.应付职工薪酬的核算

“应付职工薪酬”科目核算单位按照有关规定应付给职工（含长期聘用人员）及为职工支付的各种薪酬，包括基本工资、国家统一规定的津贴补贴、规范津贴补贴（绩效工资）、改革性补贴、社会保险费（如职工基本养老保险费、职业年金、基本医疗保险费等）、住房公积金等。本科目期末贷方余额反映单位应付未付的职工薪酬。

本科目应当根据国家有关规定按照“基本工资（含离退休费）”“国家统一规定的津贴补贴”“规范津贴补贴（绩效工资）”“改革性补贴”“社会保险费”“住房公积金”“其他个人收入”等进行明细核算。其中，“社会保险费”“住房公积金”明细科目核算内容包括单位从职工工资中代扣代缴的社会保险费、住房公积金，以及单位为职工计算缴纳的社会保险费、住房公积金。

应付职工薪酬的主要账务处理如表5-42所示。

表5-42　应付职工薪酬的主要账务处理

<table>
<tr><th rowspan="2">序号</th><th rowspan="2" colspan="2">业务和事项内容</th><th colspan="2">账务处理</th></tr>
<tr><th>财务会计</th><th>预算会计</th></tr>
<tr><td rowspan="4">（1）</td><td rowspan="4">计算确认当期应付职工薪酬时</td><td>从事专业及其辅助活动人员的职工薪酬</td><td>借：业务活动费用/单位管理费用
贷：应付职工薪酬</td><td>—</td></tr>
<tr><td>应由在建工程、加工物品、自行研发无形资产负担的职工薪酬</td><td>借：在建工程/加工物品/研发支出等
贷：应付职工薪酬</td><td>—</td></tr>
<tr><td>从事专业及其辅助活动以外的经营活动人员的职工薪酬</td><td>借：经营费用
贷：应付职工薪酬</td><td>—</td></tr>
<tr><td>因解除与职工的劳动关系而给予的补偿</td><td>借：单位管理费用
贷：应付职工薪酬</td><td>—</td></tr>
<tr><td>（2）</td><td colspan="2">向职工支付工资、津贴补贴等薪酬时</td><td>借：应付职工薪酬
贷：财政拨款收入/零余额账户用款额度/银行存款等</td><td>借：行政支出/事业支出/经营支出等
贷：财政拨款预算收入/资金结存</td></tr>
<tr><td rowspan="3">（3）</td><td rowspan="3">从职工薪酬中代扣各种款项时</td><td>代扣代缴个人所得税时</td><td>借：应付职工薪酬——基本工资
贷：其他应交税费——应交个人所得税</td><td>—</td></tr>
<tr><td>代扣社会保险费和住房公积金时</td><td>借：应付职工薪酬——基本工资
贷：应付职工薪酬——社会保险费/住房公积金</td><td>—</td></tr>
<tr><td>代扣为职工垫付的水电费、房租等费用时</td><td>借：应付职工薪酬——基本工资
贷：其他应收款等</td><td>—</td></tr>
<tr><td>（4）</td><td colspan="2">按照规定缴纳职工社会保险费和住房公积金时</td><td>借：应付职工薪酬——社会保险费/住房公积金
贷：财政拨款收入/零余额账户用款额度/银行存款等</td><td>借：行政支出/事业支出/经营支出等
贷：财政拨款预算收入/资金结存</td></tr>
<tr><td>（5）</td><td colspan="2">从应付职工薪酬中支付的其他款项</td><td>借：应付职工薪酬
贷：零余额账户用款额度/银行存款等</td><td>借：行政支出/事业支出/经营支出等
贷：资金结存等</td></tr>
</table>

2.应付利息的核算

“应付利息”科目核算事业单位按照合同约定应支付的借款利息，包括短期借款、分期付息到期还本的长期借款等应支付的利息。本科目应当按照债权人等进行明细核算。本科目期末贷方余额反映事业单位应付未付的利息金额。

根据《政府会计制度》规定，应付利息的主要账务处理如下。

（1）为建造固定资产、公共基础设施等借入的专门借款的利息，属于建设期间发生的，按期计提利息费用时，按照计算确定的金额，借记“在建工程”科目，贷记本科目；不属于建设期间发生的，按期计提利息费用时，按照计算确定的金额，借记“其他费用”科目，贷记本科目。

（2）对于其他借款，按期计提利息费用时，按照计算确定的金额，借记“其他费用”科目，贷记本科目。

（3）实际支付应付利息时，按照支付的金额，借记本科目，贷记“银行存款”等科目。

3.预提费用的核算

“预提费用”科目核算单位预先提取的但尚未支付的费用，如预提租金费用等。本科目应当按照预提费用的种类进行明细核算。对于提取的项目间接费用或管理费用，应当在本科目下设置“项目间接费用或管理费用”明细科目，并按项目进行明细核算。本科目期末贷方余额反映事业单位已预提但尚未支付的各项费用。

事业单位按规定从科研项目收入中提取的项目间接费用或管理费用，也通过本科目核算。事业单位计提的借款利息费用，通过“应付利息”“长期借款”科目核算，不通过本科目核算。

预提费用的主要账务处理如表5–43所示。

表5–43 预提费用的主要账务处理

序号	业务和事项内容	账务处理	
		财务会计	预算会计
（1）	按照规定计提项目间接费用或管理费时	借：单位管理费用 贷：预提费用——项目间接费用或管理费	借：非财政拨款结转——项目间接费用或管理费 贷：非财政拨款结余——项目间接费用或管理费
	实际使用计提的项目间接费用或管理费时	借：预提费用——项目间接费用或管理费 贷：银行存款/库存现金	借：事业支出等 贷：资金结存
（2）	按照规定预提每期租金等费用时	借：业务活动费用/单位管理费用/经营费用等 贷：预提费用	—
	实际支付款项时	借：预提费用 贷：银行存款等	借：行政支出/事业支出/经营支出等 贷：资金结存

【例5–143】某事业单位计算确认当期应付职工薪酬174 000元，其中，从事专业及其辅助活动人员的职工薪酬128 000元，从事经营活动人员的职工薪酬46 000元。

◎财务会计记账，预算会计不记账：

借：业务活动费用　　128 000
　　经营费用　　46 000
　贷：应付职工薪酬　　174 000

【例5–144】接上例，该事业单位收到财政国库支付执行机构委托代理银行转来的“财政直接支付入账通知书”，财政国库支付执行机构通过财政零余额账户为该事业单位从事专业活动职工个人实际支付薪酬121 600元，代扣个人所得税6 400元。

◎财务会计记账：

借：应付职工薪酬　　128 000

　　贷：财政拨款收入　　121 600

　　　　其他应交税费——应交个人所得税　　6 400

◎预算会计记账：

借：事业支出——财政拨款支出——基本支出——基本工资 121 600

　　贷：财政拨款预算收入　　121 600

【例5-145】某事业单位通过银行存款账户支付经营活动人员的职工薪酬43 700元，代扣个人所得税2 300元。

◎财务会计记账：

借：应付职工薪酬　　46 000

　　贷：银行存款　　43 700

　　　　其他应交税费——应交个人所得税　　2 300

◎预算会计记账：

借：经营支出　　43 700

　　贷：资金结存——货币资金　　43 700

【例5-146】某行政单位从职工薪酬中代扣社会保险费110 000元，住房公积金270 000元，已为职工垫付的水电费8 000元。

◎财务会计记账，预算会计不记账：

借：应付职工薪酬——基本工资　　388 000

　　贷：应付职工薪酬——社会保险费　　110 000

　　　　　　　　　　——住房公积金　　270 000

　　　　其他应收款　　8 000

【例5-147】接上例，该行政单位通过财政零余额账户直接支付代扣的社会保险费110 000元，住房公积金270 000元。

◎财务会计记账：

借：应付职工薪酬——社会保险费　　110 000

　　　　　　　　——住房公积金　　270 000

　　贷：财政拨款收入　　380 000

◎预算会计记账：

借：行政支出　　380 000

　　贷：财政拨款预算收入　　380 000

【例5-148】某事业单位按月计提一项银行长期借款的利息，该项长期借款400 000元，年利率9%，利息按年支付。

①按月计提利息时：

◎财务会计记账，预算会计不记账：

借：其他费用　　3 000

　　贷：应付利息　　3 000

②按年支付利息时：

◎财务会计记账：

借：应付利息　　36 000

　　贷：银行存款　　36 000

◎预算会计记账：

借：其他支出——利息支出　　36 000

　　贷：资金结存——货币资金　　36 000

【例5-149】某事业单位建造公共基础设施期间，按月计提和支付一笔银行借款的利息，该项借款200 000元，年利率9%。

①按月计提利息时：

◎财务会计记账，预算会计不记账：

借：在建工程　　1 500

　　贷：应付利息　　1 500

②按月支付利息时：

◎财务会计记账：

借：应付利息　　1 500

　　贷：银行存款　　1 500

◎预算会计记账：

借：其他支出——利息支出　　1 500

　　贷：资金结存——货币资金　　1 500

【例5-150】某事业单位按规定从科研项目收入中以10%的比例提取管理费，共计180 000元。

◎财务会计记账，预算会计不记账：

借：单位管理费用　　180 000

　　贷：预提费用——管理费　　180 000

借：非财政拨款结转——管理费　　180 000

　　贷：非财政拨款结余——管理费　　180 000

【例5-151】该事业单位使用计提的管理费55 000元，通过银行转账支付行政部门管理活动费用。

◎财务会计记账：

借：预提费用——管理费　　55 000

　　贷：银行存款　　55 000

◎预算会计记账：

借：事业支出　　55 000

　　贷：资金结存——货币资金　　55 000

二、非流动负债

非流动负债是指流动负债以外的负债，包括长期借款、长期应付款、预计负债和受托代理负债等。

（一）长期借款

“长期借款”科目核算事业单位经批准向银行或其他金融机构等借入的期限超过1年（不含1年）的各种借款本息。本科目应当设置“本金”和“应计利息”明细科目，并按照贷款单位和贷款种类进行明细核算。对于建设项目借款，还应按照具体项目进行明细核算。本科目期末贷方余额反映事业单位尚未偿还的长期借款本息金额。

长期借款的主要账务处理如表5-44所示。

表5-44　长期借款的主要账务处理

序号	业务和事项内容		账务处理	
			财务会计	预算会计
（1）	借入各项长期借款时		借：银行存款 　贷：长期借款——本金	借：资金结存——货币资金 　贷：债务预算收入（本金）
（2）	为购建固定资产、公共基础设施等应支付的专门借款利息	属于工程项目建设期间发生的	借：在建工程 　贷：应付利息（分期付息、到期还本） 　　长期借款——应计利息（到期一次还本付息）	—
		属于工程项目完工交付使用后发生的	借：其他费用 　贷：应付利息（分期付息、到期还本） 　　长期借款——应计利息（到期一次还本付息）	—

续表

序号	业务和事项内容		账务处理	
			财务会计	预算会计
（2）	为购建固定资产、公共基础设施等应支付的专门借款利息	实际支付利息时	借：应付利息 贷：银行存款等	借：其他支出 贷：资金结存
（3）	其他长期借款利息	计提利息时	借：其他费用 贷：应付利息（分期付息、到期还本） 长期借款——应计利息（到期一次还本付息）	—
		分期实际支付利息时	借：应付利息 贷：银行存款等	借：其他支出 贷：资金结存
（4）	归还长期借款本息		借：长期借款——本金 ——应计利息（到期一次还本付息） 贷：银行存款	借：债务还本支出（支付的本金） 贷：资金结存 借：其他支出（支付的利息） 贷：资金结存

（二）长期应付款

“长期应付款”科目核算事业单位发生的偿还期限超过1年（不含1年）的应付款项，如以融资租赁方式取得固定资产应付的租赁费等。本科目应当按照长期应付款的类别以及债权人进行明细核算。本科目期末贷方余额反映事业单位尚未支付的长期应付款金额。

长期应付款的主要账务处理如表5-45所示。

表5-45　长期应付款的主要账务处理

序号	业务和事项内容	账务处理	
		财务会计	预算会计
（1）	发生长期应付款时	借：固定资产/在建工程等 贷：长期应付款	—
（2）	支付长期应付款时	借：长期应付款 贷：财政拨款收入/零余额账户用款额度/银行存款	借：行政支出/事业支出/经营支出等 贷：财政拨款预算收入/资金结存
（3）	无法偿付或债权人豁免偿还的长期应付款	借：长期应付款 贷：其他收入	—

（三）预计负债

“预计负债”科目核算事业单位对因或有事项所产生的现时义务而确认的负债，如对未决诉讼等确认的负债。本科目应当按照预计负债的项目进行明细核算。本科目期末贷方余额反映事业单位已确认但尚未支付的预计负债金额。

预计负债的主要账务处理如表5-46所示。

表5-46　预计负债的主要账务处理

序号	业务和事项内容	账务处理	
		财务会计	预算会计
（1）	确认预计负债	借：业务活动费用/经营费用/其他费用等 　　贷：预计负债	—
（2）	实际偿付预计负债	借：预计负债 　　贷：银行存款等	借：事业支出/经营支出/其他支出等 　　贷：资金结存
（3）	对预计负债账面余额进行调整的	借：业务活动费用/经营费用/其他费用等 　　贷：预计负债或作相反会计分录	—

（四）受托代理负债

"受托代理负债"科目核算事业单位接受委托取得受托代理资产时形成的负债。本科目的账务处理参见"受托代理资产""库存现金""银行存款"等科目。本科目期末贷方余额反映事业单位尚未交付或发出受托代理资产形成的受托代理负债金额。

【例5-152】某事业单位因资金不足，向开户银行借入款项720 000元，期限两年，年利率10%，到期一次还本付息，已办理贷转存手续。

①借入长期借款时：

◎财务会计记账：

借：银行存款　　720 000

　　贷：长期借款——本金　　720 000

◎预算会计记账：

借：资金结存——货币资金　　720 000

　　贷：债务预算收入　　720 000

②按月计提长期借款利息时：

◎财务会计记账，预算会计不记账：

借：其他费用　　6 000

　　贷：长期借款——应计利息　　6 000

③到期归还长期借款本金及利息时：

◎财务会计记账：

借：长期借款——本金　　720 000

　　　　　　——应计利息　　144 000

贷：银行存款　864 000

◎预算会计记账：

借：债务还本支出　720 000

其他支出——利息支出　144 000

贷：资金结存——货币资金　864 000

【例5-153】某事业单位向银行借款200 000元，用于为期两年的职工家属区公共基础设施建设，借款期限三年，年利率9%，利息按年支付。

①借入长期借款时：

◎财务会计记账：

借：银行存款　200 000

贷：长期借款——本金　200 000

◎预算会计记账：

借：资金结存——货币资金　200 000

贷：债务预算收入　200 000

②前两年按月计提长期借款利息时：

◎财务会计记账，预算会计不记账：

借：在建工程　1 500

贷：应付利息　1 500

③第三年基础设施完工交付使用后按月计提长期借款利息时：

◎财务会计记账，预算会计不记账：

借：其他费用　1 500

贷：应付利息　1 500

④按年支付借款利息时：

◎财务会计记账：

借：应付利息　18 000

贷：银行存款　18 000

◎预算会计记账：

借：其他支出——利息支出　18 000

贷：资金结存——货币资金　18 000

⑤归还借款本金时：

◎财务会计记账：

借：长期借款——本金　200 000

贷：银行存款　200 000

◎预算会计记账：

借：债务还本支出　　200 000

　　贷：资金结存——货币资金　　200 000

【例5-154】某事业单位从租赁公司融资租入一台专用设备，按租赁协议规定，应付租赁费500 000元，租赁期限5年，租赁费以财政直接支付方式通过财政零余额账户按年支付，租入设备时发生运杂费2 000元、安装费4 000元，均通过单位零余额账户转账支付。

①融资租入固定资产时：

◎财务会计记账：

借：固定资产——融资租入固定资产　　506 000

　　贷：长期应付款　　500 000

　　　　零余额账户用款额度　　6 000

◎预算会计记账：

借：事业支出——专用设备购置　　6 000

　　贷：资金结存——零余额账户用款额度　　6 000

②按年支付租金时：

◎财务会计记账：

借：长期应付款　　100 000

　　贷：财政拨款收入　　100 000

◎预算会计记账：

借：事业支出——专用设备购置　　100 000

　　贷：财政拨款预算收入　　100 000

【例5-155】某事业单位因经营纠纷，确认未决诉讼负债预计金额50 000元。

◎财务会计记账，预算会计不记账：

借：经营费用　　50 000

　　贷：预计负债　　50 000

【例5-156】接上例，执行诉讼判决，该事业单位通过银行存款账户转账偿付50 000元。

◎财务会计记账：

借：预计负债　　50 000

　　贷：银行存款　　50 000

◎预算会计记账：

借：经营支出　　50 000

　　贷：资金结存——货币资金　　50 000

【例5-157】某事业单位接受某机构委托，转赠一批教学物资给某民办学校，有关凭据上注明的金额为21 000元，该批转赠物资已验收入库。

◎财务会计记账，预算会计不记账：

借：受托代理资产　　21 000

　　贷：受托代理负债　　21 000

【例5-158】接上例，因转赠物资委托方取消转赠要求，将转赠物资留归该事业单位，已办理相关手续。

◎财务会计记账，预算会计不记账：

借：受托代理负债　　21 000

　　贷：受托代理资产　　21 000

借：库存物品　　21 000

　　贷：其他收入　　21 000

第三节　收入

政府财务会计的收入是指报告期内导致政府会计主体净资产增加的、含有服务潜力或者经济利益的经济资源的流入。收入按来源方向分为纵向收入和横向收入。纵向收入包括财政拨款收入、上级补助收入、附属单位上缴收入、非同级财政拨款收入；横向收入包括事业收入、经营收入、投资收益、捐赠收入、利息收入、租金收入和其他收入。

一、纵向收入的核算

（一）财政拨款收入

“财政拨款收入”科目核算事业单位从同级政府财政部门取得的各类财政拨款。本科目可按照一般公共预算财政拨款、政府性基金预算财政拨款等拨款种类进行明细核算。期末结转后，本科目应无余额。

同级政府财政部门预拨的下期预算款和没有纳入预算的暂付款项，以及采用实拨资金方式通过本事业单位转拨给下属单位的财政拨款，通过“其他应付款”科目核算，不通过本科目核算。

财政拨款收入的主要账务处理如表5-47所示。

表5-47　财政拨款收入的主要账务处理

序号	业务和事项内容		账务处理	
			财务会计	预算会计
（1）	收到拨款	财政直接支付方式下	借：库存物品/固定资产/业务活动费用/单位管理费用/应付职工薪酬等 贷：财政拨款收入	借：行政支出/事业支出等 贷：财政拨款预算收入
		财政授权支付方式下	借：零余额账户用款额度 贷：财政拨款收入	借：资金结存——零余额账户用款额度 贷：财政拨款预算收入
		其他方式下	借：银行存款等 贷：财政拨款收入	借：资金结存——货币资金 贷：财政拨款预算收入
（2）	年末确认拨款差额	根据本年度财政直接支付预算指标数与当年财政直接支付实际支付数的差额	借：财政应返还额度——财政直接支付 贷：财政拨款收入	借：资金结存——财政应返还额度 贷：财政拨款预算收入
		本年度财政授权支付预算指标数大于零余额账户用款额度下达数的差额	借：财政应返还额度——财政授权支付 贷：财政拨款收入	借：资金结存——财政应返还额度 贷：财政拨款预算收入
（3）	因差错更正或购货退回等发生的国库直接支付款项退回的	属于本年度支付的款项	借：财政拨款收入 贷：业务活动费用/库存物品等	借：财政拨款预算收入 贷：行政支出/事业支出等
		属于以前年度支付的款项（财政拨款结转资金）	借：财政应返还额度——财政直接支付 贷：以前年度盈余调整/库存物品等	借：资金结存——财政应返还额度 贷：财政拨款结转——年初余额调整
		属于以前年度支付的款项（财政拨款结余资金）		借：资金结存——财政应返还额度 贷：财政拨款结余——年初余额调整
（4）	期末/年末结转		借：财政拨款收入 贷：本期盈余	借：财政拨款预算收入 贷：财政拨款结转——本年收支结转

（二）上级补助收入

“上级补助收入”科目核算事业单位从主管部门和上级单位取得的非财政拨款收入。本科目应当按照发放补助单位、补助项目等进行明细核算。期末结转后，本科目应无余额。

上级补助收入的主要账务处理如表5-48所示。

表5-48　上级补助收入的主要账务处理

序号	业务和事项内容		账务处理	
			财务会计	预算会计
（1）	日常核算	确认时，按照应收或实际收到的金额	借：其他应收款/银行存款等 贷：上级补助收入	借：资金结存——货币资金（按照实际收到的金额） 贷：上级补助预算收入
		收到应收的上级补助收入时	借：银行存款等 贷：其他应收款	
（2）	期末/年末结转	专项资金收入	借：上级补助收入 贷：本期盈余	借：上级补助预算收入 贷：非财政拨款结转——本年收支结转
		非专项资金收入		借：上级补助预算收入 贷：其他结余

（三）附属单位上缴收入

“附属单位上缴收入”科目核算事业单位取得的附属独立核算单位按照有关规定上缴的收入。本科目应当按照附属单位、缴款项目等进行明细核算。期末结转后，本科目应无余额。

附属单位上缴收入的主要账务处理如表5-49所示。

表5-49　附属单位上缴收入的主要账务处理

序号	业务和事项内容		账务处理	
			财务会计	预算会计
（1）	日常核算	确认时，按照应收或实际收到的金额	借：其他应收款/银行存款等 贷：附属单位上缴收入	借：资金结存——货币资金[按照实际收到的金额] 贷：附属单位上缴预算收入
		实际收到应收附属单位上缴收入款时	借：银行存款等 贷：其他应收款	
（2）	期末/年末结转	专项资金收入	借：附属单位上缴收入 贷：本期盈余	借：附属单位上缴预算收入 贷：非财政拨款结转——本年收支结转
		非专项资金收入		借：附属单位上缴预算收入 贷：其他结余

（四）非同级财政拨款收入

“非同级财政拨款收入”科目核算事业单位从非同级政府财政部门取得的经费拨款，包括从同级政府其他部门取得的横向转拨财政款、从上级或下级政府财政部门取得的经费拨款等。本科目应当按照本级横向转拨财政款和非同级财政拨款进行明细核算，并按照收入来源进行明细核算。期末结转后，本科目应无余额。

事业单位因开展科研及其辅助活动从非同级政府财政部门取得的经费拨款，应当通过“事业收入——非同级财政拨款”科目核算，不通过本科目核算。

非同级财政拨款收入的主要账务处理如表5-50所示。

表5-50　非同级财政拨款收入的主要账务处理

<table>
<tr><th rowspan="2">序号</th><th rowspan="2" colspan="2">业务和事项内容</th><th colspan="2">账务处理</th></tr>
<tr><th>财务会计</th><th>预算会计</th></tr>
<tr><td>（1）</td><td>确认收入时</td><td>按照应收或实际收到的金额</td><td>借：其他应收款/银行存款等
贷：非同级财政拨款收入</td><td rowspan="2">借：资金结存——货币资金[按照实际收到的金额]
贷：非同级财政拨款预算收入</td></tr>
<tr><td>（2）</td><td>收到应收的款项时</td><td>按照实际收到的金额</td><td>借：银行存款
贷：其他应收款</td></tr>
<tr><td rowspan="2">（3）</td><td rowspan="2">期末/年末结转</td><td>专项资金</td><td rowspan="2">借：非同级财政拨款收入
贷：本期盈余</td><td>借：非同级财政拨款预算收入
贷：非财政拨款结转——本年收支结转</td></tr>
<tr><td>非专项资金</td><td>借：非同级财政拨款预算收入
贷：其他结余</td></tr>
</table>

【例5-159】某事业单位收到财政部门委托代理银行转来的“财政直接支付入账通知书”，支付单位会议费90 000元。

◎财务会计记账：

借：业务活动费用　　　　90 000

　　贷：财政拨款收入　　　　90 000

◎预算会计记账：

借：事业支出——财政拨款支出——基本支出　　　　90 000

　　贷：财政拨款预算收入　　　　90 000

【例5-160】某事业单位接到开户银行通知，收到上级单位拨来的非财政补助款项209 000元。

◎财务会计记账：

借：银行存款　　　　209 000

　　贷：上级补助收入　　　　209 000

◎预算会计记账：

借：资金结存——货币资金　　　　209 000

　　贷：上级补助预算收入　　　　209 000

【例5-161】某事业单位收到附属单位按规定比例上缴的承包利润196 000元。

◎财务会计记账：

借：银行存款　　　　196 000

　　贷：附属单位上缴收入　　　　196 000

◎预算会计记账：

借：资金结存——货币资金　　　　196 000

贷：附属单位上缴预算收入　　　　　　　　　　196 000

【例5-162】某事业单位属于市级预算单位，收到省级财政拨来的专项环保经费80 000元。

◎财务会计记账：

借：银行存款　　　　　　　　　　80 000

　　贷：非同级财政拨款收入　　　　　　　　80 000

◎预算会计记账：

借：资金结存——货币资金　　　　　　　　80 000

　　贷：非同级财政拨款预算收入　　　　　　80 000

二、横向收入的核算

（一）事业收入

"事业收入"科目核算事业单位开展专业业务活动及其辅助活动实现的收入，本科目应当按照事业收入的类别、来源等进行明细核算，对于因开展科研及其辅助活动从非同级政府财政部门取得的经费拨款，应当在本科目下单设"非同级财政拨款"明细科目进行核算。期末结转后，本科目应无余额。

"事业收入"科目核算不包括从同级政府财政部门取得的各类财政拨款。

事业收入的主要账务处理如表5-51所示。

表5-51　事业收入的主要账务处理

序号	业务和事项内容		账务处理	
			财务会计	预算会计
（1）	采用财政专户返还方式	实际收到或应收应上缴财政专户的事业收入时	借：银行存款/应收账款等 贷：应缴财政款	—
		向财政专户上缴款项时	借：应缴财政款 贷：银行存款等	—
		收到从财政专户返还的款项时	借：银行存款等 贷：事业收入	借：资金结存——货币资金 贷：事业预算收入
（2）	采用预收款方式	实际收到款项时	借：银行存款等 贷：预收账款	借：资金结存——货币资金 贷：事业预算收入
		按合同完成进度确认收入时	借：预收账款 贷：事业收入	—
（3）	采用应收款方式	根据合同完成进度计算本期应收的款项	借：应收账款 贷：事业收入	—
		实际收到款项时	借：银行存款等 贷：应收账款	借：资金结存——货币资金 贷：事业预算收入

续表

<table>
<tr><th rowspan="2">序号</th><th rowspan="2" colspan="2">业务和事项内容</th><th colspan="2">账务处理</th></tr>
<tr><th>财务会计</th><th>预算会计</th></tr>
<tr><td>（4）</td><td colspan="2">其他方式下</td><td>借：银行存款/库存现金等
贷：事业收入</td><td>借：资金结存——货币资金
贷：事业预算收入</td></tr>
<tr><td rowspan="2">（5）</td><td rowspan="2">期末/年末结转</td><td>专项资金收入</td><td rowspan="2">借：事业收入
贷：本期盈余</td><td>借：事业预算收入
贷：非财政拨款结转——本年收支结转</td></tr>
<tr><td>非专项资金收入</td><td>借：事业预算收入
贷：其他结余</td></tr>
</table>

（二）经营收入

“经营收入”科目核算事业单位在专业业务活动及其辅助活动之外开展非独立核算经营活动取得的收入。本科目应当按照经营活动类别、项目和收入来源等进行明细核算。期末结转后，本科目应无余额。

经营收入应当在提供服务或发出存货，同时收讫价款或者取得索取价款的凭据时，按照实际收到或应收的金额予以确认。

经营收入的主要账务处理如表5-52所示。

表5-52 经营收入的主要账务处理

<table>
<tr><th rowspan="2">序号</th><th rowspan="2" colspan="2">业务和事项内容</th><th colspan="2">账务处理</th></tr>
<tr><th>财务会计</th><th>预算会计</th></tr>
<tr><td>（1）</td><td>确认经营收入时</td><td>按照确定的收入金额</td><td>借：银行存款/应收账款/应收票据等
贷：经营收入</td><td rowspan="2">借：资金结存——货币资金[按照实际收到的金额]
贷：经营预算收入</td></tr>
<tr><td>（2）</td><td>收到应收的款项时</td><td>按照实际收到的金额</td><td>借：银行存款等
贷：应收账款/应收票据</td></tr>
<tr><td>（3）</td><td colspan="2">期末/年末结转</td><td>借：经营收入
贷：本期盈余</td><td>借：经营预算收入
贷：经营结余</td></tr>
</table>

（三）投资收益

“投资收益”科目核算事业单位股权投资和债券投资所实现的收益或发生的损失。本科目应当按照投资的种类等进行明细核算。期末结转后，本科目应无余额。

投资收益的主要账务处理如表5-53所示。

表5-53　投资收益的主要账务处理

序号	业务和事项内容		账务处理	
			财务会计	预算会计
（1）	出售或到期收回短期债券本息		借：银行存款 投资收益[借差] 贷：短期投资[成本] 投资收益[贷差]	借：资金结存——货币资金[实际收到的款项] 投资预算收益[借差] 贷：投资支出/其他结余[投资成本] 投资预算收益[贷差]
（2）	持有的分期付息、一次还本的长期债券投资	确认应收未收利息时	借：应收利息 贷：投资收益	—
		实际收到利息时	借：银行存款 贷：应收利息	借：资金结存——货币资金 贷：投资预算收益
（3）	持有的一次还本付息的长期债券投资	计算确定的应收未收利息增加长期债券投资的账面余额	借：长期债券投资——应计利息 贷：投资收益	—
（4）	出售长期债券投资或到期收回长期债券投资本息		借：银行存款 投资收益[借差] 贷：长期债券投资 应收利息 投资收益[贷差]	借：资金结存——货币资金[实际收到的款项] 投资预算收益[借差] 贷：投资支出/其他结余 投资预算收益[贷差]
（5）	成本法下长期股权投资持有期间，被投资单位宣告分派利润或股利	按照宣告分派的利润或股利中属于单位应享有的份额	借：应收股利 贷：投资收益	—
		取得分派的利润或股利，按照实际收到的金额	借：银行存款 贷：应收股利	借：资金结存——货币资金 贷：投资预算收益
（6）	采用权益法核算的长期股权投资持有期间	按照应享有或应分担的被投资单位实现的净损益的份额	借：长期股权投资——损益调整 贷：投资收益[被投资单位实现净利润] 借：投资收益[被投资单位发生净亏损] 贷：长期股权投资——损益调整	—
		收到被投资单位发放的现金股利	借：银行存款 贷：应收股利	借：资金结存——货币资金 贷：投资预算收益
		被投资单位发生净亏损，但以后年度又实现净利润的，按规定恢复确认投资收益	借：长期股权投资——损益调整 贷：投资收益	—
（7）	期末/年末结转	投资收益为贷方余额时	借：投资收益 贷：本期盈余	借：投资预算收益 贷：其他结余
		投资收益为借方余额时	借：本期盈余 贷：投资收益	借：其他结余 贷：投资预算收益

（四）捐赠收入

“捐赠收入”科目核算事业单位接受其他单位或者个人捐赠取得的收入。本科目应当按照捐赠资产的用途和捐赠单位等进行明细核算。期末结转后，本科目应无余额。

捐赠收入的主要账务处理如表5-54所示。

表5-54 捐赠收入的主要账务处理

序号	业务和事项内容		账务处理 财务会计	账务处理 预算会计
（1）	接受捐赠的货币资金	按照实际收到的金额	借：银行存款/库存现金 贷：捐赠收入	借：资金结存——货币资金 贷：其他预算收入——捐赠收入
（2）	接受捐赠的存货、固定资产等	按照确定的成本	借：库存物品/固定资产等 贷：银行存款等[相关税费支出] 捐赠收入	借：其他支出[支付的相关税费等] 贷：资金结存
		按照名义金额入账	借：库存物品/固定资产等[名义金额] 贷：捐赠收入 借：其他费用 贷：银行存款等[相关税费支出]	借：其他支出[支付的相关税费等] 贷：资金结存
（3）	期末/年末结转	专项资金	借：捐赠收入 贷：本期盈余	借：其他预算收入——捐赠收入 贷：非财政拨款结转——本年收支结转
		非专项资金		借：其他预算收入——捐赠收入 贷：其他结余

（五）利息收入

“利息收入”科目核算事业单位取得的银行存款利息收入。期末结转后，本科目应无余额。利息收入的主要账务处理如表5-55所示。

表5-55 利息收入的主要账务处理

序号	业务和事项内容		账务处理 财务会计	账务处理 预算会计
（1）	确认银行存款利息收入	实际收到利息时	借：银行存款 贷：利息收入	借：资金结存——货币资金 贷：其他预算收入——利息收入
（2）	期末/年末结转		借：利息收入 贷：本期盈余	借：其他预算收入——利息收入 贷：其他结余

（六）租金收入

“租金收入”科目核算事业单位经批准利用国有资产出租取得并按照规定纳入本单位预算管理的租金收入。本科目应当按照出租国有资产类别和收入来源等进行明细核算。期末结转后，本科目应无余额。

租金收入的主要账务处理如表5-56所示。

表5-56 租金收入的主要账务处理

序号	业务和事项内容		账务处理	
			财务会计	预算会计
（1）	预收租金方式	收到预付的租金时	借：银行存款等 贷：预收账款	借：资金结存——货币资金 贷：其他预算收入——租金收入
		按照直线法分期确认租金收入时	借：预收账款 贷：租金收入	—
（2）	后付租金方式	确认租金收入时	借：应收账款 贷：租金收入	—
		收到租金时	借：银行存款等 贷：应收账款	借：资金结存——货币资金 贷：其他预算收入——租金收入
（3）	分期收取租金	按期收取租金	借：银行存款等 贷：租金收入	借：资金结存——货币资金 贷：其他预算收入——租金收入
（4）	期末/年末结转		借：租金收入 贷：本期盈余	借：其他预算收入——租金收入 贷：其他结余

（七）其他收入

“其他收入”科目核算事业单位取得的除财政拨款收入、事业收入、上级补助收入、附属单位上缴收入、经营收入、非同级财政拨款收入、投资收益、捐赠收入、利息收入、租金收入以外的各项收入，包括现金盘盈收入、按照规定纳入单位预算管理的科技成果转化收入、行政单位收回已核销的其他应收款、无法偿付的应付及预收款项、置换换出资产评估增值等。本科目应当按照其他收入的类别、来源等进行明细核算。期末结转后，本科目应无余额。

其他收入的主要账务处理如表5-57所示。

表5-57 其他收入的主要账务处理

序号	业务和事项内容		账务处理	
			财务会计	预算会计
（1）	现金盘盈收入	属于无法查明原因的部分，报经批准后	借：待处理财产损溢 贷：其他收入	—
（2）	科技成果转化收入	按照规定留归本单位的	借：银行存款等 贷：其他收入	借：资金结存——货币资金 贷：其他预算收入

续表

序号	业务和事项内容		账务处理	
			财务会计	预算会计
（3）	行政单位收回已核销的其他应收款	按照实际收回的金额	借：银行存款等 贷：其他收入	借：资金结存——货币资金 贷：其他预算收入
（4）	无法偿付的应付及预收款项		借：应付账款/预收账款/其他应付款/长期应付款 贷：其他收入	—
（5）	置换换出资产评估增值	按照换出资产评估价值高于资产账面价值的金额	借：有关科目 贷：其他收入	—
（6）	其他情况	按照应收或实际收到的金额	借：其他应收款/银行存款/库存现金等 贷：其他收入	借：资金结存——货币资金[按照实际收到的金额] 贷：其他预算收入
（7）	期末/年末结转	专项资金	借：其他收入 贷：本期盈余	借：其他预算收入 贷：非财政拨款结转——本年收支结转
		非专项资金		借：其他预算收入 贷：其他结余

【例5-163】某事业单位接受一笔捐赠资金100 000元，已办理相关捐赠手续，款项已入账。

◎财务会计记账：

借：银行存款　　100 000

　　贷：捐赠收入　　100 000

◎预算会计记账：

借：资金结存——货币资金　　100 000

　　贷：其他预算收入——捐赠收入　　100 000

【例5-164】某学校接受某民营企业捐赠的一批教学模具，确定的成本为 750元，另以银行存款支付相关运输等费用150元。

◎财务会计记账：

借：库存物品　　900

　　贷：捐赠收入　　750

　　　　银行存款　　150

◎预算会计记账：

借：其他支出　　150

　　贷：资金结存——货币资金　　150

【例5-165】某事业单位收到开户银行送交的收账通知单，结算本月银行存款利息收入5 600元。

◎财务会计记账：

借：银行存款　5 600

　　贷：利息收入　5 600

◎预算会计记账：

借：资金结存——货币资金　5 600

　　贷：其他预算收入——利息收入　5 600

【例5-166】某事业单位将闲置的一座办公场所出租给某企业，租期一年，一次性收取租金240 000元，款项已存入银行。该事业单位在租赁期内采用直线法确认各期租金收入，本月确认租金收入20 000元。

◎财务会计记账：

借：银行存款　240 000

　　贷：预收账款　240 000

借：预收账款　20 000

　　贷：租金收入　20 000

◎预算会计记账：

借：资金结存——货币资金　240 000

　　贷：其他预算收入——租金收入　240 000

【例5-167】某事业单位年初将闲置的精密设备出租，租期一年，租金120 000元，双方约定到期一次性给付租金。

①每月确认租金收入时：

◎财务会计记账，预算会计不记账：

借：应收账款　10 000

　　贷：租金收入　10 000

②年底收到全部租金时：

◎财务会计记账：

借：银行存款　120 000

　　贷：应收账款　120 000

◎预算会计记账：

借：资金结存——货币资金　120 000

　　贷：其他预算收入——租金收入　120 000

【例5-168】某高校一项科技成果转化所得款项收入额为50 000元，按照规定，留归本单位。

◎财务会计记账：

借：银行存款　50 000

　　贷：其他收入　50 000

◎预算会计记账：

借：资金结存——货币资金　　50 000

　　贷：其他预算收入　　50 000

【例5-169】某行政单位收回一笔已核销的其他应收款8 500元。

◎财务会计记账：

借：银行存款　　8 500

　　贷：其他收入　　8 500

◎预算会计记账：

借：资金结存——货币资金　　8 500

　　贷：其他预算收入　　8 500

第四节　费用

政府财务会计的费用是指报告期内导致政府会计主体净资产减少的、含有服务潜力或者经济利益的经济资源的流出。费用按照发生的方向分为纵向费用和横向费用。纵向费用包括上缴上级费用、对附属单位补助费用、所得税费用；横向费用包括业务活动费用、单位管理费用、经营费用、资产处置费用和其他费用。

一、纵向费用的核算

（一）上缴上级费用

“上缴上级费用”科目核算事业单位按照财政部门和主管部门的规定上缴上级单位款项发生的费用。本科目应当按照收缴款项单位、缴款项目等进行明细核算。期末结转后，本科目应无余额。

上缴上级费用的主要账务处理如表5-58所示。

表5-58　上缴上级费用的主要账务处理

<table>
<tr><th rowspan="2">序号</th><th rowspan="2">业务和事项内容</th><th colspan="2">账务处理</th></tr>
<tr><th>财务会计</th><th>预算会计</th></tr>
<tr><td>（1）</td><td>按照实际上缴的金额或者按照规定计算出应当上缴的金额</td><td>借：上缴上级费用
　　贷：银行存款/其他应付款等</td><td rowspan="2">借：上缴上级支出[实际上缴的金额]
　　贷：资金结存——货币资金</td></tr>
<tr><td>（2）</td><td>实际上缴应缴的金额</td><td>借：其他应付款
　　贷：银行存款等</td></tr>
<tr><td>（3）</td><td>期末/年末结转</td><td>借：本期盈余
　　贷：上缴上级费用</td><td>借：其他结余
　　贷：上缴上级支出</td></tr>
</table>

（二）对附属单位补助费用

“对附属单位补助费用”科目核算事业单位用财政拨款收入之外的收入对附属单位补助发生的费用。本科目应当按照接受补助单位、补助项目等进行明细核算。期末结转后，本科目应无余额。

对附属单位补助费用的主要账务处理如表5-59所示：

表5-59　对附属单位补助费用的主要账务处理

<table>
<tr><th rowspan="2">序号</th><th rowspan="2">业务和事项内容</th><th colspan="2">账务处理</th></tr>
<tr><th>财务会计</th><th>预算会计</th></tr>
<tr><td>（1）</td><td>按照实际补助的金额或者按照规定计算出应当补助的金额</td><td>借：对附属单位补助费用
　贷：银行存款/其他应付款等</td><td rowspan="2">借：对附属单位补助支出[实际补助的金额]
　贷：资金结存——货币资金</td></tr>
<tr><td>（2）</td><td>实际支出应补助的金额</td><td>借：其他应付款
　贷：银行存款等</td></tr>
<tr><td>（3）</td><td>期末/年末结转</td><td>借：本期盈余
　贷：对附属单位补助费用</td><td>借：其他结余
　贷：对附属单位补助支出</td></tr>
</table>

（三）所得税费用

“所得税费用”科目核算有企业所得税缴纳义务的事业单位按规定缴纳企业所得税所形成的费用。年末结转后，本科目应无余额。

所得税费用的主要账务处理如表5-60所示。

表5-60　所得税费用的主要账务处理

<table>
<tr><th rowspan="2">序号</th><th rowspan="2" colspan="2">业务和事项内容</th><th colspan="2">账务处理</th></tr>
<tr><th>财务会计</th><th>预算会计</th></tr>
<tr><td>（1）</td><td rowspan="2">有企业所得税缴纳义务</td><td>按照税法规定计算应交所得税税金额</td><td>借：所得税费用
　贷：其他应交税费——单位应交所得税</td><td>—</td></tr>
<tr><td>（2）</td><td>实际缴纳时</td><td>借：其他应交税费——单位应交所得税
　贷：银行存款等</td><td>借：非财政拨款结余——累计结余
　贷：资金结存——货币资金</td></tr>
<tr><td>（3）</td><td colspan="2">年末结转</td><td>借：本期盈余
　贷：所得税费用</td><td>—</td></tr>
</table>

【例5-170】某事业单位按规定将本年实现净结余的相应比例100 000元转账上缴给上级单位。

◎财务会计记账：

借：上缴上级费用　　　　100 000

　贷：银行存款　　　　　　100 000

◎预算会计记账：

借：上缴上级支出　　100 000

　　贷：资金结存——货币资金　　100 000

【例5-171】某事业单位转账拨款180 000元给下属单位专项用于印刷宣传资料。

◎财务会计记账：

借：对附属单位补助费用　　180 000

　　贷：银行存款　　180 000

◎预算会计记账：

借：对附属单位补助支出　　180 000

　　贷：资金结存——货币资金　　180 000

【例5-172】某事业单位按照税法规定，计算应交企业所得税税额259 000元。

◎财务会计记账，预算会计不记账：

借：所得税费用　　259 000

　　贷：其他应交税费——单位应交所得税　　259 000

【例5-173】接上例，该事业单位以银行存款转账缴纳应交企业所得税税额259 000元。

◎财务会计记账：

借：其他应交税费——单位应交所得税　　259 000

　　贷：银行存款　　259 000

◎预算会计记账：

借：非财政拨款结余——累计结余　　259 000

　　贷：资金结存——货币资金　　259 000

二、横向费用的核算

（一）业务活动费用

“业务活动费用”科目核算事业单位为实现其职能目标，依法履职或开展专业业务活动及其辅助活动所发生的各项费用。本科目应当按照项目、服务或者业务类别、支付对象等进行明细核算。为了满足成本核算需要，本科目下还可按照“工资福利费用”“商品和服务费用”“对个人和家庭的补助费用”“对企业补助费用”“固定资产折旧费”“无形资产摊销费”“公共基础设施折旧（摊销）费”“保障性住房折旧费”“计提专用基金”等成本项目设置明细科目，归集能够直接计入业务活动或采用一定方法计算后计入业务活动的费用。期末结转后，本科目应无余额。

业务活动费用的主要账务处理如表5-61所示。

表5-61 业务活动费用的主要账务处理

序号	业务和事项内容			账务处理：财务会计	账务处理：预算会计
（1）	为履职或开展业务活动人员计提并支付职工薪酬	计提时，按照计算的金额		借：业务活动费用 贷：应付职工薪酬	—
		实际支付给职工并代扣个人所得税时		借：应付职工薪酬 贷：财政拨款收入/零余额账户用款额度/银行存款等 其他应交税费——应交个人所得税	借：行政支出/事业支出[按照支付给个人部分] 贷：财政拨款预算收入/资金结存
		实际缴纳税款时		借：其他应交税费——应交个人所得税 贷：银行存款/零余额账户用款额度等	借：行政支出/事业支出[按照实际缴纳额] 贷：资金结存等
（2）	为履职或开展业务活动发生的外部人员劳务费	计提时，按照计算的金额		借：业务活动费用 贷：其他应付款	—
		实际支付并代扣个人所得税时		借：其他应付款 贷：财政拨款收入/零余额账户用款额度/银行存款等 其他应交税费——应交个人所得税	借：行政支出/事业支出[按照实际支付给个人部分] 贷：财政拨款预算收入/资金结存
		实际缴纳税款时		借：其他应交税费——应交个人所得税 贷：银行存款/零余额账户用款额度等	借：行政支出/事业支出[按照实际缴纳额] 贷：资金结存等
（3）	为履职或开展业务活动发生的预付款项	预付账款	支付款项时	借：预付账款 贷：财政拨款收入/零余额账户用款额度/银行存款等	借：行政支出/事业支出 贷：财政拨款预算收入/资金结存
（3）	为履职或开展业务活动发生的预付款项	预付账款	结算时	借：业务活动费用 贷：预付账款财政拨款收入/零余额账户用款额度/银行存款等[补付金额]	借：行政支出/事业支出 贷：财政拨款预算收入/资金结存[补付金额]
		暂付款项	支付款项时	借：其他应收款 贷：银行存款等	—
			结算或报销时	借：业务活动费用 贷：其他应收款	借：行政支出/事业支出 贷：资金结存等
（4）	为履职或开展业务活动购买资产或支付在建工程款等	按照实际支付或应付的价款		借：库存物品/固定资产/无形资产/在建工程等 贷：财政拨款收入/零余额账户用款额度/银行存款/应付账款等	借：行政支出/事业支出 贷：财政拨款预算收入/资金结存
（5）	为履职或开展业务活动领用库存物品	按照领用库存物品的成本		借：业务活动费用 贷：库存物品等	—
（6）	为履职或开展业务活动计提的固定资产、无形资产、公共基础设施、保障性住房的折旧(摊销)	按照计提的折旧（摊销）额		借：业务活动费用 贷：固定资产累计折旧/无形资产累计摊销/公共基础设施累计折旧（摊销）/保障性住房累计折旧	—

续表

序号	业务和事项内容		账务处理	
			财务会计	预算会计
（7）	为履职或开展业务活动发生应负担的税金及附加	确认其他应交税费时	借：业务活动费用 贷：其他应交税费	—
		支付其他应交税费时	借：其他应交税费 贷：银行存款等	借：行政支出/事业支出 贷：资金结存等
（8）	为履职或开展业务活动发生其他各项费用		借：业务活动费用 贷：财政拨款收入/零余额账户用款额度/银行存款/应付账款/其他应付款等	借：行政支出/事业支出[按照实际支付的金额] 贷：财政拨款预算收入/资金结存
（9）	计提专用基金	从收入中按照一定比例提取基金并计入费用	借：业务活动费用 贷：专用基金	—
（10）	购货退回等	当年发生的	借：财政拨款收入/零余额账户用款额度/银行存款/应收账款等 贷：库存物品/业务活动费用	借：财政拨款预算收入/资金结存 贷：行政支出/事业支出
（11）	期末/年末结转		借：本期盈余 贷：业务活动费用	借：财政拨款结转——本年收支结转[财政拨款支出] 非财政拨款结转——本年收支结转[非同级财政专项资金支出] 其他结余[非同级财政、非专项资金支出] 贷：行政支出/事业支出

（二）单位管理费用

“单位管理费用”科目核算事业单位本级行政及后勤管理部门开展管理活动发生的各项费用，包括单位行政及后勤管理部门发生的人员经费、公用经费、资产折旧（摊销）等费用，以及由单位统一负担的离退休人员经费、工会经费、诉讼费、中介费等。本科目应当按照项目、费用类别、支付对象等进行明细核算。为了满足成本核算需要，本科目下还可按照“工资福利费用”“商品和服务费用”“对个人和家庭的补助费用”“固定资产折旧费”“无形资产摊销费”等成本项目设置明细科目，归集能够直接计入单位管理活动或采用一定方法计算后计入单位管理活动的费用。期末结转后，本科目应无余额。

单位管理费用的主要账务处理如表5-62所示。

表5-62 单位管理费用的主要账务处理

<table>
<tr><th rowspan="2">序号</th><th rowspan="2" colspan="3">业务和事项内容</th><th colspan="2">账务处理</th></tr>
<tr><th>财务会计</th><th>预算会计</th></tr>
<tr><td rowspan="3">（1）</td><td rowspan="3">管理活动人员的职工薪酬</td><td colspan="2">计提时，按照计算的金额</td><td>借：单位管理费用
贷：应付职工薪酬</td><td>—</td></tr>
<tr><td colspan="2">实际支付给职工并代扣个人所得税时</td><td>借：应付职工薪酬
贷：财政拨款收入/零余额账户用款额度/银行存款等
其他应交税费——应交个人所得税</td><td>借：事业支出[按照实际支付给个人部分]
贷：财政拨款预算收入/资金结存</td></tr>
<tr><td colspan="2">实际缴纳税款时</td><td>借：其他应交税费——应交个人所得税
贷：银行存款/零余额账户用款额度等</td><td>借：事业支出[按照实际缴纳额]
贷：资金结存等</td></tr>
<tr><td rowspan="3">（2）</td><td rowspan="3">为开展管理活动发生的外部人员劳务费</td><td colspan="2">计提时，按照计算的金额</td><td>借：单位管理费用
贷：其他应付款</td><td>—</td></tr>
<tr><td colspan="2">实际支付并代扣个人所得税时</td><td>借：其他应付款
贷：财政拨款收入/零余额账户用款额度/银行存款等
其他应交税费——应交个人所得税</td><td>借：事业支出[按照实际支付给个人部分]
贷：财政拨款预算收入/资金结存</td></tr>
<tr><td colspan="2">实际支付税款时</td><td>借：其他应交税费——应交个人所得税
贷：银行存款/零余额账户用款额度等</td><td>借：事业支出[按照实际缴纳额]
贷：资金结存等</td></tr>
<tr><td rowspan="4">（3）</td><td rowspan="4">开展管理活动发生的预付款项</td><td rowspan="2">预付账款</td><td>支付款项时</td><td>借：预付账款
贷：财政拨款收入/零余额账户用款额度/银行存款等</td><td>借：事业支出
贷：财政拨款预算收入/资金结存</td></tr>
<tr><td>结算时</td><td>借：单位管理费用
贷：预付账款
财政拨款收入/零余额账户用款额度/银行存款等[补付金额]</td><td>借：事业支出
贷：财政拨款预算收入/资金结存[补付金额]</td></tr>
<tr><td rowspan="2">暂付款项</td><td>支付款项时</td><td>借：其他应收款
贷：银行存款等</td><td>—</td></tr>
<tr><td>结算或报销时</td><td>借：单位管理费用
贷：其他应收款</td><td>借：事业支出
贷：资金结存等</td></tr>
<tr><td>（4）</td><td colspan="3">发生的其他与管理活动相关的各项费用</td><td>借：单位管理费用
贷：财政拨款收入/零余额账户用款额度/银行存款/应付账款等</td><td>借：事业支出[按照实际支付的金额]
贷：财政拨款预算收入/资金结存</td></tr>
</table>

续表

序号	业务和事项内容		账务处理	
			财务会计	预算会计
（5）	为开展管理活动购买资产或支付在建工程款	按照实际支付或应付的价款	借：库存物品/固定资产/无形资产/在建工程等 贷：财政拨款收入/零余额账户用款额度/银行存款/应付账款等	借：事业支出[按照实际支付价款] 贷：财政拨款预算收入/资金结存
（6）	管理活动所用固定资产、无形资产计提的折旧（摊销）	按照计提的折旧（摊销）额	借：单位管理费用 贷：固定资产累计折旧/无形资产累计摊销	—
（7）	开展管理活动内部领用库存物品	按照库存物品的成本	借：单位管理费用 贷：库存物品	—
（8）	开展管理活动发生应负担的税金及附加	按照计算确定应缴纳的税款	借：单位管理费用 贷：其他应交税费	—
		实际缴纳税款时	借：其他应交税费 贷：银行存款等	借：事业支出 贷：资金结存等
（9）	购货退回等	当年发生的	借：财政拨款收入/零余额账户用款额度/银行存款/应收账款等 贷：库存物品/单位管理费用等	借：财政拨款预算收入/资金结存 贷：事业支出
（10）	期末/年末结转		借：本期盈余 贷：单位管理费用	借：财政拨款结转——本年收支结转[财政拨款支出] 非财政拨款结转——本年收支结转[非财政专项资金支出] 其他结余[非财政、非专项资金支出] 贷：事业支出

（三）经营费用

“经营费用”科目核算事业单位在专业业务活动及其辅助活动之外开展非独立核算经营活动发生的各项费用。本科目应当按照经营活动类别、项目、支付对象等进行明细核算。为了满足成本核算的需要，本科目下还可按照“工资福利费用”“商品和服务费用”“对个人和家庭的补助费用”“固定资产折旧费”“无形资产摊销费”等成本项目设置明细科目，归集能够直接计入单位经营活动或采用一定方法计算后计入单位经营活动的费用。期末结转后，本科目应无余额。

经营费用的主要账务处理如表5-63所示。

表5-63 经营费用的主要账务处理

序号	业务和事项内容		账务处理	
			财务会计	预算会计
（1）	为经营活动人员支付职工薪酬	计提时，按照计算的金额	借：经营费用 贷：应付职工薪酬	—
		实际支付给职工时	借：应付职工薪酬 贷：银行存款等 其他应交税费——应交个人所得税	借：经营支出[按照实际支付给个人部分] 贷：资金结存——货币资金
		实际支付税款时	借：其他应交税费——应交个人所得税 贷：银行存款等	借：经营支出[按照实际缴纳额] 贷：资金结存——货币资金
（2）	为开展经营活动购买资产或支付在建工程款	按照实际支付或应付的金额	借：库存物品/固定资产/无形资产/在建工程 贷：银行存款/应付账款等	借：经营支出 贷：资金结存——货币资金[按照实际支付金额]
（3）	开展经营活动内部领用材料或出售发出物品等	按照实际成本	借：经营费用 贷：库存物品	—
（4）	开展经营活动发生的预付款项	预付时，按照预付的金额	借：预付账款 贷：银行存款等	借：经营支出 贷：资金结存——货币资金
		结算时	借：经营费用 贷：预付账款 银行存款等[补付金额]	借：经营支出 贷：资金结存——货币资金[补付金额]
（5）	开展经营活动发生应负担的税金及附加	按照计算确定的缴纳金额	借：经营费用 贷：其他应交税费	—
		实际缴纳时	借：其他应交税费 贷：银行存款等	借：经营支出 贷：资金结存——货币资金
（6）	开展经营活动发生的其他各项费用		借：经营费用 贷：银行存款/应付账款等	借：经营支出[按照实际支付的金额] 贷：资金结存——货币资金
（7）	经营活动用固定资产、无形资产计提的折旧（摊销）	按照计提的折旧（摊销）额	借：经营费用 贷：固定资产累计折旧/无形资产累计摊销	—
（8）	计提专用基金	按照预算收入的一定比例提取基金并列入费用	借：经营费用 贷：专用基金	—
（9）	购货退回等	当年发生的	借：银行存款/应收账款等 贷：库存物品/经营费用等	借：资金结存——货币资金[按照实际收到的金额] 贷：经营支出
（10）	期末/年末结转		借：本期盈余 贷：经营费用	借：经营结余 贷：经营支出

（四）资产处置费用

“资产处置费用”科目核算事业单位经批准处置资产时发生的费用，包括转销的被处置资产价值，以及在处置资产过程中发生的相关费用或者处置收入小于相关费用形成的净支出。资产处置的形式按照规定包括无偿调拨、出售、出让、转让、置换、对外捐赠、报废、毁损以及货币性资产损失核销等。本科目应当按照处置资产的类别、资产处置的形式等进行明细核算。期末结转后，本科目应无余额。

事业单位在资产清查中查明的资产盘亏、毁损以及资产报废等，应当先通过“待处理财产损溢”科目进行核算，再将处理资产价值和处理净支出计入本科目。

短期投资、长期股权投资、长期债券投资的处置，按照相关资产科目的规定进行账务处理。

资产处置费用的主要账务处理如表5-64所示。

表5-64　资产处置费用的主要账务处理

<table>
<tr><th rowspan="2">序号</th><th rowspan="2" colspan="3">业务和事项内容</th><th colspan="2">账务处理</th></tr>
<tr><th>财务会计</th><th>预算会计</th></tr>
<tr><td rowspan="3">（1）</td><td rowspan="3">不通过“待处理财产损溢”科目核算的资产处置</td><td colspan="2">转销被处置资产账面价值</td><td>借：资产处置费用
固定资产累计折旧/无形资产累计摊销/公共基础设施累计折旧（摊销）/保障性住房累计折旧
贷：库存物品/固定资产/无形资产/公共基础设施/政府储备物资/文物文化资产/保障性住房/在建工程等[账面余额]/其他应收款[行政单位]</td><td>—</td></tr>
<tr><td colspan="2">处置资产过程中仅发生相关费用的</td><td>借：资产处置费用
贷：银行存款/库存现金等</td><td>借：其他支出
贷：资金结存</td></tr>
<tr><td colspan="2">处置资产过程中取得收入的</td><td>借：库存现金/银行存款等[取得的价款]
贷：银行存款/库存现金等[支付的相关费用]应缴财政款</td><td>—</td></tr>
<tr><td rowspan="3">（2）</td><td rowspan="3">通过“待处理财产损溢”科目核算的资产处置</td><td colspan="2">账款核对中发现的现金短缺，无法查明原因的，报经批准核销时</td><td>借：资产处置费用
贷：待处理财产损溢</td><td>—</td></tr>
<tr><td rowspan="2">盘亏、毁损、报废的资产</td><td>经批准处理时</td><td>借：资产处置费用
贷：待处理财产损溢——待处理财产价值</td><td>—</td></tr>
<tr><td>处置资产过程中所发生的费用大于所取得的收入</td><td>借：资产处置费用
贷：待处理财产损溢——处理净收入</td><td>借：其他支出[净支出]
贷：资金结存</td></tr>
<tr><td>（3）</td><td colspan="3">期末结转</td><td>借：本期盈余
贷：资产处置费用</td><td>—</td></tr>
</table>

（五）其他费用

“其他费用”科目核算事业单位发生的除业务活动费用、单位管理费用、经营费用、资产处置费用、上缴上级费用、附属单位补助费用、所得税费用以外的各项费用，包括利息费用、坏账损失、罚没支出、现金资产捐赠支出以及相关税费、运输费等。本科目应当按照其他费用的类别等进行明细核算。期末结转后，本科目应无余额。

事业单位发生的利息费用较多的，可以单独设置“利息费用”科目。

其他费用的主要账务处理如表5-65所示。

表5-65　其他费用的主要账务处理

序号	业务和事项内容		账务处理	
			财务会计	预算会计
（1）	利息费用	计算确定借款利息费用时	借：其他费用/在建工程 贷：应付利息/长期借款——应计利息	—
		实际支付利息时	借：应付利息等 贷：银行存款等	借：其他支出 贷：资金结存——货币资金
（2）	现金资产对外捐赠	按照实际捐赠的金额	借：其他费用 贷：银行存款/库存现金等	借：其他支出 贷：资金结存——货币资金
（3）	坏账损失	按照规定对应收账款和其他应收款计提坏账准备时	借：其他费用 贷：坏账准备	—
		冲减多提的坏账准备时	借：坏账准备 贷：其他费用	—
（4）	罚没支出	按照实际发生的费用	借：其他费用 贷：银行存款/库存现金/其他应付款	借：其他支出 贷：资金结存——货币资金[实际支付金额]
（5）	其他相关税费、运输费等		借：其他费用 贷：零余额账户用款额度/银行存款等	借：其他支出 贷：资金结存
（6）	期末/年末结转		借：本期盈余 贷：其他费用	借：其他结余[非财政专项资金支出] 非财政拨款结转——本年收支结转[非财政专项资金支出] 财政拨款结转——本年收支结转[财政拨款资金支出] 贷：其他支出

【例5-174】某行政单位已实行国库集中支付制度改革，财政国库支付执行机构通过财政零余额账户为该行政单位实际支付职工基本工资160 000元，另在应付职工薪酬中代扣个人所得税9 800元，已收到财政国库支付执行机构委托代理银行转来的“财政直接支付入账通知书”。

◎财务会计记账：

借：业务活动费用——工资福利费用　　169 800

　贷：应付职工薪酬　　169 800

借：应付职工薪酬　　169 800

　贷：财政拨款收入　　160 000

　　其他应交税费——应交个人所得税　　9 800

◎预算会计记账：

借：行政支出——财政拨款支出——基本支出——基本工资　　160 000

　贷：财政拨款预算收入　　160 000

【例5-175】某事业单位通过单位零余额账户支付单位物业管理费15 000元。

◎财务会计记账：

借：业务活动费用——商品和服务费用　　15 000

　贷：零余额账户用款额度　　15 000

◎预算会计记账：

借：行政支出——财政拨款支出——基本支出——物业管理费　　15 000

　贷：资金结存——零余额账户用款额度　　15 000

【例5-176】某事业单位计提业务活动用固定资产累计折旧42 000元，公共基础设施累计折旧13 000元。

◎财务会计记账，预算会计不记账：

借：业务活动费用　　55 000

　贷：固定资产累计折旧　　42 000

　　公共基础设施累计折旧　　13 000

【例5-177】某事业单位计提管理活动用固定资产累计折旧19 000元。

◎财务会计记账，预算会计不记账：

借：单位管理费用　　19 000

　贷：固定资产累计折旧　　19 000

【例5-178】某事业单位领用库存物品，成本共计5 000元，其中3 800元用于业务活动，1 200元用于管理活动。

◎财务会计记账，预算会计不记账：

借：业务活动费用　　3 800

　单位管理费用　　1 200

　贷：库存物品　　5 000

【例5-179】某事业单位确认本月应交城市维护建设税、教育费附加、房产税及车船税等其他应交税费共计123 000元。其中，开展业务活动应负担的税金及附加共计93 000元，开展管理活动应负担的税金及附加共计30 000元。

◎财务会计记账，预算会计不记账：

借：业务活动费用　　93 000

　　单位管理费用　　30 000

　　贷：其他应交税费　　123 000

【例5-180】某事业单位计算和结转未独立核算经营部门的应付职工薪酬88 000元，代扣个人所得税3 700元，实际支付工资款项已通过银行转账到个人账户。

◎财务会计记账：

借：经营费用——基本工资　　88 000

　　贷：应付职工薪酬　　88 000

借：应付职工薪酬　　88 000

　　贷：银行存款　　84 300

　　　　其他应交税费——应交个人所得税　　3 700

◎预算会计记账：

借：经营支出——基本工资　　84 300

　　贷：资金结存——货币资金　　84 300

【例5-181】某事业单位计提经营活动用固定资产累计折旧10 000元。

◎财务会计记账，预算会计不记账：

借：经营费用　　10 000

　　贷：固定资产累计折旧　　10 000

【例5-182】某事业单位为开展非独立核算经营活动领用库存物品，成本共计3 000元。

◎财务会计记账，预算会计不记账：

借：经营费用　　3 000

　　贷：库存物品　　3 000

【例5-183】某事业单位经批准将库存闲置材料无偿调出，账面余额1 800元，在调出过程中发生相关清理费用200元，已通过银行转账支付。

◎财务会计记账：

借：无偿调拨净资产　　1 800

　　贷：库存物品　　1 800

借：资产处置费用　　200

　　贷：银行存款　　200

◎预算会计记账：

借：其他支出　　200

　　贷：资金结存——货币资金　　200

【例5-184】某事业单位经批准无偿调出一台闲置设备，账面价值250 000元，已计提折旧 110 000元，在调出过程中发生相关费用2 000元，已通过银行转账支付。

◎财务会计记账：

借：无偿调拨净资产	140 000	
固定资产累计折旧	110 000	
贷：固定资产		250 000
借：资产处置费用	2 000	
贷：银行存款		2 000

◎预算会计记账：

借：其他支出	2 000	
贷：资金结存——货币资金		2 000

【例5-185】某事业单位将一项已无使用价值的商标权予以注销，该项无形资产的账面价值为13 000元，已累计摊销12 000元。

◎财务会计记账，预算会计不记账：

借：资产处置费用	1 000	
无形资产累计摊销	12 000	
贷：无形资产		13 000

【例5-186】某事业单位经批准向红十字会捐款50 000元，已签发转账支票。

◎财务会计记账：

借：其他费用	50 000	
贷：银行存款		50 000

◎预算会计记账：

借：其他支出——捐赠支出	50 000	
贷：资金结存——货币资金		50 000

【例5-187】某事业单位按规定计提坏账准备，对收回后无须上缴财政的应收账款和其他应收款计提坏账准备，共计8 600元。

◎财务会计记账，预算会计不记账：

借：其他费用	8 600	
贷：坏账准备		8 600

第五节 净资产

政府财务会计的净资产是指政府会计主体资产扣除负债后的净额。净资产包括盈余净资产和其他净资产。盈余净资产包括累计盈余、本期盈余、本年盈余分配、以前年度盈余调整，其他净资产包括专用基金、权益法调整、无偿调拨净资产。

一、盈余净资产的核算

（一）累计盈余

“累计盈余”科目核算事业单位历年实现的盈余扣除盈余分配后滚存的金额，以及因无偿调入调出资产产生的净资产变动额。按照规定上缴、缴回、单位间调剂结转结余资金产生的净资产变动额，以及对以前年度盈余的调整金额，也通过本科目核算。本科目期末余额反映事业单位未分配盈余（或未弥补亏损）的累计数以及截至上年末无偿调拨净资产变动的累计数。本科目年末余额反映事业单位未分配盈余（或未弥补亏损）以及无偿调拨净资产变动的累计数。

累计盈余的主要账务处理如表5-66所示。

表5-66 累计盈余的主要账务处理

序号	业务和事项内容	账务处理	
		财务会计	预算会计
（1）	年末，将“本年盈余分配”科目余额转入	借：本年盈余分配 贷:累计盈余[或作相反会计分录]	—
（2）	年末，将“无偿调拨净资产”科目余额转入	借：无偿调拨净资产 贷:累计盈余[或作相反会计分录]	—
（3）	按照规定上缴财政拨款结转结余、缴回非财政拨款结转资金、向其他单位调出财政拨款结转资金时	借：累计盈余 贷：财政应返还额度/零余额账户用款额度/银行存款等	参照“财政拨款结转”“财政拨款结余”“非财政拨款结转”等科目进行账务处理
	按照规定从其他单位调入财政拨款结转资金时	借：零余额账户用款额度/银行存款等 贷：累计盈余	借：资金结存——零余额账户用款额度/货币资金 贷：财政拨款结转——归集调入
（4）	将“以前年度盈余调整”科目的余额转入	借：以前年度盈余调整 贷：累计盈余[或作相反会计分录]	—
（5）	使用专用基金购置固定资产、无形资产的	相关账务处理参见“专用基金”科目	

（二）本期盈余

“本期盈余”科目核算事业单位本期各项收入、费用相抵后的余额。本科目期末如为贷方余额，反映事业单位自年初至当期期末累计实现的盈余；如为借方余额，反映事业单位自年初至当期期末累计发生的亏损。年末结账后，本科目应无余额。

根据《政府会计制度》规定，本期盈余的主要账务处理如下。

（1）期末，将各类收入科目的本期发生额转入本期盈余，借记“财政拨款收入”“事业收入”“上级补助收入”“附属单位上缴收入”“经营收入”“非同级财政拨款收入”“投资收益”“捐赠收入”“利息收入”“租金收入”“其他收入”科目，贷记本科目；将各类费用科目的本期发生额转入本期盈余，借记本科目，贷记“业务活动费用”“单位管理费用”“经营费用”“所得税费用”“资产处置费用”“上缴上级费用”“对附属单位补助费用”“其他费用”科目。

（2）年末，完成上述结转后，将本科目余额转入“本年盈余分配”科目，借记或贷记本科目，贷记或借记“本年盈余分配”科目。

（三）本年盈余分配

“本年盈余分配”科目核算事业单位本年度盈余分配的情况和结果。年末结账后，本科目应无余额。

本年盈余分配的主要账务处理如表5-67所示。

表5-67　本年盈余分配的主要账务处理

序号	业务和事项内容		账务处理	
			财务会计	预算会计
（1）	年末，将本期盈余科目余额转入	本期盈余科目为贷方余额时	借：本期盈余 贷：本年盈余分配	—
		本期盈余科目为借方余额时	借：本年盈余分配 贷：本期盈余	—
（2）	年末，按照有关规定提取专用基金	按照预算会计下计算的提取金额	借：本年盈余分配 贷：专用基金	借：非财政拨款结余分配 贷：专用结余
（3）	年末，将本科目余额转入累计盈余	本科目为贷方余额时	借：本年盈余分配 贷：累计盈余	—
		本科目为借方余额时	借：累计盈余 贷：本年盈余分配	—

（四）以前年度盈余调整

“以前年度盈余调整”科目核算事业单位本年度发生的调整以前年度盈余的事项，包括本年度发生的重要前期差错更正涉及调整以前年度盈余的事项。本科目结转后应无余额。

以前年度盈余调整的主要账务处理如表5-68所示。

表5-68 以前年度盈余调整的主要账务处理

<table>
<tr><th rowspan="2">序号</th><th rowspan="2" colspan="2">业务和事项内容</th><th colspan="2">账务处理</th></tr>
<tr><th>财务会计</th><th>预算会计</th></tr>
<tr><td rowspan="2">（1）</td><td rowspan="2">调整以前年度收入</td><td>增加以前年度收入时</td><td>借：有关资产或负债科目
贷：以前年度盈余调整</td><td>按照实际收到的金额：
借：资金结存
贷：财政拨款结转/财政拨款结余/非财政拨款结转/非财政拨款结余[年初余额调整]</td></tr>
<tr><td>减少以前年度收入时</td><td>借：以前年度盈余调整
贷：有关资产或负债科目</td><td>按照实际支付的金额：
借：财政拨款结转/财政拨款结余/非财政拨款结转/ 非财政拨款结余[年初余额调整]
贷：资金结存</td></tr>
<tr><td rowspan="2">（2）</td><td rowspan="2">调整以前年度费用</td><td>增加以前年度费用时</td><td>借：以前年度盈余调整
贷：有关资产或负债科目</td><td>按照实际支付的金额：
借：财政拨款结转/财政拨款结余/非财政拨款结转/ 非财政拨款结余（年初余额调整）
贷：资金结存</td></tr>
<tr><td>减少以前年度费用时</td><td>借：有关资产或负债科目
贷：以前年度盈余调整</td><td>按照实际收到的金额：
借：资金结存
贷：财政拨款结转/财政拨款结余/非财政拨款结转/非财政拨款结余（年初余额调整）</td></tr>
<tr><td>（3）</td><td>盘盈非流动资产</td><td>报经批准处理时</td><td>借：待处理财产损溢
贷：以前年度盈余调整</td><td>—</td></tr>
<tr><td rowspan="2">（4）</td><td rowspan="2">将本科目余额转入累计盈余</td><td>本科目为借方余额时</td><td>借：累计盈余
贷：以前年度盈余调整</td><td>—</td></tr>
<tr><td>本科目为贷方余额时</td><td>借：以前年度盈余调整
贷：累计盈余</td><td>—</td></tr>
</table>

【例5-188】年末，某事业单位按规定将“本年盈余分配”科目余额287 980元转入“累计盈余”科目。

◎财务会计记账，预算会计不记账：

借：本年盈余分配　　287 980

　　贷：累计盈余　　287 980

【例5-189】接上例，年末，该事业单位将“无偿调拨净资产”科目余额135 000元转入“累计盈余”科目。

◎财务会计记账，预算会计不记账：

借：无偿调拨净资产　　135 000

　　贷：累计盈余　　135 000

【例5-190】接上例，年末，该事业单位按照规定缴回非财政拨款结转资金55 000元，向其他单位调出财政拨款结转资金36 000元。

◎财务会计记账：

借：累计盈余　　91 000

　　贷：银行存款　　55 000

　　　　零余额账户用款额度　　36 000

◎预算会计记账：

借：非财政拨款结转　　55 000

　　贷：资金结存——货币资金　　55 000

借：财政拨款结转——归集调出　　36 000

　　贷：资金结存——零余额账户用款额度　　36 000

【例5-191】接上例，该事业单位将“以前年度盈余调整”科目余额7 500元转入“累计盈余”科目。

◎财务会计记账，预算会计不记账：

借：以前年度盈余调整　　7 500

　　贷：累计盈余　　7 500

【例5-192】某事业单位购置一台教学设备，合同价款20 000元，购置资金用从本年度非财政拨款结余和经营结余中提取的专用基金支付。

◎财务会计记账：

借：固定资产　　20 000

　　贷：银行存款　　20 000

借：专用基金　　20 000

　　贷：累计盈余　　20 000

◎预算会计记账：

借：专用结余　　20 000

　　贷：资金结存——货币资金　　20 000

【例5-193】20××年12月，某事业单位将各类收入科目的本期发生额转入本期盈余，各收入科目本期发生额如下：“财政拨款收入”1 980 000元，“事业收入”480 000元，“上级补助收入”230 000元，“附属单位上缴收入”66 000元，“经营收入”120 000元，“非同级财政拨款收入”88 000元，“投资收益”62 900元，“捐赠收入”6 500元，“利息收入”98 000元，“租金收入”19 000元，“其他收入”11 980元。

◎财务会计记账，预算会计不记账：

借：财政拨款收入　　1 980 000

　　事业收入　　480 000

　　上级补助收入　　230 000

　　附属单位上缴收入　　66 000

经营收入　　120 000
非同级财政拨款收入　　88 000
投资收益　　62 900
捐赠收入　　6 500
利息收入　　98 000
租金收入　　19 000
其他收入　　11 980
贷：本期盈余　　　　3 162 380

【例5-194】20××年12月，某事业单位将各类费用科目的本期发生额转入本期盈余，各类费用科目的本期发生额如下："业务活动费用"2 250 000元，"单位管理费用"110 000元，"经营费用"90 000元，"所得税费用"7 500元，"资产处置费用"84 900元，"上缴上级费用"121 000元，"对附属单位补助费用"99 000元，"其他费用"86 000元。

◎财务会计记账，预算会计不记账：

借：本期盈余　　2 848 400
　贷：业务活动费用　　　　2 250 000
　　单位管理费用　　　　110 000
　　经营费用　　　　90 000
　　所得税费用　　　　7 500
　　资产处置费用　　　　84 900
　　上缴上级费用　　　　121 000
　　对附属单位补助费用　　　　99 000
　　其他费用　　　　86 000

【例5-195】接上例，年末完成上述结转后，该事业单位将"本期盈余"科目贷方余额313 980元转入"本年盈余分配"科目。

◎财务会计记账，预算会计不记账：

借：本期盈余　　313 980
　贷：本年盈余分配　　　　313 980

【例5-196】接上例，年末，该事业单位根据有关规定从本年度非财政拨款结余和经营结余中提取专用基金26 000元。

◎财务会计记账：

借：本年盈余分配　　26 000
　贷：专用基金　　　　26 000

◎预算会计记账：

借：非财政拨款结余分配　　26 000

贷：专用结余　　26 000

【例5-197】接上例，年末，该事业单位按规定将“本年盈余分配”科目贷方余额287 980元转入“累计盈余”科目。

◎财务会计记账，预算会计不记账：

借：本年盈余分配　　287 980

贷：累计盈余　　287 980

【例5-198】某事业单位因业务问题经协商后，将上年所购材料退回供应商，材料入账金额为含税11 700元。

◎财务会计记账：

借：银行存款　　11 700

贷：以前年度盈余调整　　11 700

◎预算会计记账：

借：资金结存——货币资金　　11 700

贷：非财政拨款结余——年初余额调整　　11 700

【例5-199】某事业单位报经批准后处理一批盘盈的政府储备物资，款项3 800元。

◎财务会计记账，预算会计不记账：

借：待处理财产损溢　　3 800

贷：以前年度盈余调整　　3 800

【例5-200】接上例，该事业单位将“以前年度盈余调整”科目贷方余额7 500元转入“累计盈余”科目。

◎财务会计记账，预算会计不记账：

借：以前年度盈余调整　　7 500

贷：累计盈余　　7 500

二、其他净资产的核算

（一）专用基金

“专用基金”科目核算事业单位按照规定提取或设置的具有专门用途的净资产，主要包括职工福利基金、科技成果转化基金等。本科目应当按照专用基金的类别进行明细核算。本科目期末贷方余额反映事业单位累计提取或设置的尚未使用的专用基金。

专用基金的主要账务处理如表5-69所示。

表5-69　专用基金的主要账务处理

序号	业务和事项内容	账务处理	
		财务会计	预算会计
（1）	年末，按照规定从本年度非财政拨款结余或经营结余中提取专用基金的	借：本年盈余分配 　　贷：专用基金[按照预算会计下计算的提取金额]	借：非财政拨款结余分配 　　贷：专用结余
（2）	根据规定从收入中提取专用基金并计入费用的	借：业务活动费用等 　　贷：专用基金[一般按照预算收入计算提取的金额]	—
（3）	根据有关规定设置的其他专用基金	借：银行存款等 　　贷：专用基金	—
（4）	按照规定使用专用基金时	借：专用基金 　　贷：银行存款等	使用从收入中提取并列入费用的专用基金： 借：事业支出等 　　贷：资金结存
		购置固定资产、无形资产的： 借：固定资产/无形资产 　　贷：银行存款等 借：专用基金 　　贷：累计盈余	使用从非财政拨款结余或经营结余中提取的专用基金： 借：专用结余 　　贷：资金结存——货币资金

（二）权益法调整

"权益法调整"科目核算权益法下事业单位持有的长期股权投资，按照被投资单位除净损益和利润分配以外的所有者权益变动份额调整长期股权投资账面余额而计入净资产的金额。本科目应当按照被投资单位进行明细核算。本科目期末余额反映事业单位在被投资单位除净损益和利润分配以外的所有者权益变动中累积享有（或分担）的份额。

根据《政府会计制度》规定，权益法调整的主要账务处理如下。

（1）年末，按照被投资单位除净损益和利润分配以外的所有者权益变动应享有（或应分担）的份额，借记或贷记"长期股权投资——其他权益变动"科目，贷记或借记本科目。

（2）采用权益法核算的长期股权投资，因被投资单位除净损益和利润分配以外的所有者权益变动而将应享有（或应分担）的份额计入单位净资产的，处置该项投资时，按照原计入净资产的相应部分金额，借记或贷记本科目，贷记或借记"投资收益"科目。

（三）无偿调拨净资产

"无偿调拨净资产"科目核算事业单位无偿调入或调出非现金资产所引起的净资产变动金额。年末结账后，本科目应无余额。

无偿调拨净资产的主要账务处理如表5-70所示。

表5-70 无偿调拨净资产的主要账务处理

序号	业务和事项内容		账务处理	
			财务会计	预算会计
（1）	取得无偿调入的资产时		借：库存物品/固定资产/无形资产/长期股权投资/公共基础设施/政府储备物资/保障性住房等 贷：无偿调拨净资产 零余额账户用款额度/银行存款等[发生的归属调入方的相关费用]	借：其他支出[发生的归属调入方的相关费用] 贷：资金结存等
（2）	经批准无偿调出资产时		借：无偿调拨净资产 固定资产累计折旧/无形资产累计摊销/公共基础设施累计折旧（摊销）/保障性住房累计折旧 贷：库存物品/固定资产/无形资产/长期股权投资/公共基础设施/政府储备物资等[账面余额] 借：资产处置费用 贷：银行存款/零余额账户用款额度等[发生的归属调出方的相关费用]	借：其他支出[发生的归属调出方的相关费用] 贷：资金结存等
（3）	年末，将本科目余额转入累计盈余	科目余额在贷方时	借：无偿调拨净资产 贷：累计盈余	—
		科目余额在借方时	借：累计盈余 贷：无偿调拨净资产	—

【例5-201】年末，某事业单位根据有关规定从本年度非财政拨款结余中提取专用基金55 000元。

◎财务会计记账：

借：本年盈余分配　　55 000

　　贷：专用基金　　55 000

◎预算会计记账：

借：非财政拨款结余分配　　55 000

　　贷：专用结余　　55 000

【例5-202】某事业单位使用专用基金购买一台用于专业业务活动的设备，款项88 500元，已通过银行转账支付。

◎财务会计记账：

借：固定资产　　88 500

　　贷：银行存款　　88 500

借：专用基金　　88 500

　　贷：累计盈余　　88 500

◎预算会计记账：

借：专用结余　　88 500

　　贷：资金结存——货币资金　　88 500

【例5-203】年末，某事业单位根据有关规定从预算收入中提取专用基金18 000元。

◎财务会计记账，预算会计不记账：

借：业务活动费用　　18 000

　　贷：专用基金　　18 000

【例5-204】某事业单位使用从预算收入中提取的专用基金6 800元进行网络系统的运行维护，已通过银行转账支付。

◎财务会计记账：

借：专用基金　　6 800

　　贷：银行存款　　6 800

◎预算会计记账：

借：事业支出　　6 800

　　贷：资金结存——货币资金　　6 800

【例5-205】年末，某事业单位按照被投资单位除净损益和利润分配以外的所有者权益变动情况，应享有的份额为95 000元。

◎财务会计记账，预算会计不记账：

借：长期股权投资——其他权益变动　　95 000

　　贷：权益法调整　　95 000

【例5-206】某事业单位按照规定取得一批无偿调入的政府储备物资，确定成本为88 000元，在调入过程中发生相关费用6 300元，已通过银行转账支付。

◎财务会计记账：

借：政府储备物资　　88 000

　　贷：无偿调拨净资产　　81 700

　　　　银行存款　　6 300

◎预算会计记账：

借：其他支出　　6 300

　　贷：资金结存——货币资金　　6 300

【例5-207】某事业单位经批准无偿调出一台闲置设备，原值为15 600元，已计提累计折旧12 000元，在调出过程中发生相关费用1 800元，已通过银行转账支付。

◎财务会计记账：

借：无偿调拨净资产　　3 600

　　固定资产累计折旧　　12 000

　　贷：固定资产　　15 600

借：资产处置费用　　1 800

　　贷：银行存款　　1 800

◎预算会计记账：

借：其他支出　　1 800

　　贷：资金结存——货币资金　　1 800

【例5-208】年末，某事业单位将“无偿调拨净资产”科目贷方余额56 000元转入“累计盈余”科目。

◎财务会计记账，预算会计不记账：

借：无偿调拨净资产　　56 000

　　贷：累计盈余　　56 000

第六节　政府财务报告

一、政府财务报告概述

（一）政府财务报告的概念和目标

《政府会计准则——基本准则》要求政府会计主体应当编制决算报告和财务报告。政府财务报告是反映政府会计主体某一特定日期的财务状况、某一会计期间的运行情况和现金流量等信息的文件。政府财务报告应当包括财务报表和其他应当在财务报告中披露的相关信息和资料。

政府财务报告包括政府综合财务报告和政府部门财务报告。财务报告的目标是向财务报告使用者提供与政府的财务状况、运行情况（含运行成本，下同）和现金流量等有关的信息，反映政府会计主体公共受托责任履行情况，有助于财务报告使用者作出决策或者进行监督和管理。政府财务报告使用者包括各级人民代表大会常务委员会、债权人、各级政府及其有关部门、政府会计主体自身和其他利益相关者。

（二）财务报表的概念和构成

财务报表是对政府会计主体财务状况、运行情况和现金流量等信息的结构性表述。财务报表由会计报表及其附注构成。

会计报表一般包括资产负债表、收入费用表和净资产变动表。事业单位可以根据实际情况自行选择编制现金流量表。

会计报表附注是对在资产负债表、收入费用表、现金流量表等报表中列示项目所作的进一步说明，以及对未能在这些报表中列示项目的说明。会计报表附注至少应当披露下列内容：

（1）遵循《政府会计准则——基本准则》《政府会计制度——行政事业单位会计科目和报表》的声明。

（2）单位整体财务状况、业务活动情况、预算执行情况的说明。

（3）会计报表中列示的重要项目的进一步说明，包括其主要构成、增减变动情况等。

（4）有助于理解和分析单位情况的其他附表。

（5）重要资产处置、资产重大损失情况的说明。

（6）事业单位重大投资、借款活动的说明。

（7）以名义金额计量的资产名称、数量等情况，以及以名义金额计量理由的说明。

（8）或有负债情况的说明、1年以上到期负债预计偿还时间和数量的说明。

（9）以前年度结转结余调整情况的说明。

（10）事业单位将单位内部独立核算单位的会计信息纳入本单位财务报表情况的说明。

（11）政府会计具体准则中有关披露的其他要求。

（12）有助于理解和分析会计报表需要说明的其他事项。

（三）财务报表的编制基础

《政府会计准则——基本准则》要求财务报表的编制主要以权责发生制为基础，以单位财务会计核算生成的数据为准。政府会计主体应当根据相关规定编制合并财务报表。

根据《政府会计制度——行政事业单位会计科目和报表》规定财务会计报表的编号、名称、编制期（见表5-71）。

表5-71　政府财务报表的编号、名称、编制期

编号	报表名称	编制期
会政财01表	资产负债表	月度、年度
会政财02表	收入费用表	月度、年度
会政财03表	净资产变动表	年度
会政财04表	现金流量表	年度
—	报表附注	年度

按规定，财务报表应当根据登记完整、核对无误的账簿记录和其他有关资料编制，做到数字真实、计算准确、内容完整、报送及时。并由单位负责人和主管会计工作的负责人、会计机构负责人（会计主管人员）签名并盖章。

二、资产负债表

资产负债表是反映政府会计主体在某一特定日期的财务状况的报表。资产负债表属于单位的基本报表，能够反映单位在某一时点掌握的经济资源和负担的债务状况，以及单位

的偿还能力和财务前景。

（一）资产负债表的内容

资产负债表由表首和正表构成。

正表主要包括报表项目和各项资产项目。

资产负债表采用账户式结构，报表主体按照“资产=负债+净资产”的平衡公式设计，分为左右两方。左方为资产，列示各项资产项目；右方为负债及净资产，列示负债、净资产项目，左右两方总计数相等。

各项资产项目按流动性排列，分为流动资产和非流动资产；各项负债项目也按流动性排列，分为流动负债和非流动负债；各项净资产项目分别按限定性排列，分为限定性净资产和非限定性净资产。

资产负债表的基本格式如表5–72所示。

表5–72　资产负债表

会政财01表

编制单位：　　　　　　　　年　月　日　　　　　　　　单位：元

资产	期末余额	年初余额	负债和净资产	期末余额	年初余额
流动资产：			流动负债：		
货币资金			短期借款		
短期投资			应交增值税		
财政应返还额度			其他应交税费		
应收票据			应缴财政款		
应收账款净额			应缴财政专户款		
预付账款			应付职工薪酬		
应收股利			应付票据		
应收利息			应付账款		
其他应收款净额			应付财政补贴款		
存货			应付利息		
待摊费用			预收账款		
一年内到期的非流动资产			其他应付款		
其他流动资产			预提费用		
流动资产合计			一年内到期的非流动负债		
非流动资产：			其他流动负债		
长期股权投资			流动负债合计		
长期债券投资			非流动负债：		
固定资产原值			长期借款		
减：固定资产累计折旧			长期应付款		
固定资产净值			预计负债		
工程物资			其他非流动负债		

续表

资产	期末余额	年初余额	负债和净资产	期末余额	年初余额
在建工程			非流动负债合计		
无形资产原值			受托代理负债		
减：无形资产累计摊销			负债合计		
无形资产净值					
研发支出					
公共基础设施原值					
减：公共基础设施累计折旧					
公共基础设施净值					
政府储备物资					
文物文化资产					
保障性住房原值					
减：保障性住房累计折旧			净资产：		
保障性住房净值			累计盈余		
长期待摊费用			专用基金		
待处理财产损溢			权益法调整		
其他非流动资产			无偿调拨净资产		
非流动资产合计			本期盈余		
受托代理资产			净资产合计		
资产总计			负债和净资产总计		

（二）资产负债表的编制方法

（1）年初余额。资产负债表的“年初余额”栏内各项数字，应当根据上年年末资产负债表“期末余额”栏内数字填列。

如果本年度资产负债表规定的各个项目的名称和内容同上年度不一致，应对上年年末资产负债表各个项目的名称和数字按照本年度的规定进行调整，将调整后的数字填入资产负债表“年初余额”栏内。如果本年度单位发生了因前期差错更正、会计政策变更等调整以前年度盈余的事项，还应当对“年初余额”栏中的有关项目金额进行相应调整。

（2）资产总计。资产负债表中的“资产总计”项目期末（年初）余额应当与“负债和净资产总计”项目期末（年初）余额相等。

（3）期末余额。资产负债表的“期末余额”栏内各项数字，应根据期末试算平衡后各账户的期末余额填列。

具体填列方法如下。

1.资产类项目

（1）“货币资金”项目，应当根据“库存现金”“银行存款”“零余额账户用款额度”“其他货币资金”科目的期末余额合计数填列；若单位存在通过“库存现金”“银行存款”科目核算的受托代理资产，还应当按照前述合计数扣减“库存现金”“银行存款”

科目中“受托代理资产”明细科目的期末余额后的金额填列。

（2）“财政应返还额度”“短期投资”“应收票据”项目，应根据各科目的期末余额填列。

（3）“应收账款净额”项目，应根据“应收账款”科目的期末余额减去“坏账准备”科目中对应收账款计提的坏账准备的期末余额后的金额填列。

（4）“预付账款”“应收股利”“应收利息”项目，应根据各科目的期末余额填列。

（5）“其他应收款净额”项目，应根据“其他应收款”科目的期末余额减去“坏账准备”科目中对其他应收款计提的坏账准备的期末余额后的金额填列。

（6）“存货”项目，应根据“在途物品”“库存物品”“加工物品”科目的期末余额的合计数填列。

（7）“待摊费用”项目，应根据“待摊费用”科目的期末余额填列。

（8）“一年内到期的非流动资产”项目，反映单位期末非流动资产项目中在一年内（含一年）到期的金额，如事业单位将在一年内（含一年）到期的长期债券投资金额，应根据“长期债券投资”等科目的明细科目的期末余额分析填列。

（9）“其他流动资产”项目，应根据有关科目的期末余额合计数填列。

（10）“流动资产合计”项目，应根据各相关项目金额的合计数填列。

（11）“长期股权投资”“长期债券投资”项目，应根据各科目的期末余额填列。

（12）“固定资产原值”项目，应根据“固定资产”科目的期末余额填列。

“固定资产累计折旧”项目，应根据“固定资产累计折旧”科目的期末余额填列。

“固定资产净值”项目，应根据“固定资产”科目的期末余额减去“固定资产累计折旧”科目的期末余额后的金额填列。

（13）“工程物资”“在建工程”项目，应根据各科目的期末余额填列。

（14）“无形资产原值”项目，应根据“无形资产”科目的期末余额填列。

“无形资产累计摊销”项目，应根据“无形资产累计摊销”科目的期末余额填列。

“无形资产净值”项目，应根据“无形资产”科目的期末余额减去“无形资产累计摊销”科目的期末余额后的金额填列。

（15）“研发支出”项目，应根据“研发支出”科目的期末余额填列。

（16）“公共基础设施原值”项目，应根据“公共基础设施”科目的期末余额填列。

“公共基础设施累计折旧（摊销）”项目，应根据“公共基础设施累计折旧（摊销）”科目的期末余额填列。

“公共基础设施净值”项目，应根据“公共基础设施”科目的期末余额减去“公共基础设施累计折旧（摊销）”科目的期末余额后的金额填列。

（17）“政府储备物资”“文物文化资产”项目，应根据各科目的期末余额填列。

（18）“保障性住房原值”项目，应根据“保障性住房”科目的期末余额填列。

“保障性住房累计折旧”项目，应根据“保障性住房累计折旧”科目的期末余额填列。

“保障性住房净值”项目，应根据“保障性住房”科目的期末余额减去“保障性住房累计折旧”科目的期末余额后的金额填列。

（19）“长期待摊费用”项目，应根据“长期待摊费用”科目的期末余额填列。

（20）“待处理财产损溢”项目，应根据“待处理财产损溢”科目的期末借方余额填列，如“待处理财产损溢”科目期末为贷方余额，以“-”号填列。

（21）“其他非流动资产”项目，反映单位期末除资产负债表中上述各项之外的其他非流动资产的合计数，应根据有关科目的期末余额合计数填列。

（22）“非流动资产合计”项目，应根据资产负债表中各相关项目金额的合计数填列。

（23）“受托代理资产”项目，应根据“受托代理资产”科目的期末余额与“库存现金”“银行存款”科目下“受托代理资产”明细科目的期末余额的合计数填列。

（24）“资产总计”项目，应根据资产负债表中“流动资产合计”“非流动资产合计”“受托代理资产”项目金额的合计数填列。

2.负债类项目

（1）“短期借款”“应交增值税”“其他应交税费”“应缴财政款”“应缴财政专户款”“应付职工薪酬”项目，应根据各科目的期末余额填列，如“应交增值税”与“其他应交税费”科目期末为借方余额，以“-”号填列。

（2）“应付票据”“应付账款”“应付政府补贴款”“应付利息”“预收账款”“其他应付款”项目，应根据各科目的期末余额填列。

（3）“一年内到期的非流动负债”项目，应根据“长期应付款”“长期借款”等科目的明细科目的期末余额分析填列。

（4）“其他流动负债”项目，反映事业单位期末除资产负债表中上述各项之外的其他流动负债的合计数，应根据有关科目的期末余额的合计数填列。

（5）“流动负债合计”项目，反映事业单位期末流动负债合计数，应根据资产负债表中各相关项目金额的合计数填列。

（6）“长期借款”“长期应付款”项目，应根据“长期借款”“长期应付款”科目的期末余额减去其中将于一年内（含一年）到期的长期借款或长期应付款余额后的金额填列。

（7）“预计负债”项目，反映事业单位期末已确认但尚未偿付的预计负债的余额，应根据“预计负债”科目的期末余额填列。

（8）“其他非流动负债”项目，反映事业单位期末除资产负债表中上述各项之外的其他非流动负债的合计数，应根据有关科目的期末余额的合计数填列。

（9）“非流动负债合计”项目，应根据资产负债表中各相关项目金额的合计数填列。

（10）“受托代理负债”项目，反映事业单位期末受托代理负债的金额，应根据“受托代理负债”科目的期末余额填列。

（11）“负债合计”项目，应根据资产负债表中“流动负债合计”“非流动负债合计”“受托代理负债”项目金额的合计数填列。

3.净资产类项目

（1）“累计盈余”“专用基金”项目，应根据各科目的期末余额填列。

（2）“权益法调整”项目，反映事业单位期末在被投资单位除净损益和利润分配以外的所有者权益变动中累积享有的份额，应根据“权益法调整”科目的期末余额填列，如“权益法调整”科目期末为借方余额，以“–”号填列。

（3）“无偿调拨净资产”项目，反映事业单位本年度截至报告期期末无偿调入的非现金资产价值扣减无偿调出的非现金资产价值后的净值，仅在月度报表中列示，年度报表中不列示。月度报表中应根据“无偿调拨净资产”科目的期末余额填列，“无偿调拨净资产”科目期末为借方余额时，以“–”号填列。

（4）“本期盈余”项目，反映事业单位本年度截至报告期期末实现的累计盈余或亏损，仅在月度报表中列示，年度报表中不列示。月度报表中应根据“本期盈余”科目的期末余额填列，“本期盈余”科目期末为借方余额时，以“–”号填列。

（5）“净资产合计”项目，反映事业单位期末净资产合计数，应根据资产负债表中“累计盈余”“专用基金”“权益法调整”“无偿调拨净资产”[月度报表]、“本期盈余”[月度报表]项目金额的合计数填列。

（6）“负债和净资产总计”项目，应按照资产负债表中“负债合计”“净资产合计”项目金额的合计数填列。

三、收入费用表

收入费用表是反映事业单位在一定会计期间的事业成果及其分配情况的报表。收入费用表是事业单位的重要报表之一，可以提供事业单位一定会计期间收入和费用支出的总额及其构成情况，对了解事业单位的收支情况及事业成果，评价其业绩，预测未来事业发展的趋势具有重大意义。同时，为下一步推进政府成本会计核算提供基本信息。

事业单位的收入费用表是根据“收入–费用=结余”的原理编制而成的，反映事业单位在某一会计期间发生的收入、费用及当期盈余情况。收入费用表由表首和正表构成，收入费用表的具体格式如表5–73所示。

表5-73 收入费用表

会政财02表

编制单位：　　　　　　　　　　　　___年___月　　　　　　　　　　　　单位：元

项目	本月数	本年累计数
一、本期收入		
（一）财政拨款收入		
其中：政府性基金收入		
（二）事业收入		
（三）上级补助收入		
（四）附属单位上缴收入		
（五）经营收入		
（六）非同级财政拨款收入		
（七）投资收益		
（八）捐赠收入		
（九）利息收入		
（十）租金收入		
（十一）其他收入		
二、本期费用		
（一）业务活动费用		
（二）单位管理费用		
（三）经营费用		
（四）资产处置费用		
（五）上缴上级费用		
（六）对附属单位补助费用		
（七）所得税费用		
（八）其他费用		
三、本期盈余		

收入费用表中的“本月数”栏各项目的内容和填列方法如下。

（一）本期收入

（1）“本期收入”项目，反映事业单位本期收入总额，应根据收入费用表中各收入项目金额的合计数填列。

（2）“财政拨款收入”项目，反映事业单位本期从同级政府财政部门取得的各类财政拨款，应根据“财政拨款收入”科目的本期发生额填列。其中的“政府性基金收入”项目，反映事业单位本期取得的财政拨款收入中属于政府性基金预算拨款的金额，应根据“财政拨款收入”相关明细科目的本期发生额填列。

（3）“事业收入”“上级补助收入”“附属单位上缴收入”“经营收入”“非同级财政拨款收入”“投资收益”“捐赠收入”“利息收入”“租金收入”“其他收入”项目，

应根据各科目的本期发生额填列。

（二）本期费用

（1）“本期费用”项目，反映事业单位本期费用总额，应根据收入费用表中各项费用项目金额的合计数填列。

（2）“业务活动费用”“单位管理费用”“经营费用”“资产处置费用”“上缴上级费用”“对附属单位补助费用”“所得税费用”和“其他费用”项目，应根据各科目的本期发生额填列。

（三）本期盈余

“本期盈余”项目，反映事业单位本期收入扣除本期费用后的净额，应根据收入费用表中“本期收入”项目减去“本期费用”项目后的金额填列，如为负数，以“-”号填列。

四、净资产变动表

净资产变动表反映事业单位在某一会计年度内净资产项目的变动情况。从表5-74中可以看出，本年无偿调入、调出非现金资产事项对净资产的影响，事业单位于本年度发生的收入、费用对净资产的影响，本年度财政拨款结转结余资金的调入、上缴、调出对净资产的影响，事业单位本年度提取或设置及使用专用基金对净资产的影响，以及事业单位本年度按照被投资单位除净损益和利润分配以外的所有者权益变动份额而调整长期股权投资账面余额对净资产的影响。净资产变动表的格式如表5-74所示。

表5-74 净资产变动表

会政财03表

编制单位： ______年 单位：元

项目	本年数				上年数			
	累计盈余	专用基金	权益法调整	净资产合计	累计盈余	专用基金	权益法调整	净资产合计
一、上年年末余额								
二、以前年度盈余调整（如减少，以“-”号填列）								
三、本年年初余额								
四、本年变动金额（如减少，以“-”号填列）								
（一）本年盈余								
（二）无偿调拨净资产								
（三）归集调整预算结转结余								

续表

项目	本年数				上年数			
	累计盈余	专用基金	权益法调整	净资产合计	累计盈余	专用基金	权益法调整	净资产合计
（四）提取或设置专用基金								
其中：从预算收入中提取								
从预算结余中提取								
设置的专用基金								
（五）使用专用基金								
（六）权益法调整								
五、本年年末余额								

注：“-”标识的单元格不需要填列。

净资产变动表中“本年数”栏各项目的内容和填列方法如下。

（1）“上年年末余额”行，反映事业单位净资产各项目上年年末的余额。本行各项目应根据“累计盈余”“专用基金”“权益法调整”科目上年年末的余额填列。

（2）“以前年度盈余调整”行，反映事业单位本年度调整以前年度盈余的事项对累计盈余进行调整的金额。本行“累计盈余”项目应根据本年度由“以前年度盈余调整”科目转入“累计盈余”科目的金额填列，如调整减少累计盈余，以“-”号填列。

（3）“本年年初余额”行，反映经过以前年度盈余调整后，事业单位净资产各项目的本年年初余额。本行“累计盈余”“专用基金”“权益法调整”项目应根据其各自在“上年年末余额”和“以前年度盈余调整”行对应项目金额的合计数填列。

（4）“本年变动金额”行，反映事业单位净资产各项目本年度变动总金额。本行“累计盈余”“专用基金”“权益法调整”项目应根据其各自在“本年盈余”“无偿调拨净资产”“归集调整预算结转结余”“提取或设置专用基金”“使用专用基金”“权益法调整”行对应项目金额的合计数填列。

（5）“本年盈余”行，反映事业单位本年度发生的收入、费用对净资产的影响。本行“累计盈余”项目应根据年末由“本期盈余”科目转入“本年盈余分配”科目的金额填列，如转入时借记“本年盈余分配”科目，以“-”号填列。

（6）“无偿调拨净资产”行，反映事业单位本年度无偿调入、调出非现金资产事项对净资产的影响。本行“累计盈余”项目应根据年末由“无偿调拨净资产”科目转入“累计盈余”科目的金额填列，如转入时借记“累计盈余”科目，以“-”号填列。

（7）“归集调整预算结转结余”行，反映事业单位本年度财政拨款结转结余资金归集调入、归集上缴或调出，以及非财政拨款结转资金缴回对净资产的影响。本行“累计盈余”项目应根据“累计盈余”科目明细账记录分析填列，如归集调整减少预算结转结余，以“-”号填列。

（8）“提取或设置专用基金”行，反映事业单位本年度提取或设置专用基金对净资产的影响。本行“累计盈余”项目应根据“从预算结余中提取”行“累计盈余”项目的金额填列。本行“专用基金”项目应根据“从预算收入中提取”“从预算结余中提取”“设置的专用基金”行“专用基金”项目金额的合计数填列。

“从预算收入中提取”行，反映事业单位本年度从预算收入中提取专用基金对净资产的影响。本行“专用基金”项目应通过对“专用基金”科目明细账记录的分析，根据本年度按有关规定从预算收入中提取基金的金额填列。

“从预算结余中提取”行，反映事业单位本年度根据有关规定从本年度非财政拨款结余或经营结余中提取专用基金对净资产的影响。本行“累计盈余”“专用基金”项目应通过对“专用基金”科目明细账记录的分析，根据本年度按有关规定从本年度非财政拨款结余或经营结余中提取专用基金的金额填列，本行“累计盈余”项目以“–”号填列。

“设置的专用基金”行，反映事业单位本年度根据有关规定设置的其他专用基金对净资产的影响。本行“专用基金”项目应通过对“专用基金”科目明细账记录的分析，根据本年度按有关规定设置的其他专用基金的金额填列。

（9）“使用专用基金”行，反映事业单位本年度按规定使用专用基金对净资产的影响。本行“累计盈余”“专用基金”项目应通过对“专用基金”科目明细账记录的分析，根据本年度按规定使用专用基金的金额填列，本行“专用基金”项目以“–”号填列。

（10）“权益法调整”行，反映事业单位本年度按照被投资单位除净损益和利润分配以外的所有者权益变动份额而调整长期股权投资账面余额对净资产的影响。本行“权益法调整”项目应根据“权益法调整”科目本年度发生额填列，若本年度净发生额为借方时，以“–”号填列。

（11）“本年年末余额”行，反映事业单位本年度各净资产项目的年末余额。本行“累计盈余”“专用基金”“权益法调整”项目应根据其各自在“本年年初余额”“本年变动金额”行对应项目金额的合计数填列。

（12）净资产变动表中各行“净资产合计”项目，应根据所在行“累计盈余”“专用基金”“权益法调整”项目金额的合计数填列。

五、现金流量表

现金流量表是反映政府会计主体在一定会计期间现金及现金等价物流入和流出情况的报表。现金流量表中所指的现金，是指单位的库存现金以及可以随时用于支付的款项，包括库存现金、可以随时用于支付的银行存款、其他货币资金、零余额账户用款额度、财政应返还额度，以及通过财政直接方式支付的款项。

现金流量表应按照日常活动、投资活动、筹资活动的现金流量分别表示，其中的现金流量是指现金及现金等价物的流入和流出。

（一）现金流量表的基本格式

目前，根据《政府会计准则——基本准则》的规定，事业单位可以根据实际情况自行选择编制现金流量表。现金流量表的内容和格式如表5-75所示。

表5-75 现金流量表

会政财04表

编制单位： ____年 单位：元

项目	本年金额	上年金额
一、日常活动产生的现金流量：		
财政基本支出拨款收到的现金		
财政非资本性项目拨款收到的现金		
事业活动收到的除财政拨款以外的现金		
收到的其他与日常活动有关的现金		
日常活动的现金流入小计		
购买商品、接受劳务支付的现金		
支付给职工以及为职工支付的现金		
支付的各项税费		
支付的其他与日常活动有关的现金		
日常活动的现金流出小计		
日常活动产生的现金流量净额		
二、投资活动产生的现金流量：		
收回投资收到的现金		
取得投资收益收到的现金		
处置固定资产、无形资产、公共基础设施等收回的现金净额		
收到的其他与投资活动有关的现金		
投资活动的现金流入小计		
购建固定资产、无形资产、公共基础设施等支付的现金		
对外投资支付的现金		
上缴处置固定资产、无形资产、公共基础设施等净收入支付的现金		
支付的其他与投资活动有关的现金		
投资活动的现金流出小计		
投资活动产生的现金流量净额		
三、筹资活动产生的现金流量：		
财政资本性项目拨款收到的现金		
取得借款收到的现金		
收到的其他与筹资活动有关的现金		
筹资活动的现金流入小计		

续表

项目	本年金额	上年金额
偿还借款支付的现金		
偿还利息支付的现金		
支付的其他与筹资活动有关的现金		
筹资活动的现金流出小计		
筹资活动产生的现金流量净额		
四、汇率变动对现金的影响额		
五、现金净增加额		

（二）现金流量表的编制方法

事业单位应采用直接法编制现金流量表。现金流量表中的“本年金额”栏反映各项目的本年度实际发生数。现金流量表中的“上年金额”栏反映各项目的上年度实际发生数，应根据上年现金流量表中“本年金额”栏内所列数字填列。

编制现金流量表中“本年金额”栏各项目的填列方法如下。

1.日常活动产生的现金流量

（1）“财政基本支出拨款收到的现金”项目，反映事业单位本年度接受财政基本支出拨款取得的现金，应根据“零余额账户用款额度”“财政拨款收入”“银行存款”等科目及其所属明细科目的记录分析填列。

（2）“财政非资本性项目拨款收到的现金”项目，反映事业单位本年度接受除用于购建固定资产、无形资产、公共基础设施等资本性项目以外的财政项目拨款取得的现金。应根据“银行存款”“零余额账户用款额度”“财政拨款收入”等科目及其所属明细科目的记录分析填列。

（3）“事业活动收到的除财政拨款以外的现金”项目，反映事业单位本年度开展专业业务活动及其辅助活动取得的除财政拨款以外的现金，应根据“库存现金”“银行存款”“其他货币资金”“应收账款”“应收票据”“预收账款”“事业收入”等科目及其所属明细科目的记录分析填列。

（4）“收到的其他与日常活动有关的现金”项目，反映事业单位本年度收到的除以上项目之外的与日常活动有关的现金，应根据“库存现金”“银行存款”“其他货币资金”“上级补助收入”“附属单位上缴收入”“经营收入”“非同级财政拨款收入”“捐赠收入”“利息收入”“租金收入”“其他收入”等科目及其所属明细科目的记录分析填列。

（5）“日常活动的现金流入小计”项目，反映事业单位本年度日常活动产生的现金流入的合计数，应根据现金流量表中“财政基本支出拨款收到的现金”“财政非资本性项目拨款收到的现金”“事业活动收到的除财政拨款以外的现金”“收到的其他与日常活动有关的现金”项目金额的合计数填列。

（6）“购买商品、接受劳务支付的现金”项目，反映事业单位本年度在日常活动中用于购买商品、接受劳务支付的现金，应根据“库存现金”“银行存款”“财政拨款收入”“零余额账户用款额度”“预付账款”“在途物品”“库存物品”“应付账款”“应付票据”“业务活动费用”“单位管理费用”“经营费用”等科目及其所属明细科目的记录分析填列。

（7）“支付给职工以及为职工支付的现金”项目，反映事业单位本年度支付给职工以及为职工支付的现金，应根据“库存现金”“银行存款”“零余额账户用款额度”“财政拨款收入”“应付职工薪酬”“业务活动费用”“单位管理费用”“经营费用”等科目及其所属明细科目的记录分析填列。

（8）“支付的各项税费”项目，反映事业单位本年度用于缴纳日常活动相关税费而支付的现金，应根据“库存现金”“银行存款”“零余额账户用款额度”“应交增值税”“其他应交税费”“业务活动费用”“单位管理费用”“经营费用”“所得税费用”等科目及其所属明细科目的记录分析填列。

（9）“支付的其他与日常活动有关的现金”项目，反映事业单位本年度支付的除上述项目之外与日常活动有关的现金，应根据“库存现金”“银行存款”等有关科目的记录分析填列。

（10）“日常活动的现金流出小计”项目，反映事业单位本年度日常活动产生的现金流出的合计数，应根据本表中“购买商品、接受劳务支付的现金”“支付给职工以及为职工支付的现金”“支付的各项税费”“支付的其他与日常活动有关的现金”项目金额的合计数填列。

（11）“日常活动产生的现金流量净额”项目，应按照本表中“日常活动的现金流入小计”项目减去“日常活动的现金流出小计”项目后的金额填列，如为负数，以“–”号填列。

2.投资活动产生的现金流量

（1）“收回投资收到的现金”项目，反映事业单位本年度出售、转让或者收回投资收到的现金，应根据“库存现金”“银行存款”“短期投资”“长期股权投资”“长期债券投资”等科目的记录分析填列。

（2）“取得投资收益收到的现金”项目，反映事业单位本年度因对外投资而收到被投资单位分配的股利或利润，以及收到投资利息而取得的现金，应根据“库存现金”“银行存款”“应收股利”“应收利息”“投资收益”等科目的记录分析填列。

（3）“处置固定资产、无形资产、公共基础设施等收回的现金净额”项目，反映事业单位本年度处置固定资产、无形资产、公共基础设施等非流动资产所取得的现金，减去为处置这些资产而支付的有关费用之后的净额。由自然灾害所造成的固定资产等长期资产损失而收到的保险赔款收入，也在本科目反映。该项目应根据“库存现金”“银行存款”“待处理财产损溢”等科目的记录分析填列。

（4）“收到的其他与投资活动有关的现金”项目，反映事业单位本年度收到的除上述项目之外与投资活动有关的现金。对于金额较大的现金流入，应单列项目反映。该项目应根据“库存现金”“银行存款”等有关科目的记录分析填列。

（5）“投资活动的现金流入小计”项目，反映事业单位本年度投资活动产生的现金流入的合计数，应根据现金流量表中“收回投资收到的现金”“取得投资收益收到的现金”“处置固定资产、无形资产、公共基础设施等收回的现金净额”“收到的其他与投资活动有关的现金”项目金额的合计数填列。

（6）“购建固定资产、无形资产、公共基础设施等支付的现金”项目，反映事业单位本年度购买和建造固定资产、无形资产、公共基础设施等非流动资产所支付的现金；融资租入固定资产支付的租赁费不再反映，而在筹资活动的现金流量中反映。该项目应根据“库存现金”“银行存款”“固定资产”“工程物资”“在建工程”“无形资产”“研发支出”“公共基础设施”“保障性住房”等科目的记录分析填列。

（7）“对外投资支付的现金”项目，反映事业单位本年度为取得短期投资、长期股权投资、长期债券投资而支付的现金，应根据“库存现金”“银行存款”“短期投资”“长期股权投资”“长期债券投资”等科目的记录分析填列。

（8）“上缴处置固定资产、无形资产、公共基础设施等净收入支付的现金”项目，反映事业单位本年度将处置固定资产、无形资产、公共基础设施等非流动资产所收回的现金净额予以上缴财政所支付的现金，应根据“库存现金”“银行存款”“应缴财政款”等科目的记录分析填列。

（9）“支付的其他与投资活动有关的现金”项目，反映事业单位本年度支付的除上述项目之外与投资活动有关的现金，应根据“库存现金”“银行存款”等有关科目的记录分析填列。对于金额较大的现金流出，应单列项目反映。

（10）“投资活动的现金流出小计”项目，反映事业单位本年度投资活动产生的现金流出的合计数，应根据本表中“购建固定资产、无形资产、公共基础设施等支付的现金”“对外投资支付的现金”“上缴处置固定资产、无形资产、公共基础设施等净收入支付的现金”“支付的其他与投资活动有关的现金”项目金额的合计数填列。

（11）“投资活动产生的现金流量净额”项目，应按照现金流量表中“投资活动的现金流入小计”项目减去“投资活动的现金流出小计”项目后的金额填列，如为负数，以“–”号填列。

3.筹资活动产生的现金流量

（1）“财政资本性项目拨款收到的现金”项目，反映事业单位本年度接受用于购建固定资产、无形资产、公共基础设施等资本性项目的财政拨款取得的现金，应根据“银行存款”“零余额账户用款额度”“财政拨款收入”等科目及其所属明细科目的记录分析填列。

（2）“取得借款收到的现金”项目，反映事业单位本年度举借短期、长期借款所收到的现金，应根据“库存现金”“银行存款”“短期借款”“长期借款”等科目记录分析填列。

（3）“收到的其他与筹资活动有关的现金”项目，反映事业单位本年度收到的除上述项目之外与筹资活动有关的现金，应根据“库存现金”“银行存款”等有关科目的记录分析填列。对于金额较大的现金流入，应单列项目反映。

（4）“筹资活动的现金流入小计”项目，反映事业单位本年度筹资活动产生的现金流入的合计数，应根据本表中“财政资本性项目拨款收到的现金”“取得借款收到的现金”“收到的其他与筹资活动有关的现金”项目金额的合计数填列。

（5）“偿还借款支付的现金”项目，反映事业单位本年度偿还借款本金所支付的现金，应根据“库存现金”“银行存款”“短期借款”“长期借款”等科目的记录分析填列。

（6）“偿还利息支付的现金”项目，反映事业单位本年度支付的借款利息等，应根据“库存现金”“银行存款”“应付利息”“长期借款”等科目的记录分析填列。

（7）“支付的其他与筹资活动有关的现金”项目，反映事业单位本年度支付的除上述项目之外与筹资活动有关的现金，如融资租入固定资产所支付的租赁费，应根据“库存现金”“银行存款”“长期应付款”等科目的记录分析填列。

（8）“筹资活动的现金流出小计”项目，反映事业单位本年度筹资活动产生的现金流出的合计数，应根据本表中“偿还借款支付的现金”“偿还利息支付的现金”“支付的其他与筹资活动有关的现金”项目金额的合计数填列。

（9）“筹资活动产生的现金流量净额”项目，应按照现金流量表中“筹资活动的现金流入小计”项目减去“筹资活动的现金流出小计”项目后的金额填列，如为负数，以“–”号填列。

4.汇率变动对现金的影响额

“汇率变动对现金的影响额”项目，反映事业单位本年度外币现金流量折算为人民币时，所采用的现金流量发生日的汇率折算的人民币金额与外币现金流量净额按期末汇率折算的人民币金额之间的差额。

5. 现金净增加额

“现金净增加额”项目，反映事业单位本年度现金变动的净额，应根据现金流量表中“日常活动产生的现金流量净额”“投资活动产生的现金流量净额”“筹资活动产生的现金流量净额”和“汇率变动对现金的影响额”项目金额的合计数填列，如为负数，以“–”号填列。

六、附注

附注是对在会计报表中列示的项目所作的进一步说明，以及对未能在会计报表中列示项目的说明。附注是财务报表的重要组成部分。凡对报表使用者的决策有重要影响的会计信息，不论本制度是否有明确规定，单位均应当充分披露。

（一）附注中的必要信息

（1）单位的基本情况。单位应当简要披露其基本情况，包括单位的主要职能、主要业务活动、所在地、预算管理关系等。

（2）会计报表编制基础，遵循《政府会计准则——基本准则》《政府会计制度——行政事业单位会计科目和报表》的声明。

（3）重要会计政策和会计估计。单位应当采用与其业务特点相适应的具体会计政策，并充分披露报告期内采用的重要会计政策和会计估计。主要内容如下：

会计期间；记账本位币，外币折算汇率；坏账准备的计提方法；存货类别、发出存货的计价方法、存货的盘存制度，以及低值易耗品和包装物的摊销方法；长期股权投资的核算方法；固定资产分类、折旧方法、折旧年限和年折旧率；融资租入固定资产的计价和折旧方法；无形资产的计价方法；使用寿命有限的无形资产，其使用寿命估计情况；使用寿命不确定的无形资产，其使用寿命不确定的判断依据；单位内部研究开发项目划分研究阶段和开发阶段的具体标准；公共基础设施的分类、折旧（摊销）方法、折旧（摊销）年限，以及其确定依据；政府储备物资分类，以及确定其发出成本所采用的方法；保障性住房的分类、折旧方法、折旧年限；其他重要的会计政策和会计估计；本期发生重要会计政策和会计估计变更的，变更的内容和原因、受其重要影响的报表项目名称和金额、相关审批程序，以及会计估计变更开始适用的时点。

（4）本年盈余与预算结余的差异情况说明。

（二）会计报表重要项目说明

单位应当按照资产负债表和收入费用表项目列示顺序，采用文字和数据描述相结合的方式披露重要项目的明细信息。报表重要项目的明细金额合计，应当与报表项目金额相衔接。报表重要项目说明应包括但不限于下列内容：

（1）货币资金的披露。

（2）应收账款按照债务人类别披露。

（3）存货的披露。

（4）其他流动资产的披露。

（5）长期投资的披露。

（6）固定资产的披露。

（7）在建工程的披露。

（8）无形资产的披露。

（9）公共基础设施的披露。

（10）政府储备物资的披露。

（11）受托代理资产的披露。

（12）应付账款按照债权人类别披露。

（13）其他流动负债的披露。

（14）长期借款的披露。

（15）事业收入按照收入来源披露。

（16）非同级财政拨款收入按收入来源披露。

（17）其他收入按照收入来源披露。

（18）业务活动费用的披露。

（19）其他费用按照类别披露。

（20）本期费用按照经济分类披露。

（三）其他重要事项说明

（1）资产负债表存在的重要或有事项说明，没有重要或有事项的也应说明。

（2）以名义金额计量的资产名称、数量等情况，以及以名义金额计量理由的说明。

（3）通过债务资金形成的固定资产、公共基础设施、保障性住房等资产的账面价值、使用情况、收益情况及与此相关的债务偿还情况等的说明。

（4）重要资产置换、无偿调入（出）、捐入（出）、报废、重大毁损等情况的说明。

（5）事业单位将单位内部独立核算单位的会计信息纳入本单位财务报表情况的说明。

（6）政府会计具体准则中要求附注披露的其他内容。

（7）有助于理解和分析单位财务报表需要说明的其他事项。

章后思考题

1. 政府会计与企业会计的资产项目有何区别？
2. 财政授权支付与财政直接支付的核算有何差异？
3. 财政应返还额度的核算规则是什么？
4. 待处理财产损溢的核算内容和核算规则是什么？

5. 应缴财政款的核算内容和核算规则是什么？
6. 非同级财政拨款收入的核算内容和核算规则是什么？
7. 本年度盈余分配的核算内容和核算规则是什么？
8. 专用基金如何提取和使用？如何核算？

第六章　政府预算会计规范与实务

第一节　预算收入

预算收入是指政府会计主体在预算年度内依法取得并纳入预算管理的现金流入。预算收入一般在实际收到时予以确认，以实际收到的金额计量。政府预算收入按来源渠道分为纵向预算收入和横向预算收入。纵向预算收入包括财政拨款预算收入、上级补助预算收入、附属单位上缴预算收入和非同级财政拨款预算收入；横向预算收入包括事业预算收入、经营预算收入、债务预算收入、投资预算收益和其他预算收入。

一、纵向预算收入

纵向预算收入核算包括财政拨款预算收入、上级补助预算收入、附属单位上缴预算收入和非同级财政拨款预算收入的核算。

（一）财政拨款预算收入的核算

“财政拨款预算收入”科目核算单位从同级政府财政部门取得的各类财政拨款，应当设置“基本支出”和“项目支出”两个明细科目，并按照财政部《2024年政府收支分类科目》中“支出功能分类科目”的项级科目进行明细核算；同时，在“基本支出”明细科目下按照“人员经费”和“日常公用经费”进行明细核算，在“项目支出”明细科目下按照具体项目进行明细核算。有一般公共预算财政拨款、政府性基金预算财政拨款等两种或两种以上财政拨款的单位，还应当按照财政拨款的种类进行明细核算。

财政拨款预算收入的主要账务处理如下。

（1）财政直接支付方式下，单位根据收到的“财政直接支付入账通知书”及相关原始凭证，按照通知书中的直接支付金额借记“行政支出”“事业支出”等科目，贷记本科目。年末根据本年度财政直接支付预算指标数与当年财政直接支付实际支出数的差额，借记“资金结存——财政应返还额度”科目，贷记本科目。

（2）财政授权支付方式下，单位根据收到的“财政授权支付额度到账通知书”，按照通知书中的授权支付额度借记“资金结存——零余额账户用款额度”科目，贷记本科目。年末单位本年度财政授权支付预算指标数大于零余额账户用款额度下达数的，按照两者差额借记“资金结存——财政应返还额度”科目，贷记本科目。

（3）其他方式下，单位按照本期预算收到财政拨款预算收入时实际收到的金额借记“资金结存——货币资金”科目，贷记本科目。如果单位收到下期预算的财政预拨款，应当在下个预算期，按照预收的金额借记“资金结存——货币资金”科目，贷记本科目。

（4）因差错更正、购货退回等发生国库直接支付款项退回的，属于本年度支付的款项，应当按照退回金额借记本科目，贷记“行政支出”“事业支出”等科目。

（5）年末，将本科目本年发生额转入财政拨款结转，借记本科目，贷记“财政拨款结转——本年收支结转”科目。年末结转后，本科目应无余额。

（二）上级补助预算收入的核算

“上级补助预算收入”科目核算事业单位从主管部门和上级单位取得的非财政补助现金流入。本科目应当按照发放补助单位、补助项目、《2024年政府收支分类科目》中“支出功能分类科目”的项级科目等进行明细核算。上级补助预算收入中如有专项资金收入，还应按照具体项目进行明细核算。

上级补助预算收入的主要账务处理如下。

（1）收到上级补助预算收入时，按照实际收到的金额借记“资金结存——货币资金”科目，贷记本科目。

（2）年末，将本科目本年发生额中的专项资金收入转入非财政拨款结转，借记本科目下各专项资金收入明细科目，贷记“非财政拨款结转——本年收支结转”科目；将本科目本年发生额中的非专项资金收入转入其他结余，借记本科目下各非专项资金收入明细科目，贷记“其他结余”科目。年末结转后，本科目应无余额。

（三）附属单位上缴预算收入的核算

“附属单位上缴预算收入”科目核算事业单位取得附属独立核算单位根据有关规定上缴的现金流入。本科目应当按照附属单位、缴款项目、《2024年政府收支分类科目》中“支出功能分类科目”的项级科目等进行明细核算。附属单位上缴预算收入中如有专项资金收入，还应按照具体项目进行明细核算。

附属单位上缴预算收入的主要账务处理如下。

（1）收到附属单位缴来款项时，按照实际收到的金额借记“资金结存——货币资金”科目，贷记本科目。

（2）年末，将本科目本年发生额中的专项资金收入转入非财政拨款结转，借记本科目下各专项资金收入明细科目，贷记“非财政拨款结转——本年收支结转”科目；将本科目本年发生额中的非专项资金收入转入其他结余，借记本科目下各非专项资金收入明细科目，贷记“其他结余”科目。年末结转后，本科目应无余额。

（四）非同级财政拨款预算收入的核算

“非同级财政拨款预算收入”科目核算单位从非同级政府财政部门取得的财政拨款，包括本级横向转拨财政款和非本级财政拨款。对于因开展科研及其辅助活动从非同级政府财政部门取得的经费拨款，应当通过“事业预算收入——非同级财政拨款”科目进行核算，不通过本科目核算。本科目应当按照非同级财政拨款预算收入的类别、来源、《2024年政府收支分类科目》中“支出功能分类科目”的项级科目等进行明细核算。非同级财政拨款预算收入中如有专项资金收入，还应按照具体项目进行明细核算。

非同级财政拨款预算收入的主要账务处理如下。

（1）取得非同级财政拨款预算收入时，按照实际收到的金额借记“资金结存——货币资金”科目，贷记本科目。

（2）年末，将本科目本年发生额中的专项资金收入转入非财政拨款结转，借记本科目下各专项资金收入明细科目，贷记“非财政拨款结转——本年收支结转”科目；将本科目本年发生额中的非专项资金收入转入其他结余，借记本科目下各非专项资金收入明细科目，贷记“其他结余”科目。年末结转后，本科目应无余额。

【例6-1】某行政单位收到财政部门委托代理银行转来的“财政直接支付入账通知书”，支付日常行政活动所发生的电费60 000元，专项活动经费30 000元。

◎预算会计记账：

借：行政支出	90 000	
贷：财政拨款预算收入——基本支出		60 000
——项目支出		30 000

◎财务会计记账：

借：业务活动费用	90 000	
贷：财政拨款收入		90 000

【例6-2】某事业单位收到财政部门委托代理银行转来的“财政直接支付入账通知书”，支付日常活动所发生的水费10 000元。

◎预算会计记账：

借：事业支出	10 000	
贷：财政拨款预算收入——基本支出		10 000

◎财务会计记账：

借：业务活动费用	10 000	
贷：财政拨款收入		10 000

【例6-3】某事业单位收到代理银行转来的“财政授权支付额度到账通知书”，收到基本支出中财政授权支付额度200 000元。

◎预算会计记账：

借：资金结存——零余额账户用款额度　　200 000

　　贷：财政拨款预算收入——基本支出　　200 000

◎财务会计记账：

借：零余额账户用款额度　　200 000

　　贷：财政拨款收入　　200 000

【例6-4】年末，该事业单位当年财政直接支付实际支出累计数8 800 000元，年度财政直接支付预算指标数8 895 000元，年末确认未下达财政用款额度95 000元。

◎预算会计记账：

借：资金结存——财政应返还额度　　95 000

　　贷：财政拨款预算收入　　95 000

◎财务会计记账：

借：财政应返还额度——财政直接支付　　95 000

　　贷：财政拨款收入　　95 000

【例6-5】某事业单位实行划拨资金制度，收到开户银行转来的“财政拨款预算资金收款通知书”，列示财政部门拨入预算经费360 000元，规定用于该单位基本支出中人员经费200 000元，日常公用经费160 000元。

◎预算会计记账：

借：资金结存——货币资金　　360 000

　　贷：财政拨款预算收入——基本支出——人员经费　　200 000

　　　　　　　　　　　　　　　　　——日常公用经费　　160 000

◎财务会计记账：

借：银行存款　　360 000

　　贷：财政拨款收入　　360 000

【例6-6】某事业单位接到开户银行通知，收到上级单位拨来的非财政补助款项139 000元。其中，基本支出中人员经费20 000元，日常公用经费19 000元，专项非财政补助款100 000元。

◎预算会计记账：

借：资金结存——货币资金　　139 000

　　贷：上级补助预算收入——基本支出——人员经费　　20 000

　　　　　　　　　　　　　　　　　——日常公用经费　　19 000

　　　　　　　　　　　　——专项资金　　100 000

◎财务会计记账：

借：银行存款　　139 000

贷：上级补助收入　　139 000

【例6-7】某事业单位收到独立核算的附属单位按规定比例上缴的利润分成款96 000元。

◎预算会计记账：

借：资金结存——货币资金　　96 000

贷：附属单位上缴预算收入——非专项资金收入　　96 000

◎财务会计记账：

借：银行存款　　96 000

贷：附属单位上缴收入　　96 000

【例6-8】某事业单位属于市级预算单位，收到省级财政拨来的A科研项目研究经费880 000元。

◎预算会计记账：

借：资金结存——货币资金　　880 000

贷：非同级财政拨款预算收入——A科研项目　　880 000

◎财务会计记账：

借：银行存款　　880 000

贷：非同级财政拨款收入——A科研项目　　880 000

二、横向预算收入

横向预算收入的核算包括事业预算收入、经营预算收入、债务预算收入、投资预算收益和其他预算收入的核算。

（一）事业预算收入的核算

"事业预算收入"科目核算事业单位开展专业业务活动及其辅助活动取得的现金流入。事业单位因开展科研及其辅助活动从非同级政府财政部门取得的经费拨款，也通过本科目核算。本科目应当按照事业预算收入的类别、项目、来源和《2024年政府收支分类科目》中"支出功能分类科目"的项级科目等进行明细核算。对于因开展科研及其辅助活动从非同级政府财政部门取得的经费拨款，应当在本科目下单设"非同级财政拨款"明细科目进行明细核算；事业预算收入中如有专项资金收入，还应按照具体项目进行明细核算。

事业预算收入的主要账务处理如下。

（1）采用财政专户返还方式管理的事业预算收入，收到从财政专户返还的事业预算收入时，按照实际收到的返还金额借记"资金结存——货币资金"科目，贷记本科目。

（2）收到其他事业预算收入时，按照实际收到的款项金额借记"资金结存——货币资金”科目，贷记本科目。年末将本科目本年发生额中的专项资金收入转入非财政拨款结转，借记本科目下各专项资金收入明细科目，贷记“非财政拨款结转——本年收支结转”科目；将本科目本年发生额中的非专项资金收入转入其他结余，借记本科目下各非专项资金收入明细科目，贷记“其他结余”科目。年末结转后，本科目应无余额。

（二）经营预算收入的核算

“经营预算收入”科目核算事业单位在专业业务活动及其辅助活动之外开展非独立核算经营活动取得的现金流入。本科目应当按照经营活动的类别、项目及《2024年政府收支分类科目》中“支出功能分类科目”的项级科目等进行明细核算。

经营预算收入的主要账务处理如下。

（1）收到经营预算收入时，按照实际收到的金额借记“资金结存——货币资金”科目，贷记本科目。

（2）年末，将本科目本年发生额转入经营结余，借记本科目，贷记“经营结余”科目。年末结转后，本科目应无余额。

（三）债务预算收入的核算

“债务预算收入”科目核算事业单位按照规定从银行和其他金融机构等借入的、纳入部门预算管理的、不以财政资金作为偿还来源的债务本金。本科目应当按照贷款单位、贷款种类和《2024年政府收支分类科目》中“支出功能分类科目”的项级科目等进行明细核算。债务预算收入中如有专项资金收入，还应按照具体项目进行明细核算。

债务预算收入的主要账务处理如下。

（1）借入各项短期或长期借款时，按照实际借入的金额借记“资金结存——货币资金”科目，贷记本科目。

（2）年末，将本科目本年发生额中的专项资金收入转入非财政拨款结转，借记本科目下各专项资金收入明细科目，贷记“非财政拨款结转——本年收支结转”科目；将本科目本年发生额中的非专项资金收入转入其他结余，借记本科目下各非专项资金收入明细科目，贷记“其他结余”科目。年末结转后，本科目应无余额。

（四）投资预算收益的核算

“投资预算收益”科目核算事业单位取得的按照规定纳入部门预算管理的具有投资收益性质的现金流入，包括股权投资收益、出售或收回债券投资所取得的收益和债券投资利息收入。本科目应当按照《2024年政府收支分类科目》中“支出功能分类科目”的项级科目等进行明细核算。

投资预算收益的主要账务处理如下。

（1）出售或到期收回本年度取得的短期、长期债券，按照实际取得的价款或实际收到的本息金额，借记“资金结存——货币资金”科目；按照取得债券时“投资支出”科目的发生额，贷记“投资支出”科目，按照其差额贷记或借记本科目。

（2）出售或到期收回以前年度取得的短期、长期债券，按照实际取得的价款或实际收到的本息金额，借记“资金结存——货币资金”科目，按照取得债券时“投资支出”科目的发生额，贷记“其他结余”科目，按照其差额贷记或借记本科目。

（3）出售、转让以货币资金取得的长期股权投资的，其账务处理参照出售或到期收回债券投资。

（4）持有的短期投资以及分期付息、一次还本的长期债券投资收到利息时，按照实际收到的金额，借记“资金结存——货币资金”科目，贷记本科目。

（5）持有长期股权投资取得被投资单位分派的现金股利或利润时，按照实际收到的金额，借记“资金结存——货币资金”科目，贷记本科目。

（6）出售、转让以非货币性资产取得的长期股权投资时，按照实际取得的价款扣减支付的相关费用和应缴财政款后的余额（按照规定纳入单位预算管理的），借记“资金结存——货币资金”科目，贷记本科目。

（7）年末，将本科目本年发生额转入其他结余，借记或贷记本科目，贷记或借记“其他结余”科目。年末结转后，本科目应无余额。

（五）其他预算收入的核算

“其他预算收入”科目核算单位除财政拨款预算收入、上级补助预算收入、附属单位上缴预算收入、非同级财政拨款预算收入、事业预算收入、经营预算收入、债务预算收入、投资预算收益之外的纳入部门预算管理的现金流入，包括捐赠预算收入、利息预算收入、租金预算收入、现金盘盈收入等。本科目应当按照其他预算收入的类别和《2024年政府收支分类科目》中“支出功能分类科目”的项级科目等进行明细核算。其他预算收入中如有专项资金收入，还应按照具体项目进行明细核算。

单位发生的捐赠预算收入、利息预算收入、租金预算收入金额较大或业务较多的，可单独设置“6603 捐赠预算收入”“6604 利息预算收入”“6605 租金预算收入”等科目。

其他预算收入的主要账务处理如下。

（1）接受捐赠现金资产、收到银行存款利息、收到资产承租人支付的租金时，按照实际收到的金额借记“资金结存——货币资金”科目，贷记本科目。

（2）每日现金账款核对中如发现现金溢余，按照溢余的现金金额借记“资金结存——货币资金”科目，贷记本科目。经核实属于应支付给有关个人和单位的部分，按照实际支付的金额借记本科目，贷记“资金结存——货币资金”科目。

（3）收到其他预算收入时，按照收到的金额借记“资金结存——货币资金”科目，贷记本科目。

（4）年末，将本科目本年发生额中的专项资金收入转入非财政拨款结转，借记本科目下各专项资金收入明细科目，贷记“非财政拨款结转——本年收支结转”科目；将本科目本年发生额中的非专项资金收入转入其他结余，借记本科目下各非专项资金收入明细科目，贷记“其他结余”科目。年末结转后，本科目应无余额。

【例6-9】某事业单位收到国家科委拨来的课题B研究经费50 000元用于重大课题研究，该款项已存入银行。

◎预算会计记账：

借：资金结存——货币资金　　50 000

　　贷：事业预算收入——B项目支出　　50 000

◎财务会计记账：

借：银行存款　　50 000

　　贷：事业收入——B项目支出　　50 000

【例6-10】某事业单位采用财政专户返还方式管理事业预算收入，经申请，财政审批从财政专户核拨收入200 000元。

◎预算会计记账：

借：资金结存——货币资金　　200 000

　　贷：事业预算收入　　200 000

◎财务会计记账：

借：银行存款　　200 000

　　贷：事业收入　　200 000

【例6-11】某事业单位汽车队实行非独立核算，为外单位及个人提供运输服务项目，收到经营款项14 400元。

◎预算会计记账：

借：资金结存——货币资金　　14 400

　　贷：经营预算收入——汽车队运输收入　　14 400

◎财务会计记账：

借：银行存款　　14 400

　　贷：经营收入　　14 400

【例6-12】某事业单位经批准取得政府借款1 500 000元，解决业务发展急需资金问题。

◎预算会计记账：

借：资金结存——货币资金　　1 500 000

　　贷：债务预算收入　　1 500 000

◎财务会计记账：

借：银行存款　　1 500 000

　　贷：短期借款　　1 500 000

【例6-13】某事业单位为解决急需资金问题，将今年年初所购买的国库券转让出售，实际取得价款101 800元，该批国库券账面价值100 000元。

◎预算会计记账：

借：资金结存——货币资金　　101 800

　　贷：投资支出　　100 000

　　　　投资预算收益　　1 800

◎财务会计记账：

借：银行存款　　101 800

　　贷：短期投资　　100 000

　　　　投资收益　　1 800

【例6-14】某事业单位收到企业捐赠的人民币300 000元，出租收入11 900元。

◎预算会计记账：

借：资金结存——货币资金　　311 900

　　贷：其他预算收入——捐赠收入　　300 000

　　　　　　　　　　——租金收入　　11 900

◎财务会计记账：

借：银行存款　　311 900

　　贷：捐赠收入　　300 000

　　　　租金收入　　11 900

第二节　预算支出

预算支出是指政府会计主体在预算年度内依法发生并纳入预算管理的现金流出。预算支出一般在实际支付时予以确认，以实际支付的金额计量。政府预算支出按支取方向分为纵向预算支出和横向预算支出。纵向预算支出包括上缴上级支出和对附属单位补助支出；横向预算支出包括行政支出、事业支出、经营支出、投资支出、债务还本支出和其他支出。

一、纵向预算支出

纵向预算支出的核算包括上缴上级支出和对附属单位补助支出的核算。

（一）上缴上级支出的核算

“上缴上级支出”科目核算事业单位按照财政部门和主管部门的规定上缴上级单位款项发生的现金流出。本科目应当按照收缴款项单位、缴款项目和《2024年政府收支分类科目》中“支出功能分类科目”的项级科目和“部门预算支出经济分类科目”的款级科目等进行明细核算。

上缴上级支出的主要账务处理如下。

（1）按照规定将款项上缴上级单位的，按照实际上缴的金额借记本科目，贷记“资金结存”科目。

（2）年末，将本科目本年发生额转入其他结余，借记“其他结余”科目，贷记本科目。年末结转后，本科目应无余额。

（二）对附属单位补助支出的核算

“对附属单位补助支出”科目核算事业单位用财政拨款预算收入之外的收入对附属单位补助发生的现金流出。本科目应当按照接受补助单位、补助项目和《2024年政府收支分类科目》中“支出功能分类科目”的项级科目和“部门预算支出经济分类科目”的款级科目等进行明细核算。

对附属单位补助支出的主要账务处理如下。

（1）发生对附属单位补助支出的，按照实际补助的金额借记本科目，贷记“资金结存”科目。

（2）年末，将本科目本年发生额转入其他结余，借记“其他结余”科目，贷记本科目。年末结转后，本科目应无余额。

【例6-15】某事业单位开出转账支票，将本月实现的净结余100 000元按5%的比例上缴上级单位。

◎预算会计记账：

借：上缴上级支出	5 000	
贷：资金结存——货币资金		5 000

◎财务会计记账：

借：上缴上级费用	5 000	
贷：银行存款		5 000

【例6-16】某单位从集中的下级上缴收入转账拨款13 600元，用于附属单位招待所餐厅装修。

◎预算会计记账：

借：对附属单位补助支出　　13 600

　　贷：资金结存——货币资金　　13 600

◎财务会计记账：

借：对附属单位补助费用　　13 600

　　贷：银行存款　　13 600

二、横向预算支出

横向预算支出的核算包括行政支出、事业支出、经营支出、投资支出、债务还本支出和其他支出的核算。

（一）行政支出的核算

“行政支出”科目核算行政单位履行其职责实际发生的各项现金流出。本科目应当分别按照“财政拨款支出”“非财政专项资金支出”和“其他资金支出”，“基本支出”和“项目支出”等进行明细核算，并按照《2024年政府收支分类科目》中“支出功能分类科目”的项级科目进行明细核算；“基本支出”和“项目支出”明细科目应当按照《2024年政府收支分类科目》中“部门预算支出经济分类科目”的款级科目进行明细核算，同时在“项目支出”明细科目下按照具体项目进行明细核算。

有一般公共预算财政拨款、政府性基金预算财政拨款等两种或两种以上财政拨款的行政单位，还应当在“财政拨款支出”明细科目下按照财政拨款的种类进行明细核算。

对于预付款项，可通过在本科目下设置“待处理”明细科目进行核算，待确认具体支出项目后再转入本科目下相关明细科目。年末结账前，应将本科目“待处理”明细科目余额全部转入本科目下相关明细科目。

行政支出的主要账务处理如下。

（1）支付单位职工薪酬。向单位职工个人支付薪酬时，按照实际支付的金额借记本科目，贷记“财政拨款预算收入”“资金结存”科目。按照规定代扣代缴个人所得税以及代扣代缴或为职工缴纳职工社会保险费、住房公积金等时，按照实际缴纳的金额借记本科目，贷记“财政拨款预算收入”“资金结存”科目。

（2）支付外部人员劳务费。按照实际支付给外部人员个人的金额借记本科目，贷记“财政拨款预算收入”“资金结存”科目。按照规定代扣代缴个人所得税时，按照实际缴纳的金额借记本科目，贷记“财政拨款预算收入”“资金结存”科目。

（3）为购买存货、固定资产、无形资产等以及在建工程支付相关款项时按照实际支付的金额借记本科目，贷记“财政拨款预算收入”“资金结存”科目。

（4）发生预付账款时，按照实际支付的金额借记本科目，贷记“财政拨款预算收入”“资金结存”科目。

对于暂付款项，在支付款项时可不作预算会计处理，待结算或报销时按照结算或报销的金额借记本科目，贷记“资金结存”科目。

（5）发生其他各项支出时，按照实际支付的金额借记本科目，贷记“财政拨款预算收入”“资金结存”科目。

（6）因购货退回等发生款项退回或者发生差错更正，属于当年支出收回的，按照收回或更正的金额，借记“财政拨款预算收入”“资金结存”科目，贷记本科目。

（7）年末，将本科目本年发生额中的财政拨款支出转入财政拨款结转，借记“财政拨款结转——本年收支结转”科目，贷记本科目下各财政拨款支出明细科目；将本科目本年发生额中的非财政专项资金支出转入非财政拨款结转，借记“非财政拨款结转——本年收支结转”科目，贷记本科目下各非财政专项资金支出明细科目；将本科目本年发生额中的其他资金支出（非财政非专项资金支出）转入其他结余，借记“其他结余”科目，贷记本科目下其他资金支出明细科目。年末结转后，本科目应无余额。

（二）事业支出的核算

“事业支出”科目核算事业单位开展专业业务活动及其辅助活动实际发生的各项现金流出。单位发生教育、科研、医疗、行政管理、后勤保障等活动的，可在本科目下设置相应的明细科目进行核算，或单设“7201 教育支出”“7202 科研支出”“7203 医疗支出”“7204 行政管理支出”“7205 后勤保障支出”等一级会计科目进行核算。本科目应当分别按照“财政拨款支出”“非财政专项资金支出”和“其他资金支出”，“基本支出”和“项目支出”等进行明细核算，并按照《2024年政府收支分类科目》中“支出功能分类科目”的项级科目进行明细核算；“基本支出”和“项目支出”明细科目应当按照《2024年政府收支分类科目》中“部门预算支出经济分类科目”的款级科目进行明细核算，同时在“项目支出”明细科目下按照具体项目进行明细核算。

有一般公共预算财政拨款、政府性基金预算财政拨款等两种或两种以上财政拨款的事业单位，还应当在“财政拨款支出”明细科目下按照财政拨款的种类进行明细核算。

对于预付款项，可通过在本科目下设置“待处理”明细科目进行明细核算，待确认具体支出项目后再转入本科目下相关明细科目。年末结账前，应将本科目“待处理”明细科目余额全部转入本科目下相关明细科目。

事业支出的主要账务处理如下。

（1）支付单位职工（经营部门职工除外）薪酬。向单位职工个人支付薪酬时，按照实际支付的金额借记本科目，贷记“财政拨款预算收入”“资金结存”科目。按照规定代扣代缴个人所得税以及代扣代缴或为职工缴纳职工社会保险费、住房公积金等时，按照实际缴纳的金额借记本科目，贷记“财政拨款预算收入”“资金结存”科目。

（2）为专业业务活动及其辅助活动支付外部人员劳务费时，按照实际支付给外部人员个人的金额借记本科目，贷记“财政拨款预算收入”“资金结存”科目。按照规定代扣代缴个人所得税时，按照实际缴纳的金额借记本科目，贷记“财政拨款预算收入”“资金结存”科目。

（3）开展专业业务活动及其辅助活动过程中为购买存货、固定资产、无形资产等以及在建工程支付相关款项时，按照实际支付的金额借记本科目，贷记“财政拨款预算收入”“资金结存”科目。

（4）开展专业业务活动及其辅助活动过程中发生预付账款时，按照实际支付的金额借记本科目，贷记“财政拨款预算收入”“资金结存”科目。

对于暂付款项，在支付款项时可不作预算会计处理，待结算或报销时按照结算或报销的金额借记本科目，贷记“资金结存”科目。

（5）开展专业业务活动及其辅助活动过程中缴纳的相关税费以及发生的其他各项支出，按照实际支付的金额借记本科目，贷记“财政拨款预算收入”“资金结存”科目。

（6）开展专业业务活动及其辅助活动过程中因购货退回等发生款项退回或者发生差错更正，属于当年支出收回的，按照收回或更正的金额，借记“财政拨款预算收入”“资金结存”科目，贷记本科目。

（7）年末，将本科目本年发生额中的财政拨款支出转入财政拨款结转，借记“财政拨款结转——本年收支结转”科目，贷记本科目下各财政拨款支出明细科目；将本科目本年发生额中的非财政专项资金支出转入非财政拨款结转，借记“非财政拨款结转——本年收支结转”科目，贷记本科目下各非财政专项资金支出明细科目；将本科目本年发生额中的其他资金支出（非财政非专项资金支出）转入其他结余，借记“其他结余”科目，贷记本科目下其他资金支出明细科目。年末结转后，本科目应无余额。

（三）经营支出的核算

“经营支出”科目核算事业单位在专业业务活动及其辅助活动之外开展非独立核算经营活动实际发生的各项现金流出。本科目应当按照经营活动类别、项目以及《2024年政府收支分类科目》中“支出功能分类科目”的项级科目和“部门预算支出经济分类科目”的款级科目等进行明细核算。

对于预付款项，可通过在本科目下设置“待处理”明细科目进行明细核算，待确认具体支出项目后再转入本科目下相关明细科目。年末结账前，应将本科目“待处理”明细科目余额全部转入本科目下相关明细科目。

经营支出的主要账务处理如下。

（1）支付经营部门职工薪酬。向职工个人支付薪酬时，按照实际支付的金额借记本科目，贷记“资金结存”科目。按照规定代扣代缴个人所得税以及代扣代缴或为职工缴纳职工社会保险费、住房公积金时，按照实际缴纳的金额借记本科目，贷记“资金结存”科目。

（2）为经营活动支付外部人员劳务费时，按照实际支付给外部人员个人的金额借记本科目，贷记“资金结存”科目。按照规定代扣代缴个人所得税时，按照实际缴纳的金额借记本科目，贷记“资金结存”科目。

（3）开展经营活动过程中为购买存货、固定资产、无形资产等以及在建工程支付相关款项时，按照实际支付的金额借记本科目，贷记“资金结存”科目。

（4）开展经营活动过程中发生预付账款时，按照实际支付的金额借记本科目，贷记“资金结存”科目。

对于暂付款项，在支付款项时可不作预算会计处理，待结算或报销时按照结算或报销的金额借记本科目，贷记“资金结存”科目。

（5）因开展经营活动缴纳的相关税费以及发生的其他各项支出，按照实际支付的金额借记本科目，贷记“资金结存”科目。

（6）开展经营活动过程中因购货退回等发生款项退回或者发生差错更正，属于当年支出收回的，按照收回或更正的金额，借记“资金结存”科目，贷记本科目。

（7）年末，将本科目本年发生额转入经营结余，借记“经营结余”科目，贷记本科目。年末结转后，本科目应无余额。

（四）投资支出的核算

“投资支出”科目核算事业单位以货币资金对外投资发生的现金流出。本科目应当按照投资类型、投资对象以及《2024年政府收支分类科目》中“支出功能分类科目”的项级科目和“部门预算支出经济分类科目”的款级科目等进行明细核算。

投资支出的主要账务处理如下。

（1）以货币资金对外投资时，按照投资金额和所支付的相关税费金额的合计数，借记本科目，贷记“资金结存”科目。

（2）出售、对外转让或到期收回本年度以货币资金取得的对外投资的，如果按规定将投资收益纳入单位预算，按照实际收到的金额借记“资金结存”科目，按照取得投资时“投资支出”科目的发生额贷记本科目，按照其差额贷记或借记“投资预算收益”科目；如果按规定将投资收益上缴财政的，按照取得投资时“投资支出”科目的发生额借记“资金结存”科目，贷记本科目。

（3）出售、对外转让或到期收回以前年度以货币资金取得的对外投资的，如果按规定将投资收益纳入单位预算，按照实际收到的金额借记“资金结存”科目，按照取得投资时“投资支出”科目的发生额贷记“其他结余”科目，按照其差额贷记或借记“投资预算收益”科目；如果按规定将投资收益上缴财政的，按照取得投资时“投资支出”科目的发生额借记“资金结存”科目，贷记“其他结余”科目。

（4）年末，将本科目本年发生额转入其他结余，借记“其他结余”科目，贷记本科目。年末结转后，本科目应无余额。

（五）债务还本支出的核算

“债务还本支出”科目核算事业单位偿还自身承担的纳入预算管理的从金融机构举借的债务本金的现金流出。本科目应当按照贷款单位、贷款种类以及《2024年政府收支分类科目》中“支出功能分类科目”的项级科目和“部门预算支出经济分类科目”的款级科目等进行明细核算。

债务还本支出的主要账务处理如下。

（1）偿还各项短期或长期借款时，按照偿还的借款本金借记本科目，贷记“资金结存”科目。

（2）年末，将本科目本年发生额转入其他结余，借记“其他结余”科目，贷记本科目。年末结转后，本科目应无余额。

（六）其他支出的核算

“其他支出”科目核算事业单位除上缴上级支出、对附属单位补助支出、行政支出、事业支出、经营支出、投资支出、债务还本支出以外的各项现金流出，包括利息支出、对外捐赠现金支出、现金盘亏损失、接受捐赠（调入）和对外捐赠（调出）非现金资产发生的税费支出、资产置换过程中发生的相关税费支出、罚没支出等。本科目应当按照其他支出的类别“财政拨款支出”“非财政专项资金支出”和“其他资金支出”，以及《2024年政府收支分类科目》中“支出功能分类科目”的项级科目和“部门预算支出经济分类科目”的款级科目等进行明细核算。其他支出中如有专项资金支出，还应按照具体项目进行明细核算。

有一般公共预算财政拨款、政府性基金预算财政拨款等两种或两种以上财政拨款的事业单位，还应当在“财政拨款支出”明细科目下按照财政拨款的种类进行明细核算。

单位发生利息支出、捐赠支出等其他支出金额较大或业务较多的，可单独设置“7902 利息支出”“7903 捐赠支出”等科目。

其他支出的主要账务处理如下。

（1）利息支出。支付银行借款利息时，按照实际支付金额借记本科目，贷记“资金结存”科目。

（2）对外捐赠现金资产。对外捐赠现金资产时，按照捐赠金额借记本科目，贷记“资金结存——货币资金”科目。

（3）现金盘亏损失。每日现金账款核对中如发现现金短缺，按照短缺的现金金额借记本科目，贷记“资金结存——货币资金”科目。经核实属于应当由有关人员赔偿的，按照收到的赔偿金额借记“资金结存——货币资金”科目，贷记本科目。

（4）接受捐赠（无偿调入）和对外捐赠（无偿调出）非现金资产发生的税费支出。接受捐赠（无偿调入）非现金资产发生的归属于捐入方（调入方）的相关税费、运输费，以及对外捐赠（无偿调出）非现金资产发生的归属于捐出方（调出方）的相关税费、运输费等，按照实际支付金额借记本科目，贷记“资金结存”科目。

（5）资产置换过程中发生的相关税费支出。资产置换过程中发生的相关税费，按照实际支付金额借记本科目，贷记“资金结存”科目。

（6）其他支出。发生罚没等其他支出时，按照实际支出金额借记本科目，贷记“资金结存”科目。

（7）年末，将本科目本年发生额中的财政拨款支出转入财政拨款结转，借记“财政拨款结转——本年收支结转”科目，贷记本科目下各财政拨款支出明细科目；将本科目本年发生额中的非财政专项资金支出转入非财政拨款结转，借记“非财政拨款结转——本年收支结转”科目，贷记本科目下各非财政专项资金支出明细科目；将本科目本年发生额中的其他资金支出（非财政非专项资金支出）转入其他结余，借记“其他结余”科目，贷记本科目下各其他资金支出明细科目。年末结转后，本科目应无余额。

【例6-17】某行政单位收到财政国库支付执行机构委托代理银行转来的“财政直接支付入账通知书”，列示为单位支付职工基本工资232 800元。

◎预算会计记账：

借：行政支出——财政拨款支出——基本支出	232 800	
贷：财政拨款预算收入		232 800

◎财务会计记账：

借：业务活动费用	232 800	
贷：应付职工薪酬		232 800
借：应付职工薪酬	232 800	
贷：财政拨款收入		232 800

【例6-18】某行政单位收到财政国库支付执行机构委托代理银行转来的“财政直接支付入账通知书”，列示为单位支付一般设备购置款98 000 元，设备已验收使用。

◎预算会计记账：

借：行政支出——财政拨款支出——基本支出	98 000	

贷：财政拨款预算收入　　98 000

◎财务会计记账：

借：固定资产——办公设备　　98 000

贷：财政拨款收入　　98 000

【例6-19】某行政单位通过单位零余额账户支付水电费27 000元。

◎预算会计记账：

借：行政支出——财政拨款支出——基本支出　　27 000

贷：资金结存——零余额账户用款额度　　27 000

◎财务会计记账：

借：业务活动费用　　27 000

贷：零余额账户用款额度　　27 000

【例6-20】某事业单位根据财政国库支付中心委托代理银行转来的“财政直接支付入账通知书”及有关原始凭证，登记购入一台办公设备，价值60 000元。

◎预算会计记账：

借：事业支出——财政拨款支出——基本支出　　60 000

贷：财政拨款预算收入　　60 000

◎财务会计记账：

借：固定资产——一般设备　　60 000

贷：财政拨款收入　　60 000

【例6-21】某事业单位用非财政专项资金购入一台项目研究所需仪器，支付价款8 000元，该仪器已验收并交付使用。

◎预算会计记账：

借：事业支出——非财政专项资金支出——项目支出　　8 000

贷：资金结存——货币资金　　8 000

◎财务会计记账：

借：固定资产——专用设备　　8 000

贷：银行存款　　8 000

【例6-22】某事业单位通过单位零余额账户支付业务资料印刷费8 400元。

◎预算会计记账：

借：事业支出——财政拨款支出——基本支出　　8 400

贷：资金结存——零余额账户用款额度　　8 400

◎财务会计记账：

借：业务活动费用　　8 400

贷：零余额账户用款额度　　8 400

【例6-23】某事业单位向A公司订购一批专用材料，按合同规定预付该公司材料款50 000元，通过单位零余额账户支付。

◎预算会计记账：

借：事业支出——财政拨款支出——项目支出　　50 000

　　贷：资金结存——零余额账户用款额度　　50 000

◎财务会计记账：

借：预付账款——A公司　　50 000

　　贷：零余额账户用款额度　　50 000

【例6-24】某事业单位计算应付未独立核算经营部门的职工薪酬22 800元，工资款项于当天实际支付。

◎预算会计记账：

借：经营支出——基本工资　　22 800

　　贷：资金结存——货币资金　　22 800

◎财务会计记账：

借：经营费用——基本工资　　22 800

　　贷：应付职工薪酬　　22 800

借：应付职工薪酬　　22 800

　　贷：银行存款　　22 800

【例6-25】某事业单位购入一年期国家重点建设债券90 000元，款项已通过银行转账支付。

◎预算会计记账：

借：投资支出　　90 000

　　贷：资金结存——货币资金　　90 000

◎财务会计记账：

借：短期投资　　90 000

　　贷：银行存款　　90 000

【例6-26】接上例，上述购入的债券到期，兑付本金90 000元，利息收入 3 600元，按规定将投资收益纳入单位预算，款项已收存银行。

◎预算会计记账：

借：资金结存——货币资金　　93 600

　　贷：投资支出　　90 000

　　　　投资预算收益　　3 600

◎财务会计记账：

借：银行存款　　93 600

贷：短期投资　　90 000

投资收益　　3 600

【例6-27】某事业单位一笔三年期银行借款到期，一次性归还本金600 000元和借款利息150 000元，已办理相关还款手续。

◎预算会计记账：

借：债务还本支出　　600 000

其他支出——利息支出　　150 000

贷：资金结存——货币资金　　750 000

◎财务会计记账：

借：长期借款——本金　　600 000

——应计利息　　150 000

贷：银行存款　　750 000

【例6-28】某事业单位向银行借入款项900 000元，期限三年，年利率8%，利息按月计提，按年支付。

①按月计提利息时：

◎财务会计记账，预算会计不记账：

借：其他费用　　6 000

贷：应付利息　　6 000

②利息按年支付时：

◎预算会计记账：

借：其他支出——利息支出　　72 000

贷：资金结存——货币资金　　72 000

◎财务会计记账：

借：应付利息　　72 000

贷：银行存款　　72 000

【例6-29】某事业单位为灾区紧急捐款350 000元，已签发转账支票。

◎预算会计记账：

借：其他支出——捐赠支出　　350 000

贷：资金结存——货币资金　　350 000

◎财务会计记账：

借：其他费用　　350 000

贷：银行存款　　350 000

【例6-30】某事业单位通过银行转账支付罚没款1 200元。

◎预算会计记账：

借：其他支出　　　　　　　　　　　　　　　　　　1 200

　　贷：资金结存——货币资金　　　　　　　　　　　　1 200

◎财务会计记账：

借：其他费用　　　　　　　　　　　　　　　　　　1 200

　　贷：银行存款　　　　　　　　　　　　　　　　　1 200

第三节　预算结余

预算结余是指政府会计主体预算年度内预算收入扣除预算支出后的资金余额，以及历年滚存的资金余额。预算结余包括结余资金和结转资金。结余资金是指年度预算执行终了，预算收入实际完成数扣除预算支出和结转资金后剩余的资金。结转资金是指预算安排项目的支出年终尚未执行完毕或者因故未执行，且下年需要按原用途继续使用的资金。预算结余按照不同的来源渠道扣减不同支出取向后的余额分为纵向预算结余和横向预算结余。纵向预算结余包括财政拨款结转、财政拨款结余与非财政拨款结转；横向预算结余包括资金结存、非财政拨款结余、专用结余、经营结余、其他结余与非财政拨款结余分配。

一、纵向预算结余

纵向预算结余的核算包括财政拨款结转、财政拨款结余与非财政拨款结转的核算。

（一）财政拨款结转的核算

“财政拨款结转”科目核算单位取得的同级财政拨款结转资金的调整、结转和滚存情况。本科目应当设置下列明细科目。

1.与会计差错更正、以前年度支出收回相关的明细科目

“年初余额调整”：本明细科目核算因发生会计差错更正、以前年度支出收回等原因，需要调整财政拨款结转的金额。年末结账后，本明细科目应无余额。

与会计差错更正、以前年度支出收回相关的主要账务处理如下。

（1）因发生会计差错更正退回以前年度国库直接支付、授权支付款项或财政性货币资金，或者因发生会计差错更正增加以前年度国库直接支付、授权支付款项及支出或财政性货币资金支出，属于以前年度财政拨款结转资金的，借记或贷记“资金结存——财政应返还额度”“零余额账户用款额度”“货币资金”科目，贷记或借记本科目（年初余额调整）。

（2）因购货退回、预付款项收回等发生以前年度支出又收回国库直接支付、授权支付款项或收回财政性货币资金，属于以前年度财政拨款结转资金的，借记“资金结存——

财政应返还额度”“零余额账户用款额度”“货币资金”科目，贷记本科目（年初余额调整）。

2.与财政拨款调拨业务相关的明细科目

（1）“归集调入”：本明细科目核算按照规定从其他单位调入财政拨款结转资金时，实际调增的额度数额或调入的资金数额。年末结账后，本明细科目应无余额。

（2）“归集调出”：本明细科目核算按照规定向其他单位调出财政拨款结转资金时，实际调减的额度数额或调出的资金数额。年末结账后，本明细科目应无余额。

（3）“归集上缴”：本明细科目核算按照规定上缴财政拨款结转资金或注销财政拨款结转资金额度时，实际上缴的资金数额或注销的资金额度数额。年末结账后，本明细科目应无余额。

（4）“单位内部调剂”：本明细科目核算经财政部门批准对财政拨款结余资金改变用途，调整用于本单位基本支出或其他未完成项目支出等的调整金额。年末结账后，本明细科目应无余额。

与财政拨款结转结余资金调整业务相关的主要账务处理如下。

（1）按照规定从其他单位调入财政拨款结转资金的，按照实际调增的额度数额或调入的资金数额，借记“资金结存——财政应返还额度”“零余额账户用款额度”“货币资金”科目，贷记本科目（归集调入）。

（2）按照规定向其他单位调出财政拨款结转资金的，按照实际调减的额度数额或调出的资金数额，借记本科目（归集调出），贷记“资金结存——财政应返还额度”“零余额账户用款额度”“货币资金”科目。

（3）按照规定上缴财政拨款结转资金或注销财政拨款结转资金额度的，按照实际上缴资金数额或注销的资金额度数额，借记本科目（归集上缴），贷记“资金结存——财政应返还额度”“零余额账户用款额度”“货币资金”科目。

（4）经财政部门批准对财政拨款结余资金改变用途，调整用于本单位基本支出或其他未完成项目支出的，按照批准调剂的金额借记“财政拨款结余——单位内部调剂”科目，贷记本科目（单位内部调剂）。

3.与年末财政拨款结转业务相关的明细科目

（1）“本年收支结转”：本明细科目核算单位本年度财政拨款收支相抵后的余额。年末结账后，本明细科目应无余额。

（2）“累计结转”：本明细科目核算单位滚存的财政拨款结转资金。本明细科目年末贷方余额反映单位财政拨款滚存的结转资金数额。另外，本科目还应当设置“基本支出结转”“项目支出结转”两个明细科目，并在“基本支出结转”明细科目下按照“人员经费”“日常公用经费”进行明细核算，在“项目支出结转”明细科目下按照具体项目进行明细核算；同时，本科目还应按照《2024年政府收支分类科目》中“支出功能分类科目”

的相关科目进行明细核算。

有一般公共预算财政拨款、政府性基金预算财政拨款等两种或两种以上财政拨款的，还应当在本科目下按照财政拨款的种类进行明细核算。

与年末财政拨款结转和结余业务相关的主要账务处理如下。

（1）年末将财政拨款预算收入本年发生额转入本科目，借记“财政拨款预算收入”科目，贷记本科目（本年收支结转）；将各项支出中财政拨款支出本年发生额转入本科目，借记本科目（本年收支结转），贷记各项支出（财政拨款支出）科目。

（2）年末冲销有关明细科目余额。将本科目（本年收支结转、年初余额调整、归集调入、归集调出、归集上缴、单位内部调剂）余额转入本科目（累计结转）。结转后，本科目除“累计结转”明细科目外，其他明细科目应无余额。

（3）年末完成上述结转后，应当对财政拨款结转各明细项目执行情况进行分析，按照有关规定将符合财政拨款结余性质的项目余额转入财政拨款结余，借记本科目（累计结转），贷记“财政拨款结余——结转转入”科目。

（4）本科目年末贷方余额反映单位滚存的财政拨款结转资金数额。

（二）财政拨款结余的核算

“财政拨款结余”科目核算单位取得的同级财政拨款项目支出结余资金的调整、结转和滚存情况。本科目应当设置下列明细科目。

1.与会计差错更正、以前年度支出收回相关的明细科目

“年初余额调整”：本明细科目核算因发生会计差错更正、以前年度支出收回等原因，需要调整财政拨款结余的金额。年末结账后，本明细科目应无余额。

与会计差错更正、以前年度支出收回相关的主要账务处理如下。

（1）因发生会计差错更正退回以前年度国库直接支付、授权支付款项或财政性货币资金，或者因发生会计差错更正增加以前年度国库直接支付、授权支付款项支出或财政性货币资金支出，属于以前年度财政拨款结余资金的，借记或贷记“资金结存——财政应返还额度”“零余额账户用款额度”“货币资金”科目，贷记或借记本科目（年初余额调整）。

（2）因购货退回、预付款项收回等发生以前年度支出又收回国库直接支付、授权支付款项或收回财政性货币资金，属于以前年度财政拨款结余资金的，借记“资金结存——财政应返还额度”“零余额账户用款额度”“货币资金”科目，贷记本科目（年初余额调整）。

2.与财政拨款结余资金调整业务相关的明细科目

（1）“归集上缴”：本明细科目核算按照规定上缴财政拨款结余资金或注销财政拨款结余资金额度时，实际上缴的资金数额或注销的资金额度数额。年末结账后，本明细科目应无余额。

（2）“单位内部调剂”：本明细科目核算经财政部门批准对财政拨款结余资金改变用途，调整用于本单位其他未完成项目等的调整金额。年末结账后，本明细科目应无余额。

与财政拨款结余资金调整业务相关的主要账务处理如下。

（1）经财政部门批准对财政拨款结余资金改变用途，调整用于本单位基本支出或其他未完成项目支出的，按照批准调剂的金额借记本科目（单位内部调剂），贷记“财政拨款结转——单位内部调剂”科目。

（2）按照规定上缴财政拨款结余资金或注销财政拨款结余资金额度的，按照实际上缴资金数额或注销的资金额度数额借记本科目（归集上缴），贷记“资金结存——财政应返还额度”“零余额账户用款额度”“货币资金”科目。

3.与年末财政拨款结余业务相关的明细科目

（1）“结转转入”：本明细科目核算单位按照规定转入财政拨款结余的财政拨款结转资金。年末结账后，本明细科目应无余额。

（2）“累计结余”：本明细科目核算单位滚存的财政拨款结余资金。本明细科目年末贷方余额反映单位财政拨款滚存的结余资金数额。另外，本科目还应当按照具体项目和《2024年政府收支分类科目》中“支出功能分类科目”的相关科目等进行明细核算。

有一般公共预算财政拨款、政府性基金预算财政拨款等两种或两种以上财政拨款的，还应当在本科目下按照财政拨款的种类进行明细核算。

与年末财政拨款结转和结余业务相关的主要账务处理如下。

（1）年末对财政拨款结转各明细项目执行情况进行分析，按照有关规定将符合财政拨款结余性质的项目余额转入财政拨款结余，借记“财政拨款结转——累计结转”科目，贷记本科目（结转转入）。

（2）年末冲销有关明细科目余额。将本科目（年初余额调整、归集上缴、单位内部调剂、结转转入）余额转入本科目（累计结余）。结转后，本科目除“累计结余”明细科目外，其他明细科目应无余额。

（3）本科目年末贷方余额反映单位滚存的财政拨款结余资金数额。

（三）非财政拨款结转的核算

“非财政拨款结转”科目核算单位除财政拨款收支、经营收支以外各非同级财政拨款专项资金的调整、结转和滚存情况。本科目应当设置下列明细科目。

（1）“年初余额调整”：本明细科目核算因发生会计差错更正、以前年度支出收回等原因，需要调整非财政拨款结转的资金。年末结账后，本明细科目应无余额。

（2）“缴回资金”：本明细科目核算按照规定缴回非财政拨款结转资金时，实际缴回的资金数额。年末结账后，本明细科目应无余额。

（3）“项目间接费用或管理费”：本明细科目核算单位取得的科研项目预算收入中，

按照规定计提项目间接费用或管理费的数额。年末结账后，本明细科目应无余额。

（4）“本年收支结转”：本明细科目核算单位本年度非同级财政拨款专项收支相抵后的余额。年末结账后，本明细科目应无余额。

（5）“累计结转”：本明细科目核算单位滚存的非同级财政拨款专项结转资金。年末贷方余额反映单位非同级财政拨款滚存的专项结转资金数额。本科目还应当按照具体项目和《2024年政府收支分类科目》中“支出功能分类科目”的相关科目等进行明细核算。

非财政拨款结转的主要账务处理如下。

（1）按照规定从科研项目预算收入中提取项目管理费或间接费用时，按照提取金额借记本科目（项目间接费用或管理费），贷记“非财政拨款结余——项目间接费用或管理费”科目。

（2）因会计差错更正收到或支出非同级财政拨款货币资金，属于非财政拨款结转资金的，按照收到或支出的金额借记或贷记“资金结存——货币资金”科目，贷记或借记本科目（年初余额调整）；因收回以前年度支出等收到非同级财政拨款货币资金，属于非财政拨款结转资金的，按照收到的金额借记“资金结存——货币资金”科目，贷记本科目（年初余额调整）。

（3）按照规定缴回非财政拨款结转资金的，按照实际缴回资金数额，借记本科目（缴回资金），贷记“资金结存——货币资金”科目。

（4）年末，将事业预算收入、上级补助预算收入、附属单位上缴预算收入、非同级财政拨款预算收入、债务预算收入、其他预算收入本年发生额中的专项资金收入转入本科目，借记“事业预算收入”“上级补助预算收入”“附属单位上缴预算收入”“非同级财政拨款预算收入”“债务预算收入”“其他预算收入”科目下各专项资金收入明细科目，贷记本科目（本年收支结转）；将行政支出、事业支出、其他支出本年发生额中的非财政拨款专项资金支出转入本科目，借记本科目（本年收支结转），贷记“行政支出”“事业支出”“其他支出”科目下各非财政拨款专项资金支出明细科目。

（5）年末冲销有关明细科目余额。将本科目（年初余额调整、项目间接费用或管理费、缴回资金、本年收支结转）余额转入本科目（累计结转）。结转后，本科目除“累计结转”明细科目外，其他明细科目应无余额。

（6）年末完成上述结转后，应当对非财政拨款专项结转资金各项目情况进行分析，将留归本单位使用的非财政拨款专项（项目已完成）剩余资金转入非财政拨款结余，借记本科目（累计结转），贷记“非财政拨款结余——结转转入”科目。

（7）本科目年末贷方余额反映单位滚存的非同级财政拨款专项结转资金数额。

【例6-31】20××年末，某行政单位“财政拨款预算收入——基本支出”账户贷方发生额为800 000元，“财政拨款预算收入——项目支出”账户贷方发生额为1 500 000元，

“行政支出——财政补助支出——基本支出——人员经费”账户借方发生额为350 000元，“行政支出——财政补助支出——基本支出——日常公用经费”账户借方发生额为500 000元，“行政支出——财政补助支出——项目支出”账户借方发生额为1 390 000元。该行政单位进行年末财政拨款收支结转的账务处理。

◎财务会计记账，预算会计不记账：

借：财政拨款预算收入——基本支出　　800 000

　　　　　　　　　　——项目支出　　1 500 000

　贷：财政拨款结转——本年收支结转　　2 300 000

借：财政拨款结转——本年收支结转　　2 240 000

　贷：行政支出——财政补助支出——基本支出——人员经费　　350 000

　　　　　　　——财政补助支出——基本支出——日常公用经费　　500 000

　　　　　　　——财政补助支出——项目支出　　1 390 000

【例6-32】接上例，年末，该行政单位冲销“财政拨款结转”有关明细科目余额。

◎财务会计记账，预算会计不记账：

借：财政拨款结转——本年收支结转　　60 000

　贷：财政拨款结转——累计结转　　60 000

【例6-33】20××年末，某事业单位“财政拨款预算收入——基本支出”账户贷方发生额为1 860 000元，“财政拨款预算收入——项目支出”账户贷方发生额为2 460 000元，“事业支出——财政补助支出——基本支出——人员经费”账户借方发生额为760 000元，“事业支出——财政补助支出——基本支出——日常公用经费”账户借方发生额为1 280 000元，“事业支出——财政补助支出——项目支出”账户借方发生额为2 160 000元。该事业单位进行年末财政拨款收支结转的账务处理。

◎财务会计记账，预算会计不记账：

借：财政拨款预算收入——基本支出　　1 860 000

　　　　　　　　　　——项目支出　　2 460 000

　贷：财政拨款结转——本年收支结转　　4 320 000

借：财政拨款结转——本年收支结转　　4 200 000

　贷：事业支出——财政补助支出——基本支出——人员经费　　760 000

　　　　　　　——财政补助支出——基本支出——日常公用经费　　1 280 000

　　　　　　　——财政补助支出——项目支出　　2 160 000

【例6-34】接上例，年末该事业单位冲销“财政拨款结转”有关明细科目余额。

◎财务会计记账，预算会计不记账：

借：财政拨款结转——本年收支结转　　120 000

　贷：财政拨款结转——累计结转　　120 000

【例6-35】接上例，该事业单位对财政补助项目执行情况进行分析，本年度财政补助A项目因故终止，当年剩余资金为10 000元；B项目已经完成，剩余资金为22 000元，按照规定符合财政补助结余资金性质的资金数共为32 000元。

◎财务会计记账，预算会计不记账：

借：财政拨款结转——累计结转——项目支出结转——A项目　　10 000

　　　　　　　——累计结转——项目支出结转——B项目　　22 000

　贷：财政拨款结余——结转转入　　32 000

【例6-36】接上例，该事业单位对财政补助结余资金进行处置。根据项目管理要求，将已经完成的B项目当年剩余资金22 000元予以注销，冲抵财政应返还额度中的未下达授权支付额度；因故终止的A项目当年剩余资金10 000元需要上缴财政部门，已经通过零余额账户予以上缴。

◎预算会计记账：

借：财政拨款结余——归集上缴　　32 000

　贷：资金结存——财政应返还额度　　22 000

　　　　　　——零余额账户用款额度　　10 000

◎财务会计记账：

借：累计盈余　　32 000

　贷：财政应返还额度——授权支付额度　　22 000

　　　零余额账户用款额度　　10 000

【例6-37】某事业单位于20××年年初启动一项科研项目，收到上级主管部门拨付的非财政专项资金3 880 000元，全年业务活动中为完成该科研项目发生事业支出3 630 000元，年末该事业单位进行专项资金收支的结转账务处理。

①结转上级补助预算收入中该科研专项资金收入：

◎财务会计记账，预算会计不记账：

借：上级补助预算收入——专项资金收入——某科研项目　　3 880 000

　贷：非财政拨款结转——本年收支结转　　3 880 000

②结转事业支出中该科研项目专项支出：

◎财务会计记账，预算会计不记账：

借：非财政拨款结转——本年收支结转　　3 630 000

　贷：事业支出——非财政专项资金支出——某科研项目　　3 630 000

【例6-38】某事业单位一项科研项目于年底前结项，剩余资金250 000元，根据项目资金管理规定，剩余资金的60%留归单位使用，40%缴回上级主管部门。

①按照规定缴回非财政拨款结转资金的，按照实际缴回资金数额：

◎预算会计记账：

借：非财政拨款结转——缴回资金　　100 000

　　贷：资金结存——货币资金　　100 000

◎财务会计记账：

借：累计盈余　　100 000

　　贷：银行存款　　100 000

②年末冲销非财政拨款结转有关明细科目，将留归本单位使用的非财政拨款专项剩余资金转入非财政拨款结余。

◎财务会计记账，预算会计不记账：

借：非财政拨款结转——本年收支结转　　250 000

　　贷：非财政拨款结转——累计结转　　250 000

借：非财政拨款结转——累计结转　　100 000

　　贷：非财政拨款结转——缴回资金　　100 000

借：非财政拨款结转——累计结转　　150 000

　　贷：非财政拨款结余——结转转入　　150 000

【例6-39】年末，某事业单位将“事业预算收入——专项资金”贷方余额160 000元、“上级补助预算收入——专项资金”贷方余额88 000元、“附属单位上缴预算收入——专项资金”贷方余额38 000元、“非同级财政拨款预算收入——专项资金”贷方余额12 000元、“债务预算收入——专项资金”贷方余额129 000元、“其他预算收入——专项资金”贷方余额63 000元转入“非财政拨款结转——本年收支结转”账户。

◎财务会计记账，预算会计不记账：

借：事业预算收入——专项资金　　160 000

　　上级补助预算收入——专项资金　　88 000

　　附属单位上缴预算收入——专项资金　　38 000

　　非同级财政拨款预算收入——专项资金　　12 000

　　债务预算收入——专项资金　　129 000

　　其他预算收入——专项资金　　63 000

　　贷：非财政拨款结转——本年收支结转　　490 000

【例6-40】年末，某事业单位将“事业支出——非财政拨款专项资金”借方余额238 000元、“其他支出——非财政拨款专项资金”借方余额102 000元转入“非财政拨款结转——本年收支结转”账户。

◎财务会计记账，预算会计不记账：

借：非财政拨款结转——本年收支结转　　340 000

　　贷：事业支出——非财政拨款专项资金　　238 000

　　　　其他支出——非财政拨款专项资金　　102 000

二、横向预算结余

横向预算结余的核算包括资金结存、非财政拨款结余、专用结余、经营结余、其他结余与非财政拨款结余分配的核算。

（一）资金结存的核算

“资金结存”科目核算单位纳入部门预算管理的资金的流入、流出、调整和滚存等情况。本科目应当设置下列明细科目。

（1）“零余额账户用款额度”：本明细科目核算实行国库集中支付的单位根据财政部门批复的用款计划收到和支用的零余额账户用款额度。年末结账后，本明细科目应无余额。

（2）“货币资金”：本明细科目核算单位以库存现金、银行存款、其他货币资金形态存在的资金。本明细科目年末借方余额反映单位尚未使用的货币资金。

（3）“财政应返还额度”：本明细科目核算实行国库集中支付的单位可以使用的以前年度财政直接支付资金额度和财政应返还的财政授权支付资金额度。本明细科目下可设置“财政直接支付”“财政授权支付”两个明细科目进行明细核算。本明细科目年末借方余额反映单位应收财政返还的资金额度。

资金结存的主要账务处理如下。

（1）财政授权支付方式下，单位按照代理银行转来的“财政授权支付额度到账通知书”中的授权支付额度，借记本科目（零余额账户用款额度），贷记“财政拨款预算收入”科目。

以国库集中支付以外的其他支付方式取得预算收入时，按照实际收到的金额借记本科目（货币资金），贷记“财政拨款预算收入”“事业预算收入”“经营预算收入”等科目。

（2）财政授权支付方式下，发生相关支出时，按照实际支付的金额借记“行政支出”“事业支出”等科目，贷记本科目（零余额账户用款额度）。

从零余额账户提取现金时，借记本科目（货币资金），贷记本科目（零余额账户用款额度）。退回现金时，作相反会计分录。

使用以前年度财政直接支付额度发生支出时，按照实际支付金额借记“行政支出”“事业支出”等科目，贷记本科目（财政应返还额度）。

在国库集中支付以外的其他支付方式下，发生相关支出时，按照实际支付的金额借记“事业支出”“经营支出”等科目，贷记本科目（货币资金）。

（3）按照规定上缴财政拨款结转结余资金或注销财政拨款结转结余资金额度的，按照实际上缴资金数额或注销的资金额度数额，借记“财政拨款结转——归集上缴”或“财政拨款结余——归集上缴”科目，贷记本科目（财政应返还额度、零余额账户用款额度、货币资金）。

按规定向原资金拨入单位缴回非财政拨款结转资金的，按照实际缴回资金数额借记“非财政拨款结转——缴回资金”科目，贷记本科目（货币资金）。

收到从其他单位调入的财政拨款结转资金的，按照实际调入资金数额借记本科目（财政应返还额度、零余额账户用款额度、货币资金），贷记“财政拨款结转——归集调入”科目。

（4）按照规定使用专用基金时，按照实际支付金额借记“专用结余”科目（从非财政拨款结余中提取的专用基金）或“事业支出”等科目（从预算收入中计提的专用基金），贷记本科目（货币资金）。

（5）因购货退回、发生差错更正等退回国库直接支付、授权支付款项或者收回货币资金，属于本年度支付的借记“财政拨款预算收入”科目或本科目（零余额账户用款额度、货币资金），贷记相关支出科目；属于以前年度支付的借记本科目（财政应返还额度、零余额账户用款额度、货币资金），贷记“财政拨款结转”“财政拨款结余”“非财政拨款结转”“非财政拨款结余”科目。

（6）有企业所得税缴纳义务的事业单位缴纳所得税时，按照实际缴纳金额，借记“非财政拨款结余——累计结余”科目，贷记本科目（货币资金）。

（7）年末，根据本年度财政直接支付预算指标数与当年财政直接支付实际支出数的差额，借记本科目（财政应返还额度），贷记“财政拨款预算收入”科目。

（8）年末，单位依据代理银行提供的对账单作注销额度的相关账务处理，借记本科目（财政应返还额度），贷记本科目（零余额账户用款额度）；本年度财政授权支付预算指标数大于零余额账户用款额度下达数的，根据未下达的用款额度，借记本科目（财政应返还额度），贷记“财政拨款预算收入”科目。

下年初，单位依据代理银行提供的“财政授权支付额度恢复到账通知书”作恢复额度的相关账务处理，借记本科目（零余额账户用款额度），贷记本科目（财政应返还额度）。单位收到财政部门批复的上年末未下达零余额账户用款额度的，借记本科目（零余额账户用款额度），贷记本科目（财政应返还额度）。

（9）本科目年末借方余额反映单位预算资金的累计滚存情况。

（二）非财政拨款结余的核算

“非财政拨款结余”科目核算单位历年滚存的非限定用途的非同级财政拨款结余资金，主要为非财政拨款结余扣除结余分配后滚存的金额。本科目应当设置下列明细科目。

（1）“年初余额调整”：本明细科目核算因发生会计差错更正、以前年度支出收回等原因，需要调整非财政拨款结余的资金。年末结账后，本明细科目应无余额。

（2）“项目间接费用或管理费”：本明细科目核算单位取得的科研项目预算收入中，按照规定计提的项目间接费用或管理费数额。年末结账后，本明细科目应无余额。

（3）“结转转入”：本明细科目核算按照规定留归单位使用，由单位统筹调配，纳入单位非财政拨款结余的非同级财政拨款专项剩余资金。年末结账后，本明细科目应无余额。

（4）“累计结余”：本明细科目核算单位历年滚存的非同级财政拨款、非专项结余资金。本明细科目年末贷方余额反映单位非同级财政拨款滚存的非专项结余资金数额。另外，本科目还应当按照《2024年政府收支分类科目》中“支出功能分类科目”的相关科目进行明细核算。

非财政拨款结余的主要账务处理如下。

（1）按照规定从科研项目预算收入中提取项目管理费或间接费用时，借记“非财政拨款结转——项目间接费用或管理费”科目，贷记本科目（项目间接费用或管理费）。

（2）有企业所得税缴纳义务的事业单位实际缴纳企业所得税时，按照缴纳金额借记本科目（累计结余），贷记“资金结存——货币资金”科目。

（3）因会计差错更正收到或支出非同级财政拨款货币资金，属于非财政拨款结余资金的，按照收到或支出的金额借记或贷记“资金结存——货币资金”科目，借记或贷记本科目（年初余额调整）。

因收回以前年度支出等收到非同级财政拨款货币资金，属于非财政拨款结余资金的，按照收到的金额借记“资金结存——货币资金”科目，贷记本科目（年初余额调整）。

（4）年末将留归本单位使用的非财政拨款专项（项目已完成）剩余资金转入本科目，借记“非财政拨款结转——累计结转”科目，贷记本科目（结转转入）。

（5）年末冲销有关明细科目余额。将本科目（年初余额调整、项目间接费用或管理费、结转转入）余额结转入本科目（累计结余）。结转后，本科目除“累计结余”明细科目外，其他明细科目应无余额。

（6）年末，事业单位将“非财政拨款结余分配”科目余额转入非财政拨款结余。“非财政拨款结余分配”科目为借方余额的，借记本科目（累计结余），贷记“非财政拨款结余分配”科目；“非财政拨款结余分配”科目为贷方余额的，借记“非财政拨款结余分配”科目，贷记本科目（累计结余）。

年末，行政单位将“其他结余”科目余额转入非财政拨款结余。“其他结余”科目为借方余额的，借记本科目（累计结余），贷记“其他结余”科目；“其他结余”科目为贷方余额的，借记“其他结余”科目，贷记本科目（累计结余）。

本科目年末贷方余额反映单位非同级财政拨款结余资金的累计滚存数额。

（三）专用结余的核算

“专用结余”科目核算事业单位按照规定从非财政拨款结余中提取的具有专门用途的资金的变动和滚存情况。本科目应当按照专用结余的类别进行明细核算。

专用结余的主要账务处理如下。

（1）根据有关规定从本年度非财政拨款结余或经营结余中提取基金的，按照提取金额借记“非财政拨款结余分配”科目，贷记本科目。

（2）根据规定使用从非财政拨款结余或经营结余中提取的专用基金时，按照使用金额借记本科目，贷记“资金结存——货币资金”科目。

（3）本科目年末贷方余额反映事业单位从非同级财政拨款结余中提取的专用基金的累计滚存数额。

（四）经营结余的核算

“经营结余”科目核算事业单位本年度经营活动收支相抵后余额弥补以前年度经营亏损后的余额。本科目可以按照经营活动类别进行明细核算。

经营结余的主要账务处理如下。

（1）年末，将经营预算收入本年发生额转入本科目，借记“经营预算收入”科目，贷记本科目；将经营支出本年发生额转入本科目，借记本科目，贷记“经营支出”科目。

（2）年末，完成上述结转后，如本科目为贷方余额，将本科目贷方余额转入“非财政拨款结余分配”科目，借记本科目，贷记“非财政拨款结余分配”科目；如本科目为借方余额，为经营亏损，不予结转。

（3）年末结账后，本科目一般无余额；如为借方余额，则反映事业单位累计发生的经营亏损。

（五）其他结余的核算

“其他结余”科目核算单位本年度除财政拨款收支、非同级财政专项资金收支和经营收支以外各项收支相抵后的余额。

其他结余的主要账务处理如下。

（1）年末，将事业预算收入、上级补助预算收入、附属单位上缴预算收入、非同级财政拨款预算收入、债务预算收入、其他预算收入本年发生额中的非专项资金收入以及投资预算收益本年发生额转入本科目，分别借记“事业预算收入”“上级补助预算收入”“附属单位上缴预算收入”“非同级财政拨款预算收入”“债务预算收入”“其他预算收入”科目下各非专项资金收入明细科目和“投资预算收益”科目，贷记本科目（“投资预算收益”科目本年发生额为借方净额时，借记本科目，贷记“投资预算收益”科目）；将行政支出、事业支出、其他支出本年发生额中的非同级财政、非专项资金支出，以及上缴上级支出、对附属单位补助支出、投资支出、债务还本支出本年发生额转入本科目，借记本科目，贷记“行政支出”“事业支出”“其他支出”科目下各非同级财政、非专项资金支出明细科目和“上缴上级支出”“对附属单位补助支出”“投资支出”“债务还本支出”科目。

（2）年末完成上述结转后，行政单位将本科目余额转入“非财政拨款结余——累计结余”科目；事业单位将本科目余额转入“非财政拨款结余分配”科目。当本科目为贷方余额时，借记本科目，贷记“非财政拨款结余——累计结余”或“非财政拨款结余分配”科目；当本科目为借方余额时，借记“非财政拨款结余——累计结余”或“非财政拨款结余分配”科目，贷记本科目。年末结账后，本科目应无余额。

（六）非财政拨款结余分配

“非财政拨款结余分配”科目核算事业单位本年度非财政拨款结余分配的情况和结果。

非财政拨款结余分配的主要账务处理如下。

（1）年末，将“其他结余”科目余额转入本科目，当“其他结余”科目为贷方余额时，借记“其他结余”科目，贷记本科目；当“其他结余”科目为借方余额时，借记本科目，贷记“其他结余”科目。年末将“经营结余”科目贷方余额转入本科目，借记“经营结余”科目，贷记本科目。

（2）根据有关规定提取专用基金的，按照提取的金额借记本科目，贷记“专用结余”科目。

（3）年末按照规定完成上述处理后，将本科目余额转入非财政拨款结余。当本科目为借方余额时，借记“非财政拨款结余——累计结余”科目，贷记本科目；当本科目为贷方余额时，借记本科目，贷记“非财政拨款结余——累计结余”科目。年末结账后，本科目应无余额。

【例6-41】某事业单位收到代理银行转来的“财政授权支付额度到账通知书”，本月该单位财政授权支付额度为300 000元。

◎预算会计记账：

借：资金结存——零余额账户用款额度	300 000	
贷：财政拨款预算收入		300 000

◎财务会计记账：

借：零余额账户用款额度	300 000	
贷：财政拨款收入		300 000

【例6-42】某事业单位从零余额账户中提取现金2 000元备用。

◎预算会计记账：

借：资金结存——货币资金　　2 000

　　贷：资金结存——零余额账户用款额度　　2 000

◎财务会计记账：

借：库存现金　　2 000

　　贷：零余额账户用款额度　　2 000

【例6-43】年末，某事业单位本年度财政直接支付预算指标数为650 000元，财政直接支付实际支出600 000元，该单位对尚未使用的财政直接支付预算指标50 000元作账务处理。

◎预算会计记账：

借：资金结存——财政应返还额度　　50 000

　　贷：财政拨款预算收入　　50 000

◎财务会计记账：

借：财政应返还额度——财政直接支付　　50 000

　　贷：财政拨款收入　　50 000

【例6-44】年末，某事业单位本年度财政授权支付预算指标数为700 000元，单位零余额账户代理银行收到的零余额账户用款额度为670 000元，本年度财政授权支付实际支出630 000元，该单位收到代理银行提供的对账单上列明注销额度为40 000元，另存在尚未收到的财政授权支付预算指标数30 000元。该单位相关账务处理如下。

◎预算会计记账：

借：资金结存——财政应返还额度　　40 000

　　贷：资金结存——零余额账户用款额度　　40 000

借：资金结存——财政应返还额度　　30 000

　　贷：财政拨款预算收入　　30 000

◎财务会计记账：

借：财政应返还额度——财政授权支付　　40 000

　　贷：零余额账户用款额度　　40 000

借：财政应返还额度——财政授权支付　　30 000

　　贷：财政拨款收入　　30 000

【例6-45】接上例，次年初，该事业单位零余额账户用款额度40 000元自行恢复，并收到财政部门批复下达的单位上年零余额账户用款额度30 000元。

◎预算会计记账：

借：资金结存——零余额账户用款额度　　40 000

　　贷：资金结存——财政应返还额度　　40 000

借：资金结存——零余额账户用款额度　　30 000

贷：资金结存——财政应返还额度　　30 000

◎财务会计记账：

借：零余额账户用款额度　　40 000

贷：财政应返还额度——财政授权支付　　40 000

借：零余额账户用款额度　　30 000

贷：财政应返还额度——财政授权支付　　30 000

【例6-46】某事业单位使用上年度应返还财政直接支付额度支付单位管理活动水电费8 000元。

◎预算会计记账：

借：事业支出——财政拨款支出——基本支出　　8 000

贷：资金结存——财政应返还额度　　8 000

◎财务会计记账：

借：单位管理费用　　8 000

贷：财政应返还额度——财政直接支付　　8 000

【例6-47】年末，某行政单位将“其他结余”科目贷方余额98 000元转入非财政拨款结余。

◎财务会计记账，预算会计不记账：

借：其他结余　　98 000

贷：非财政拨款结余——累计结余　　98 000

【例6-48】年末，某事业单位将“非财政拨款结余分配”科目贷方余额1 120 000元转入非财政拨款结余。

◎财务会计记账，预算会计不记账：

借：非财政拨款结余分配　　1 120 000

贷：非财政拨款结余——累计结余　　1 120 000

【例6-49】某事业单位根据规定，从本年度非财政拨款结余和经营结余的结余分配中提取专用基金860 000元。

◎预算会计记账：

借：非财政拨款结余分配　　860 000

贷：专用结余　　860 000

◎财务会计记账：

借：本年盈余分配　　860 000

贷：专用基金　　860 000

【例6-50】某事业单位按规定使用专用基金150 000元转账用于发放职工集体福利。

◎预算会计记账：

借：专用结余　　150 000

　　贷：资金结存——货币资金　　150 000

◎财务会计记账：

借：专用基金　　150 000

　　贷：银行存款　　150 000

【例6-51】年末，某事业单位转账前“经营收入”账户贷方余额为86 000元，“经营支出”账户借方余额为75 000元。该事业单位进行经营收支的年终账务处理。

◎财务会计记账，预算会计不记账：

借：经营收入　　86 000

　　贷：经营结余　　86 000

借：经营结余　　75 000

　　贷：经营支出　　75 000

【例6-52】接上例，该事业单位将年末转账后“经营结余”账户贷方余额11 000元转入“非财政拨款结余分配”账户。

◎财务会计记账，预算会计不记账：

借：经营结余　　11 000

　　贷：非财政拨款结余分配　　11 000

【例6-53】年末，某事业单位将以下各收入账户中的非财政非专项资金收入明细账户余额结转到“其他结余”账户。具体账户结转金额如下：“事业预算收入”贷方余额54 000元、“上级补助预算收入”贷方余额8 000元、“附属单位上缴预算收入”贷方余额3 500元、“非同级财政拨款预算收入”贷方余额2 500元、“债务预算收入”贷方余额2 000元、“其他预算收入”贷方余额3 000元，投资预算收益本年发生额为贷方净额20 000元。

◎财务会计记账，预算会计不记账：

借：事业预算收入　　54 000

　　上级补助预算收入　　8 000

　　附属单位上缴预算收入　　3 500

　　非同级财政拨款预算收入　　2 500

　　债务预算收入　　2 000

　　其他预算收入　　3 000

　　投资预算收益　　20 000

　　贷：其他结余　　93 000

【例6-54】年末，某事业单位将“事业支出——其他资金支出”借方余额13 000元、“其他支出——其他资金支出”借方余额4 200元转入“其他结余”账户，将“上缴上级支出”借方余额6 200元、“对附属单位补助支出”借方余额4 800元、“投资支出”借方余额

12 200元、“债务还本支出”借方余额8 600元转入“其他结余”账户。

◎财务会计记账，预算会计不记账：

借：其他结余	49000	
贷：事业支出——其他资金支出		13 000
其他支出——其他资金支出		4 200
上缴上级支出		6 200
对附属单位补助支出		4 800
投资支出		12 200
债务还本支出		8 600

【例6-55】接上例，该事业单位将“其他结余”科目余额44 000元转入“非财政拨款结余分配”科目。

◎财务会计记账，预算会计不记账：

借：其他结余	44 000	
贷：非财政拨款结余分配		44 000

【例6-56】年末，某事业单位根据规定，从本年度非财政拨款结余和经营结余的结余分配中提取专用基金20 000元。

◎预算会计记账：

借：非财政拨款结余分配	20 000	
贷：专用结余		20 000

◎财务会计记账：

借：本年盈余分配	20 000	
贷：专用基金		20 000

【例6-57】接上例，该事业单位年末按照规定提取专用基金后，将本科目贷方余额180 000元转入“非财政拨款结余”科目。

◎财务会计记账，预算会计不记账：

借：非财政拨款结余分配	180 000	
贷：非财政拨款结余——累计结余		180 000

第四节　政府决算报告

一、政府决算报告的定义

政府决算报告是综合反映政府会计主体年度预算收支执行结果的文件。政府决算报告应当包括决算报表和其他应当在决算报告中反映的相关信息和资料，其具体内容及编制要求等由财政部另行规定。

决算报告的目标是向决算报告使用者提供与政府预算执行情况有关的信息，综合反映政府会计主体预算收支的年度执行结果，有助于决算报告的使用者进行监督和管理，并为编制后续年度预算提供参考和依据。政府决算报告的使用者包括各级人民代表大会及其常务委员会、各级政府及其有关部门、政府会计主体自身、社会公众和其他利益相关者。

二、政府决算报表的构成

政府决算报表通过反映某一会计期间预算收入、支出，预算结转和结余来详细说明各项收入、支出的结构、进度和计划完成情况，以满足部门预算管理的要求。政府决算报表至少包括预算收入支出表、预算结转结余变动表、财政拨款预算收入支出表。部门决算所要求的其他报表由财政部另行规定，政府决算报表应当至少按照年度编制。

根据《政府会计制度》的规定，政府决算报表的编号、名称、编制期如表6–1所示。

表6–1　政府决算报表的编号、名称、编制期

编号	报表名称	编制期
会政预01表	预算收入支出表	年度
会政预02表	预算结转结余变动表	年度
会政预03表	财政拨款预算收入支出表	年度

三、预算收入支出表的内容

预算收入支出表是反映单位在某一会计年度内各项预算收入、预算支出和预算结转结余情况，以及年末非财政拨款结余的分配情况的报表。由表头和报表主体构成。

预算收入支出表的表头包括报表名称、编号（会政预01表）、编制单位、报表编制日期、金额单位等内容。该表反映财政拨款在某一会计期间的结果，属于年度报表。

预算收入支出表的报表主体包括本年预算收入、本年预算支出和本年预算收支差额三个部分，分别填列本年数和上年数。表中“本年数”栏反映各项目的本年实际发生数。表中“上年数”栏反映各项目的上年度实际发生数，应当根据上年度预算收入支出表中“本年数”栏内所列数字填列。

如果本年度预算收入支出表规定的项目的名称和内容同上年度不一致，则应当对上年度预算收入支出表项目的名称和内容按照本年度的规定进行调整，将调整后的金额填入本年度预算收入支出表的“上年数”栏。

预算收入支出表的格式如表6–2所示。

表6-2　预算收入支出表（示例）

会政预01表

编制单位：某行政单位　　20××年　　单位：元

项目	本年数	上年数
一、本年预算收入		
（一）财政拨款预算收入		
其中：政府性基金收入		
（二）事业预算收入		
（三）上级补助预算收入		
（四）附属单位上缴预算收入		
（五）经营预算收入		
（六）债务预算收入		
（七）非同级财政拨款预算收入		
（八）投资预算收益		
（九）其他预算收入		
其中：利息预算收入		
捐赠预算收入		
租金预算收入		
二、本年预算支出		
（一）行政支出		
（二）事业支出		
（三）经营支出		
（四）上缴上级支出		
（五）对附属单位补助支出		
（六）投资支出		
（七）债务还本支出		
（八）其他支出		
其中：利息支出		
捐赠支出		
三、本年预算收支差额		

四、预算结转结余变动表的内容

预算结转结余变动表反映单位在某一会计年度内预算结转结余的变动情况，以及与资金结存的勾稽关系。该报表属于动态报表。

预算结转结余变动表的表头包括报表名称、编号（会政预02表）、编制单位、报表编制日期、金额单位等内容。

预算结转结余变动表的报表主体要求按照财政拨款和其他资金的不同性质计算填列结转结余，分别有年初数、年初余额调整数、本年变化数、年末数等。如果本年度预算结转结余变动表规定的项目的名称和内容同上年度不一致，应对上年度预算结转结余变动表项目的名称和内容按照本年度的规定进行调整，将调整后的金额填入本年度预算结转结余变动表的“上年数”栏。

本表中“年末预算结转结余”项目金额等于“年初预算结转结余”“年初余额调整”“本年变动金额”三个项目的合计数。预算结转结余变动表的格式如表6-3所示。

表6-3　预算结转结余变动表（示例）

会政预02表
编制单位：某行政单位　　　　20××年　　　　单位：元

项目	本年数	上年数
一、年初预算结转结余		
（一）财政拨款结转结余		
（二）其他资金结转结余		
二、年初余额调整（减少以“-”号填列）		
（一）财政拨款结转结余		
（二）其他资金结转结余		
三、本年变动金额（减少以“-”号填列）		
（一）财政拨款结转结余		
1.本年收支差额		
2.归集调入		
3.归集上缴或调出		
（二）其他资金结转结余		
1.本年收支差额		
2.缴回资金		
3.使用专用结余		
4.支付所得税		
四、年末预算结转结余		
（一）财政拨款结转结余		
1.财政拨款结转		
2.财政拨款结余		
（二）其他资金结转结余		
1.非财政拨款结转		
2.非财政拨款结余		
3.专用结余		
4.经营结余（如有余额，以“-”号填列）		

五、财政拨款预算收入支出表的内容

财政拨款预算收入支出表是反映事业单位在某一会计期间内财政拨付的预算资金的收支结余情况的报表。该表反映本年财政拨款预算资金收入、支出及相关变动的具体情况，具体包括一般公共预算财政拨款和政府性基金预算财政拨款两部分。

（1）财政拨款预算收入支出表的表头包括报表名称、编号（会政预03表）、编制单位、报表编制日期、金额单位等内容。

（2）财政拨款预算收入支出表的报表主体由年初财政拨款结转结余、调整年初财政拨款结转结余、本年归集调入或上缴、本年归集上缴或调出、单位内部调剂、本年财政拨款收入和支出，以及年末财政拨款结转结余等项目，按一般公共预算财政拨款和政府性基金预算财政拨款分层排列。报表格式如表6-4所示。

表6-4 财政拨款预算收入支出表

会政预03表

编制单位：某行政单位　　　　20××年　　　　单位：元

项目	年初财政拨款结转结余		调整年初财政拨款结转结余	本年归集调入或上缴	本年归集上缴或调出	单位内部调剂		本年财政拨款收入	本年财政拨款支出	年末财政拨款结转结余	
	结转	结余				结转	结余			结转	结余
一、一般公共预算财政拨款											
（一）基本支出											
1.人员经费											
2.日常公用经费											
（二）项目支出											
1.××项目											
2.××项目											
……											
二、政府性基金预算财政拨款											
（一）基本支出											
1.人员经费											
2.日常公用经费											
（二）项目支出											
1.××项目											
2.××项目											
……											
总计											

章后思考题

1. 政府预算会计中纵向预算收入包括哪些？
2. 财政拨款结余的核算内容有哪些？
3. 非财政拨款结转的核算内容有哪些？
4. 其他结余的年终账务处理流程如何？
5. 专用结余的提取和使用该如何进行账务处理？

第七章　自然资源会计的概念与体系

国家的发展是建立在资源禀赋基础上的，国家资源越丰富，发展的基础就越牢固，发展的潜能也就越大。21世纪以来，中国经济由高速增长向高质量发展迈进，而经济发展的战略目标就是要在质量变革、效率变革、动力变革的基础上建设现代化经济体系，提高全要素生产率，不断提高经济创新力和竞争力。随着我国生态文明建设，高质量、可持续发展战略不断推进，党和政府相关部门先后出台多项政策，推动自然资源资产负债表的编制试点、实施领导干部自然资源离任审计，并成立了自然资源部，进一步加强了对自然资源的管理，由此自然资源会计进入了新的发展阶段。

第一节　自然资源会计的论域与层次

一、自然资源的内涵、特点与分类

1.资源与自然资源

“资源”，即生产或生活资料的天然来源。《辞海》对于“资源”的定义，是将“资财的来源”关联到大自然的恩赐。本书所讨论的“自然资源”是指天然存在的自然物，如土地资源、矿产资源、水利资源、生物资源、海洋资源等。

资源的内涵包括以下几个方面。①自然资源是有价值或效用的，可以为人类或自然系统带来利益；②自然资源是一个动态的概念，它与人类的价值观念趋向、文化背景、技术水平、认知水平密切相关；③自然资源不仅包括物质性资源，还包括这些资源的功能过程，如自然循环和食物链等；④自然资源是一类具有自身特性的、独立存在的物质和能量的集合体。当然，各种自然资源的定义也存在不同的意见，主要有两类：一是是否强调对于人类有用或有益处，也就是说是强调对于人类有用的才是自然资源，还是只要有价值的都可以被认定为自然资源；二是自然资源与自然环境的关系方面，有的认为自然资源是自然环境的要素，而有的则认为自然资源包括自然环境要素和形成这些要素的环境。

所以，自然资源是指在一定的经济、社会、技术条件下能够为人类带来利益的各种自然生成物或这些若干自然生成物的聚合及生成这些自然生成物的环境和功能。自然生成物一般包括土地、水、生物、岩石、矿物、阳光、空气等，生成这些自然生成物的环境和功能一般是指太阳能、地球物理和化学的循环机能。

2.自然资源的特征

从自然资源的定义可以看出，自然资源应当具有以下特征。

（1）自然生成。能够为人类带来利益的物品有很多，有自然物，也有非自然物，作为自然资源的自然物，其首要特征就是自然力在其形成过程或价值发挥过程中发挥主要作用。

（2）价值性。我们把某些自然要素称为“自然资源”，是因为从社会经济发展的角度出发，在现有的条件下，它们能够直接或间接用于社会生产的各个方面，为人类直接或间接提供经济利益。有的自然资源直接为人类提供有用的物品，有的自然资源是社会经济发展的物质基础。自然资源的价值性往往还体现为其用途的多样性。

（3）动态性。所谓动态性，是指随着社会经济的发展、人们认知水平和科学技术水平的提高而逐步变化其内涵与范围，过去或现在被视为不可利用的自然环境因素，将来有可能变成有一定经济利用价值的自然资源；或者现在认为是自然资源的因素，随着人们认知水平的提高，发掘出或认识到更多服务于人类的功能，使得其价值的内涵得到拓展和深化。

（4）有限性。有限性是自然资源的重要特征，任何资源在数量上都是有限的。因此，应当辩证地对待资源的有限性：一方面，人类在开发利用自然资源时必须从长计议，珍惜一切自然资源，注意合理开发利用与保护，绝不能只顾眼前利益，掠夺式开发资源，甚至肆意破坏资源；另一方面，依靠科技进步提高现有资源的利用率，拓展可利用的资源范围，是对待自然资源有限性的重要选择。

（5）区域性。区域性是指资源分布不平衡，存在数量或质量上的显著地域差异，并有其特殊分布规律。自然资源的地域分布受太阳辐射、大气环流、地质构造和地表形态结构等因素的影响。

3.自然资源的分类

自然资源的内涵和外延十分丰富和广阔，加之人们认知水平在不断发展与变化，至今还没有一个完善的、权威而系统的自然资源分类系统。

（1）按属性分类。

自然资源按属性分为如下几种：①按资源本身的自然特征划分，可划分为土地资源、水资源、森林资源、海洋资源等。这种划分方式有利于实行部门管理。②按资源数量多寡划分，可划分为无限资源与有限资源。前者有阳光、空气等，后者包括水、森林、矿物等。一般来说，能对经济决策和市场供求产生影响的是有限资源。③按资源存在与发展中是否有生命运动划分，可划分为生物资源（如动植物等）与非生物资源（如岩石、矿物等）。

（2）按再生性分类。

自然资源按再生性分为可再生资源/非耗竭资产和不可再生资源/耗竭资产。可再生自然资源包括生物性可再生自然资源和非生物性可再生自然资源。①非生物性可再生自然资源主要包括土地、水等，其基本特点是没有生命但具有可以恢复和循环使用的规律。只要人类活动遵循其规律，它们就能成为可被人类永远利用的自然财富。这类资源构成了人类生存的基本条件，也是一切生物如森林、草原、鱼类、野生动植物得以繁衍生息的基础。②生物性可再生自然资源主要包括各种动物、植物、微生物及其周围环境组成的各种生态系统，如森林、草原、鱼类、野生动植物。它们富有生命，并且以土地、水等非生物性可再生自然资源为基础得以繁衍，对其有较强的依赖性。从其特性看，这类资源具有循环再生能力。只要人类合理利用，生物性可再生自然资源即可周而复始地生长，被人类永续利用。

（3）按耗竭性分类。

全国注册资产评估师考试指定教材中提出的自然资源多级综合分类体系，将自然资源分为耗竭性自然资源和非耗竭性自然资源（见图7-1），主要是将使用后不能更新或循环再生的矿产类资源划分为耗竭性自然资源，而将恒定资源、可再生资源和可循环使用的资源划分为非耗竭性自然资源。

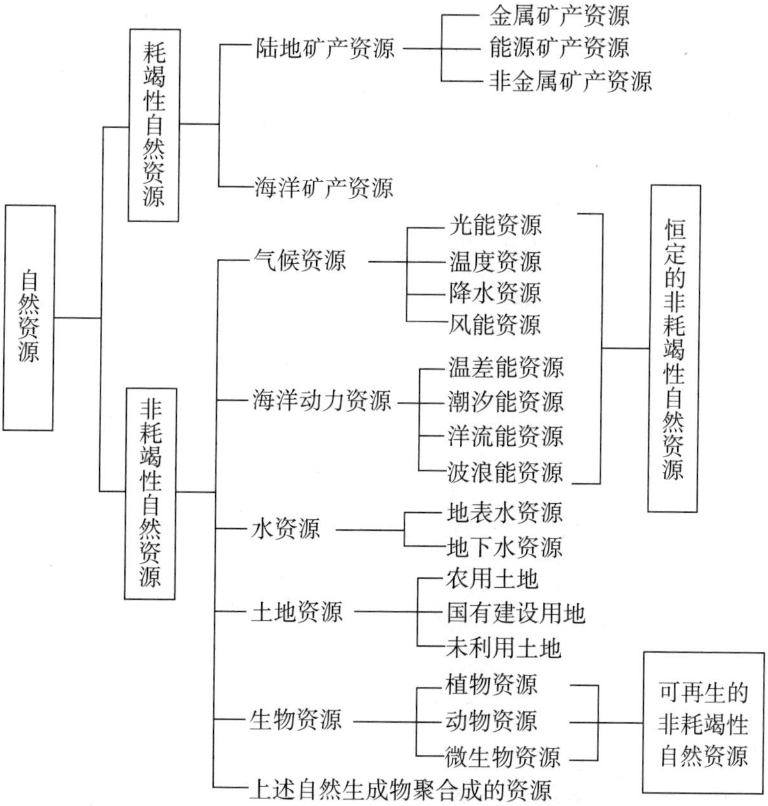

图7-1　自然资源分类体系

二、自然资源核算的层次结构

在以GDP增长为核心导向的经济社会发展中，伴随着资源质量下降、污染物排放增加、生产成本提高和环境受纳能力萎缩等问题。这些因为人类活动引致的自然资源、环境与社会财富的综合影响，需要资源与环境会计来计量、记录和报告。

（一）自然资源核算的WSR结构

张白玲（2001）、何利 等（2020）提出运用WSR方法论，即从问题的科学维度“物理W”、管理维度“事理S”和人类价值观维度“人理R”来分析自然资源核算体系（简称WSR结构）。从系统方法论出发，基于自然资源核算“物理W、事理S、人理R”综合分析，自然资源核算体系划分为三个层次：宏观上服务于自然资源国民经济统计核算，中观上服务于各级政府履行自然资源受托管理责任的自然资源资产政府管理核算，微观上服务于企业自然资源要素使用与市场要素资源配置的自然资源资产企业会计核算（见图7–2）。

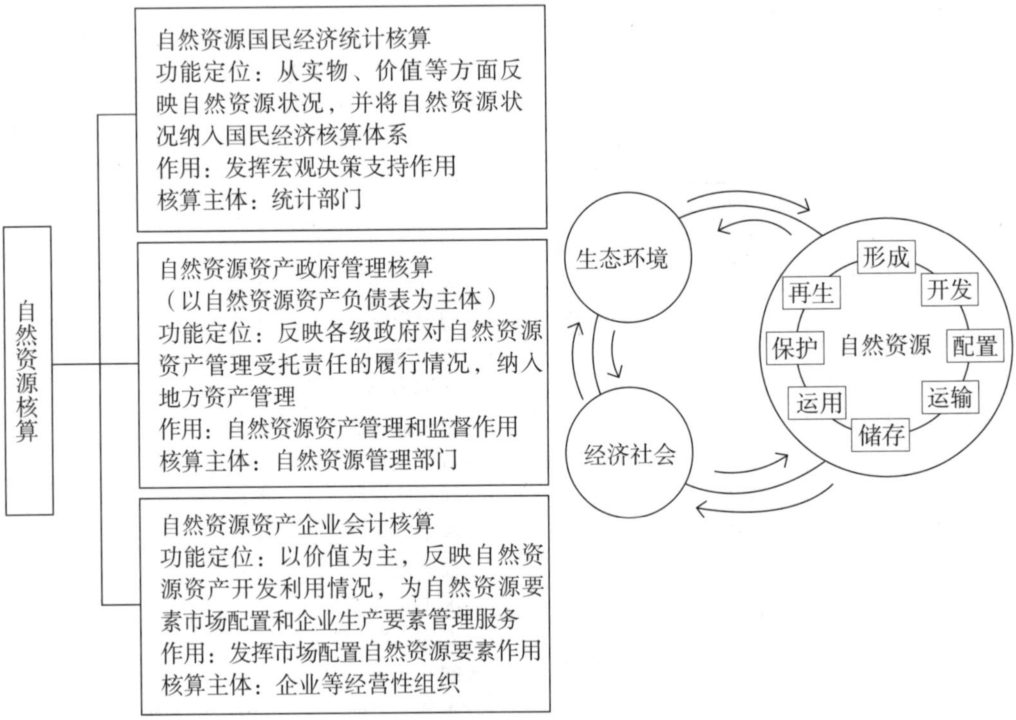

图7–2　自然资源核算层次结构体系

1.宏观自然资源国民经济统计核算

1992年，联合国环境与发展会议通过的《21世纪议程》提出要“建立综合的环境经济会计制度，将自然资源核算制度纳入会计体制”。

《中国21世纪议程》把自然资源与环境核算方法及纳入国民经济核算体系的研究正式纳入优先项目计划，明确提出要"建立综合的经济与资源环境核算体系"。按照我国有关宏观经济管理部门的要求，资源经济会计的主要职责是"研究完善不同层次（国家、省、市、县）自然资源核算指标的体系及定价、核算方法"。

2.中观自然资源政府管理资产核算

自然资源的中观核算可以从资源类别细分为行业性会计，如国土资源会计、矿山资源会计、森林资源会计、草原资源会计和海洋资源会计等。2013年11月12日，中共十八届三中全会审议通过了《中共中央关于全面深化改革若干重大问题的决定》（以下简称《决定》）。《决定》提出，探索编制自然资源资产负债表，对领导干部实行自然资源资产离任审计，建立生态环境损害责任终身追究制。自然资源资产负债表能将一个地区的所有自然资源资产进行分类加总，将自然资源的存量、流量核算清楚。对领导干部的考核主要体现在自然资源前后的变动情况上。由此，我国全面展开了各级政府空间范围的自然资源资产负债表实践和研究。

3.微观自然资源资产企业会计核算

从微观角度看，各个资源开发与运用的实体多为独立的企业，它们不仅有自己独立的资金，还有独立的生产经营活动过程，在资源的生态循环中承担独立的责任，而且在资源的经济循环中具有自身的特点和经营活动规律。要对其经营活动过程进行全面的反映和控制，向有关会计信息的使用者提供其经营活动过程和结果的信息，就必须有一个与其经营活动特点相一致的会计核算与管理体系。因此，资源会计即成为一种企业内部的会计。

（二）自然资源核算的结构分析

开展自然资源核算，一是要反映我国生态文明建设进程，基于国民经济核算框架开展自然资源核算，反映自然资源与国民经济之间的相互关联和影响；二是要提供自然资源资产动态变化与静态状况信息，反映管理成效；三是要科学反映自然资源资产价值。建设自然资源核算体系是一项复杂的、系统性的工程，应遵循从简单到复杂、从重点到全面、从分类到综合的思路，循序渐进地完善我国的自然资源核算体系。根据目前对自然资源核算的文献研究和WSR系统分析，探索建立自然资源核算的结构体系，如表7-1所示。

表7-1　自然资源核算分类与比较

核算分类	国民经济统计核算	政府管理核算	企业会计核算
核算范围	国家/地区/行政区域	国家/地区/行政区域	经营性组织
	核算对象	受托管理自然资源资产	具有经营权属的自然资源资产
核算主体	统计部门	受托资产管理政府机构（自然资源部/厅/局）	企业等经营性组织

续表

核算分类	国民经济统计核算	政府管理核算	企业会计核算
核算框架	国民经济核算	国有资产管理核算	企业资产会计核算
核算目的	国民经济宏观规划与决策	受托管理自然资源资产责任与审计	企业社会责任/企业经营目标
核算内容	从实物、价值等方面反映自然资源资产状况，并将自然资源资产状况纳入国民经济核算体系	从实物、价值等方面核算受托管理自然资源资产状况等方面，资产开发利用效率、审计责任	企业经营性自然资源资产的确认、计量、记录、核算的报告
核算方法	收入法/支出法/分配法	政府资产管理会计	复式借贷记账核算
负债核算	不确认	确认	确认
平衡关系	期初量+增加量-减少量=期末量	资产来源=资产使用	资产=负债+所有者权益

第二节　自然资源会计的目标、假设与要素

从自然资源核算范围研究，自然资源会计包括宏观自然资源国民经济统计核算、中观自然资源资产政府管理核算和微观自然资源资产企业会计核算。本书立足宏观和中观探讨自然资源会计，将其合称为自然资源会计。

一、自然资源会计目标

从宏观与中观角度，自然资源会计是用货币、物质量或能量工具计量、反映和控制自然资源，为了全面了解和评估一个国家或地区的自然资源的状况和利用情况，提供决策有用的信息，以便更好地制定可持续发展的政策和策略。

1.总体目标

自然资源会计的总体目标是有效管理自然资源的财务支出，推动资源的可持续利用和保护，达到生态效益目标、经济效益目标、社会效益目标和防灾减灾目标的同步最优化，实现自然资源优化配置的过程。

2.具体目标

自然资源会计的具体目标是进行相应的会计核算，对自然资源的价值及耗费、环境保护的支出、改善资源环境所带来的收益等进行确认和计量，为政府环保部门、行业主管部门、投资者以及社会公众提供企业环境目标、环境政策和规划等有关资料。

（1）资源利用的合理化。通过建立科学的资源利用标准和审核机制，实现资源利用的最大效益。

（2）资源保护的加强。加大对环境保护和生态修复等方面的投入，促进自然资源的可持续利用。

（3）降低财务成本。通过提高财务管理效率和降低成本，实现资源利用效益最大化。

总而言之，通过核算自然资源，可以清楚地了解资源的种类、数量和质量，以及它们的利用效益和环境影响。这有助于我们更好地管理和保护自然资源，促进经济的可持续发展，并确保资源的可持续利用。

二、自然资源会计假设

根据论域与服务对象的特殊性分析，自然资源会计应该具有以下四种假设。

1.政府主体假设

我国自然资源实行公有产权制度，除了部分集体所有之外，其他绝大部分自然资源的所有权都属于国家，自然资源的开发利用和管理需要通过国家层面的批准和指导来进行，在这个过程中以各级政府为代表来进行管理和指导。

因此，编制和完善自然资源资产负债表是政府或相关职能部门应尽的责任。所谓责任主体，是指承担自然资源资产使用和保护责任的主体，比如政府部门、企事业单位。

但是，我国对自然资源的管理并不是由单一的职能部门进行的，而是由分散的多个部门分别进行管理，如林业局、水利局、农业农村部、渔业局、能源局分别管理森林、河流、耕地、渔业、矿产能源。我国的自然资源资产信息分散于各个政府管理机关，或者与之有业务往来的某些科研院所、社会团体中，不便于数据的统计和核算口径的统一，在编制的过程中肯定会涉及许多专业性难题，如资源总量统计、资源价值核算等，因此可将具体编制工作委托给高等院校或相关科研机构进行。这样做可以解决编制过程中的难题，保证编制质量；同时，也可以不受责任主体的影响，保证数据的真实可靠。

2.可持续发展假设

自然资源一般具有不可再生的特点，因此自然资源越使用越少。为了保障下一代对自然资源的使用需求，避免产生资源短缺的现象，自然资源的可持续发展是难以回避的重点议题。以自然资源的资产负债表编制工作为例，自然资源能否保持持续性是关键。因此，其理论探索思考的前提条件就是可持续发展理论。

3.价值计量假设

价值计量假设主要是根据“实物量”和“价值量”两种计量方式的组合而核算出自然资源所对应的价值量。由于自然资源的价值本质，所有权或者使用权所有者可利用资源而产生相应的价值绩效，因此我们对于自然资源的资产核算，可以先进行自然资源的数量统计，然后通过市场法、成本法等计价方式来实现价值的计量。自然资源的计量对象应该具备实物的商品特性，但由于部分自然资源无法拥有成熟的交易市场，因此，其计量对象又可能突破实物的商品特性。

综上，自然资源的资产核算主要以价值核算为主，通过实物量确权再延伸到价值量的核算，通过“量”的表现及披露让研究者、投资者直观地了解环境会计和自然资源会计所要反映的内容。

4.会计分期假设

自然资源会计分期假设主要是根据“自然周期”和“管理周期”两个维度的组合来确定会计信息的时空边界。由于自然资源的管理权主要集中在各级政府及相关职能部门，因此自然资源管理周期的界定自然由这些部门来把关；而自然资源自身的周期一般长于自然资源的管理周期，一般以一个“自然年”作为会计的分期界限。所以，对于自然资源或者环境会计的分期一般存在两种划分方式，以“自然周期”形式便于会计信息使用者定期了解和掌握自然资源的使用状况；而以“管理周期”形式则便于会计信息使用者充分获悉各级政府领导在其任期内对于自然资源的使用状况或者损耗状况，通过此种周期可便于开展各级政府领导自然资源的离任考核工作。

三、自然资源会计要素

对自然资源会计对象进行分类，包括自然资源资产、负债和净资产三个要素。

1.自然资源资产

《国民经济核算体系2008》（SNA）将资产界定成价值从某一个时期到另一个时期的传导体，认为经济活动主体持有和使用资产后，资产能为其带来具体的经济利益，这种经济利益无论是一次实现还是在连续若干期间内获得，并且SNA 2008认为在金融资产和非金融资产这两个资产细分领域中，自然资源属于非金融资产细分下的非生产性资产。

《综合环境与经济核算体系》（SEEA2003）对 SNA 体系中的定义进行了进一步修正，其对资产的归属问题进行了明确，即归属于法人或集体单位，认为所有者持有、使用后能为之带来经济利益的物质和能量都属于资产的范畴。这个概念更加宽泛，将很多具有环境特征的物质和能量也纳入其中，比如土壤资源、水资源、矿产资源、生物资源、土地及其地表水、生态系统等。

SEEA2012对自然资源资产进行了进一步的定义和细分，认为自然资源资产由七种资源资产构成。

李金华（2016）认为，自然资源资产就是在一定时间和地点条件下，能够为所有者带来收益的物质和能量。因此，在计量自然资源资产时要考虑两个条件：所有权、经济收益和社会价值，即资产的归属和所有权要明确，能被自由处置，物质和能量要能够带来经济收益和社会价值，提高人类当前和未来的福祉。他将自然资源资产分为陆地资源资产和海洋资源资产。

自然资源资产的价值来源于其对人类生产和生活的效用性和稀缺性，它是指自然资源权益主体所拥有和控制的具有稀缺性并且本身能为人类生产和生活带来预期收益的自然资源。自然资源资产的预期收益不仅仅包括能直接进入生产领域而带来经济收益的资产，也包括方便人们生活所带来的隐形收益（如净化空气、保护生态等环境资产）。因此，在界定自然资源资产的范围时要考虑自然资源的产权，只有产权明晰、属于国家的自然资源才能纳入。

总之，在计量工作中，自然资源资产的确认要考虑以下几个原则：一是产权明确性，在计量一国或一地区的自然资源资产时，要确定自然资源资产是归属于该国或地区的管理范围，这样当地政府才会有足够的动力去管理和保护自然资源，对于产权明确的自然资源资产的计量也才有意义；二是资产的可计量性，对于资产实物量和价值量的要求是可以计量的，不可计量的自然资源不纳入资产负债表的考虑范围；三是预期收益的可实现性，不是所有的自然资源对人类的效益都有可能实现，只有预期对人类产生的经济收益、社会收益和生态收益很有可能实现的自然资源才能被称为自然资源资产。

2.自然资源负债

在经济本质上，自然资源负债是指报表主体在某一时点上对于自然资源应承担的现时义务。自然资源会计与企业会计对于负债定义的差异主要体现为两点：一是负债的被偿还者不同，一个是其他企业、单位或个人，另一个是资源、环境和生态系统；二是义务的种类不同，一个是货币或物品的偿还，另一个是资源、环境和生态的恢复。在对自然资源进行开发、利用和管理的过程中，不可避免地会对自然资源和生态环境造成一定的破坏，这种破坏给自然资源带来的净损失或净牺牲就是人类对自然资源的现时义务，即恢复原来的资源环境状况需要付出一定的代价，这个价值补偿就是自然资源负债。因此，自然资源负债是指自然资源权益主体开发、利用和管理自然资源过程中所造成的与自然资源相关的资源过耗、环境损害和生态破坏的恢复成本（潘韬 等，2019）。

在计量工作中，自然资源负债的确认要考虑以下几个原则：一是现时义务主体的确定性，不能将所有的资源、环境、生态的负外部性都归结为自然资源负债，只有以自然资源资产负债表编制主体为责任主体的现时义务才能纳入自然资源负债的考虑之中，因此现时义务主体的确定性要求将由责任主体的管理不当造成的资源过耗、环境污染和生态破坏列入自然资源负债；二是可偿付性，只有负外部性很可能被偿付时负债的确定才有意义，无法弥补和恢复的资源过耗、环境污染和生态破坏的计量没有现实意义，没有必要列入；三是可计量性，编制主体所承担的现时义务只有能够通过货币进行衡量时，其所承担的恢复和弥补责任才可以被量化，同时，量化后的负债也为编制主体制定自然资源负债管理政策、实行征税、处罚等管理措施提供依据和参考。

自然资源负债包括三部分：资源过耗负债、环境负债和生态负债。

（1）资源过耗负债。

首先，在开发利用自然资源的过程中可能会给资源和环境带来负债，由于在发展经济的过程中将不可避免地用到自然资源，这个负债我们不考虑合理利用资源的部分，而只考虑资源被过度消耗的部分，即不合理地开发利用自然资源造成自然资源被过度消耗，而超过了其自身恢复能力的自然过度消耗和超过各项政策红线的政策过度消耗。因此，在计量资源过耗负债的过程中，可以考虑不同自然资源超过其自身恢复能力的消耗值和政策红线规定的阈值。

（2）环境负债。

环境损害是指在开发利用自然资源的过程中导致自然环境质量降低的现象，它会使得自然环境超出生态系统自净能力。同时，这种环境破坏不仅包括在对当前资源开发利用时对当前环境造成的破坏，也包括其他与自然资源管理活动不相关的活动对自然资源环境所造成的破坏。环境负债就是在开发利用自然资源的过程中对当前自然资源环境和其他自然资源环境造成破坏，使得原有环境体系无法短期内自行恢复，需要人为干预进行保护的治理和恢复成本。因此，对环境负债的计量要考虑两部分：环境质量降低的成本和破坏其他自然资源的成本。破坏其他自然资源的成本也可分为资源本身的资产成本，以及其带来负债的成本。

（3）生态负债。

生态系统虽然不能直接为生产服务，但是其对保障人类生活环境的重要作用却是不言而喻的，生态系统破坏的代价很多时候是巨大的，因此在开发利用自然资源的过程中造成生态系统服务功能减弱或丧失属于生态负债。生态负债的计量比较复杂，要从自然资源的资源属性、环境属性和生态属性入手，量化自然资源数量变化和质量变化的生态效应，对不同类型、不同结构生态系统的多重服务功能进行评价。

3.自然资源净资产

自然资源净资产又称为自然资源净权益，是指自然资源资产扣除自然资源负债后剩余的净权益，公式表达如下。

自然资源净资产 = 自然资源资产 – 自然资源负债

不可否认，大部分自然资源是大自然赋予人类的，人类没有初始投资却实现了完全占有，只有极个别的自然资源资产是政府通过外购的途径取得的，所以关于自然资源净资产的权属问题没有过多的争论。从上述等式中可以看出，自然资源净资产类似于股东净权益，受资产和负债变动的影响。与传统报表不一致的地方是，自然资源资产负债表并不一定遵循“自然资源资产=自然资源负债+净资产”这个恒等式，只有在编制自然资源资产价值量表时才需要遵循此恒等式，从而对比某一区域资产或者净资产的变化。

从净资产的性质分析，区域自然生态系统的可持续发展、全国主体功能区规划、自然生态空间用途管制、全国土地规划纲要等相关要求是自然资源资产负债表编制和管理的目标，所以满足以上要求的自然资源基本流量和存量可以认为是自然资源净资产的生态权益，超过部分可以用来满足经济社会发展的要求，记入资源经济权益。

对于同一类型的自然资源净资产，其权益优先归为资源生态权益，当资源生态权益满足要求后才将余额归为资源经济权益。当自然资源资产总量低于资源生态权益要求时，资源生态权益无法得到满足，所有的资源权益都应该被视为资源生态权益，其公式表达如下：

自然资源净资产=资源生态权益+资源经济权益

第三节 自然资源的会计计量

自然资源资产负债信息按照实物量和价值量两种计量模式进行列示。对于自然资源资产，其实物量列示按照自然资源传统核算的计量单位进行实物列示即可，价值量列示按照相应的价值核算方法进行核算后列示；对于自然资源负债，由于其包括资源过耗负债、环境负债和生态负债，可以按照一定的标准化方法，将资源过度消耗量、环境污染量和生态破坏量加总以实物量列示，再按照负债的恢复成本进行价值量列示即可。

一、自然资源的存量计量

1.实物量计量

在实物量计量上，按照自然资源资产和负债的实物数量来计算某一时间点上其资产或负债的存量，需要先确定某类科目的折合系数。此折合系数是指该类科目的实物规格以某个具体资源的实物规格为标准，所对比计算之后的折合系数。折合系数的大小要根据相应的折算标准确定，计算公式见式7–1。

$$RF=\frac{NRQ_i}{NRQ_s} \qquad (7\text{–}1)$$

其中，RF代表折合系数，NRQ_i代表某具体资源的实物规格，NRQ_s代表标准资源的实物规格。

计算完折合系数之后就可以计算各个科目的折合量指标了。自然资源折合量指标又叫作标准实物量指标，是把同类科目的自然资源的不同规格按照一定标准计算之后的折合系数，再折算成标准资源规格的数量，计算出折合量，公式见式7–2。

$$EA=\sum(RQ_i\times RF) \qquad (7\text{–}2)$$

其中，EA代表折合量，RQ_i代表某个资源的实物量。

2.价值量计量

价值量计量就是用货币单位表示自然资源的资产和负债的存量价值，按照不变价格进行计算。类比于实物计量的方法，价值量计量也要先以某类自然资源资产或负债某年的价格作为固定价格进行计算，即不变价格，公式见式7–3。

$$NRV=\sum_{i=1}^{n}(RQ_i\times CP_i) \qquad (7\text{–}3)$$

其中，NRV代表资产的价值量，CP_i表示某个资源的基期不变价格。

二、自然资源价值计量的主要方法

自然资源价值度量的方法主要有市场法、收益法和成本法，考虑自然资源的稀缺性、资金的时间价值，以及考虑“现有社会价值”和“潜在社会价值”两个修正方法。

1.市场法

市场法也称市场比较法，是一种通过收集相似物品的市场价格，同时通过针对两者差异之处的修正来进行自然资源定价的方法。市场法是最简单有效的方法，其缺点是需要具备完善、活跃的资源交易市场和可以进行比较的参考标准和评估指标。对于不直接入市交易的自然资源也可以采用替代市场法，用其他替代物品和劳务来确定其价值，比如旅行费用法、意愿调查评价法等。在具体操作上，我们可以利用直接法和间接法来进行计算。

2.收益法

收益法是按照开发利用自然资源后所获得的收益和开发利用的成本为基础进行评估自然资源价值的方法，包括收益倍数法和收益还原法等方法。其中收益倍数法比较简单，例如20世纪30年代荷兰经济学家詹恩·丁伯根提出的影子价格就是基于边际效用价值论，通过数学线性规划来计算、评估自然资源的最优配置价格。影子价格法的缺点是只能反映自然资源静态的最优配置价格而不能评估资源本身的价值。收益法的计算公式很简单，只需要将净收益按照一定的折现率和折现时间进行折现计算现值即可，这种方法应用广泛，在经济学中经常被用到。

3.成本法

成本法包括机会成本法、净价法、生产成本法。机会成本法是在没有自然资源市场价格的前提下，测算如果开发利用自然资源所耗费的替代成本，即用自然资源其他用途的收入作为开发利用成本计算。生产成本法就是利用直接计价或间接计价的方法，计算自然资源价格的构成结构和不同表现形式来确定其价格。

4.考虑自然资源的稀缺性、资金的时间价值

李金昌（1992）提出考虑自然资源的稀缺性、资金的时间价值，计算公式如下：

$$P_t=\frac{(1+i')^t}{i}\cdot[\alpha\cdot R_0+\frac{A}{N-Q}(1+\rho)]\cdot\frac{Q_d\cdot \mathrm{E}_d}{Q_s\cdot E_s} \tag{7-4}$$

其中，P_t表示自然资源第t年的价值，i和i'分别表示平均利息率和折现率，α表示等级系数，ρ表示资金平均利润率，R_0表示基本租金，A表示资本金投入，N表示受益年限，Q表示受益的自然资源总量，Q_d和E_d分别表示供给量和需求量，Q_s和E_s分别表示供给弹性和需求弹性。

5.考虑现有社会价值和潜在社会价值

丁玲丽（2005）提出考虑现有社会价值和潜在社会价值，计算公式如下。

$$V=\sum_{i=1}^{m}V_i(1+\mathrm{r})^i+\sum_{j=1}^{n}\frac{V_j}{(1+r)^j} \quad (7-5)$$

其中，V表示自然资源总价值，V_i和V_j分别表示每年的投入和收益，m和n分别表示投资到某一价值的时间和使用年限，r表示折现率。

三、自然资源负债计量

1.资源过耗负债计量

资源过耗负债包含两部分：一部分是过耗部分的经济价值损失，另一部分是过耗部分对未来使用者造成的负债。过耗部分的经济价值损失可以参照自然资源资产进行机制核算，对未来使用者造成的负债可以用使用者成本法进行衡量。

使用者成本法又叫EI–Serafy法，是由埃尔·塞拉菲（EI Serafy）最先提出的。他将自然资源的永续利用作为假设，由于人类的过度开发利用使得自然资源不能实现永续利用时，两者之间的差值就是使用者成本，表示自然资源的当前利用现状对未来的使用者造成的资源稀缺情况（李志学 等，2012）。

使用者成本法将开发利用自然资源的净收入（即净经济价值）分为可持续的真实收入和不可持续带来的使用者成本，可持续的真实收入是指资源能够永续利用所带来的收益折现，不可持续带来的使用者成本是当前的开发利用者对未来的资源使用者的负债。要计算使用者成本，首先，要计算可持续的真实收入，其计算公式见式7–6。

$$V_{真}=\sum_{i=1}^{\infty}\frac{V_0}{(1+r)^i}=\frac{V_0}{r} \quad (7-6)$$

其中，$V_{真}$表示可持续的真实收入，V_0表示资源可持续时每年的平均收益，r表示折现率。

其次，要计算在资源不可持续利用时的净收益，即账面收益，其计算公式见式7–7。

$$V_{净}=\sum_{i=1}^{n}\frac{V_1}{(1+r)^i}=\frac{V_1}{r}(1-\frac{1}{(1+r)^n}) \quad (7-7)$$

其中，$V_{净}$表示不可持续的净收益，V_1表示不可持续时每年的平均净收益，n表示资源的可利用年限。

使用者成本法的假设是，无论是资源的可持续利用还是不可持续利用，其总价值不变，因此上述两式应该相等，可得到式7–8。

$$V_0=V_1(1-\frac{1}{(1+r)^n}) \quad (7-8)$$

使用者成本的定义是净收益和真实收入的差值，因此使用者成本的计算公式见式7–9。

$$G_U = V_1 - V_0 = \frac{V_1}{(1+r)^n} \tag{7–9}$$

2.环境负债计量

环境负债的价值量测算方法主要有成本费用法、市场估价法、景观指数法、机会成本法，环境重置法。

（1）成本费用法。

成本费用法主要是指通过估算改善环境需要花费的成本、费用来计算环境负债的恢复成本。

（2）市场估价法。

虽然环境负债没有直接的市场交易价格或费用定价，但是对于造成环境负债的源头有很多处罚标准，例如工业企业排污有排污费，可以根据环境破坏的造成因素进行分析，利用污染费、处罚金等对环境负债进行价值化。

（3）景观指数法。

景观指数法是刘娇等于2019年提出的。景观指数是用来描述景观格局、反映景观内的机构组成和内部空间配置的定量指标。简单来讲，景观指数的高低反映环境的好坏。因此，可以对景观指数进行定价或者价值量化，利用环境破坏前后的景观指数差来计算环境负债。

（4）机会成本法。

机会成本法是指考虑环境破坏导致失去的可能的经济收入和发展机会，以此来衡量环境负债的大小。

（5）环境重置法。

环境重置法（周一虹　等，2015）将环境重置的成本分为三部分，分别是恢复层成本、维护层成本和战略层成本。恢复层成本是指将环境恢复到以前的状态所需要的成本费用，维护层成本是指维持恢复后的环境所需要的成本，战略层成本是指为了维持环境不被再次破坏而放弃的发展机会，即机会成本。

3.生态负债计量

计量生态负债的价值量，关键在于计量生态系统的服务功能价值，因此要对生态系统的服务功能进行区分。生态系统的服务功能主要有涵养水源、保持土壤、固碳释氧、积累营养物质和保护生物多样性（周亚东　等，2011）。

（1）涵养水源。

生态系统涵养水源的价值一般采用替代工程法进行计算，也叫影子工程法。首先调查出生态系统涵养水源的量，再将其与采用的水的影子价格相乘，即可得到生态系统涵养水源的价值。

（2）保持土壤。

生态系统保持土壤的价值可以分为固土价值、保肥价值、减淤价值三部分。可以先采用实验法测试有生态系统保护和无生态系统保护时的固土量、保肥量、减淤量，两者之差就是生态系统的固土量、保肥量、减淤量。然后采用机会成本法、影子价格法、替代工程法分别计算三种功能单位面积的服务价值，价格与生态系统的总覆盖面积相乘即可得到生态系统保持土壤的价值，进而对遭到破坏的生态系统进行负债的计算。

（3）固碳释氧。

固碳量可以采用一些生态过程模型输出生态系统的固碳量，再根据欧洲 ETS 贸易价格提供的固碳价格，进而计算固碳的价值。植物固碳和释氧是同步进行的，因此可以根据植物的光合作用化学公式和固碳量求出生态系统的释氧量，参考《森林生态系统服务功能评估规范》（GB/T 38582—2020）来确定氧的价格，进而求出释氧的价值。固碳的价值和释氧的价值加总就是生态系统固碳释氧的价值。

（4）积累营养物质。

生态系统积累的营养物质主要是氮、磷、钾三种元素，可以根据植物的不同器官积累营养物质的情况，推断单位面积的生态系统的积累量，参考《森林生态系统服务功能评估规范》（GB/T 38582—2020）来确定这三种元素的价格，进而计算出生态系统积累营养物质的价值。

（5）保护生物多样性。

生态系统保护生物多样性的价值不是指生物多样性的价值，而是强调保护的价值。因此，在计量保护生物多样性价值时，可以采用替代法进行计量，即采用人工保护的方式的成本代替生态系统的保护生物多样性价值。

第四节　自然资源的会计账户

按照自然资源资产、负债、权益要素核算的具体内容设置账户，用以核算自然资源资产存量和流量。

一、自然资源资产分类账户

自然资源资产账户记录了每年自然资源的存量和流量。根据对象不同设置账户，分为土地资源、水资源、林木资源、矿产资源和海洋资源5类；根据计量单位不同，分为实物账户（physical accounts）和货币账户（monetary accounts）两类；根据核算层级不同，主要分为国家账户和省级账户，其中土地资源账户的分类更为详细。

1.土地资源账户设置

根据国土资源分类设置土地资源分类账户。基于核算的需要，还可以根据土地资源质量标准设置土地资源科目，如耕地资源可以分为Ⅰ类耕地、Ⅱ类耕地。具体科目设置如表7-2 所示。依据自然资源资产的定义，在能够可靠计量的基础上，根据核算的需要设置各类自然资源资产账户，核算自然资源的流量和存量。在对分类自然资源价值充分认知的基础上进行价值量化，编制自然资源资产负债表的实物量表。

表7-2　土地资源账户设置

资产类账户	行次	单位	年初数	年末数
土地资源资产 耕地 园地 林地 草地 商服用地 工矿仓储用地 住宅用地 公共管理与公共服务用地 特殊用地 交通运输用地 水域及水利设施用地 其他用地				

2.水资源账户设置

根据水资源属性特征设置水资源分类账户，根据水资源质量特征设置科目。具体科目设置如表7-3所示。

表7-3　水资源账户设置

资产类账户		行次	单位	年初数	年末数
水资源资产	地表水资源 河流水资源 河流Ⅰ类水 河流Ⅱ类水 ……				
湖泊水资源	湖泊Ⅰ类水 湖泊Ⅱ类水 ……				
水库水资源	水库Ⅰ类水 水库Ⅱ类水 ……				

续表

资产类账户		行次	单位	年初数	年末数
其他地表水体	地下水资源 浅层地下水资源 污染浅层地下水 深层地下水 ……				

3.矿产资源账户设置

矿产资源账户记录了经济可开采的原油、天然气及副产品、天然沥青、各类煤矿、各类金属矿藏等地下矿产资源的实物量及货币量估计。经济可开采是指在现有的技术和经济条件下可以获取的部分。除经济可开采存量外，矿产资源账户同样给出了包含已发现但未被证实的所有地下矿产的储量。矿产资源账户采用的是统驭账户的形式。在年初存量的基础上加上本年度的数量变动得到年末的存量估计。最新发现、技术变化、储备修正等因素导致的数量变动都包括在实物与货币账户中，并且货币账户同样包含资源价格重估导致的存量变化。

4.林木资源账户设置

林木资源账户包含实物账户和货币账户。林木的生产力以及可获得性限制了一部分森林资源成为经济资产，仅其中开采的、非储备森林用地纳入林木资源账户。林木资源实物账户的编制主要基于各省林木部门上报的森林资源清查数据，并且森林资源清查通常每 5 年开展一次，缺失数据主要利用模型进行拟合。

二、自然资源权益分类账户

自然资源权益包括自然资源负债权益和净资产权益。自然资源负债权益账户根据自然资源种类设置资源过耗负债、环境负债和生态负债。净资产权益账户根据自然资源资产负债表的编制目标，具体分解为自然资源所有者享有的资源生态权益和资源经济权益两类账户（见表7–4）。

表7–4　自然资源权益类账户设置

权益类账户	行次	单位	年初数	年末数
土地资源负债 耕地资源负债 耕地资源过耗负债 耕地资源污染负债 耕地资源破坏负债 ……				

续表

权益类账户	行次	单位	年初数	年末数
森林资源负债 林木资源负债 ……				
自然资源负债合计				
土地资源生态权益 耕地生态权益 林地生态权益 ……				
生态权益合计 土地资源经济权益 耕地经济权益 林地经济权益 ……				
自然资源净资产合计				
自然资源权益合计				

第五节　西方国家的自然资源会计

1972年，联合国在瑞典首都斯德哥尔摩召开人类环境会议，会议通过了著名的《联合国人类环境会议宣言》（也称《斯德哥尔摩人类环境会议宣言》），将人口、资源、环境与发展列为国际社会面临的四大问题。由于人类社会与自然资源环境在物质、能量、信息方面具有相互流动和相互平衡的关系，人口扩张和经济发展所导致的资源稀缺与环境制约成为全世界都要面对的挑战。世界各国的自然资源管理制度因其国力、国情、国体以及自然资源条件的不同各有差异，但目标一致，即实现国家对自然资源的控制和开发，维护自然资源开发利用秩序，保障人类社会、经济与环境的可持续发展。由此产生了对自然资源进行全面度量和统筹的需求，自然资源会计作为价值计量系统的特质使其受到关注。

一、西方自然资源会计的缘起与演进

早在1960年前后，世界范围内就出现了第一波关注环境及能源核算的浪潮，20世纪70年代后期，挪威和法国两个国家的统计部门最早实践编制环境及能源账户。20世纪90年代，《国民经济核算体系：1993》（SNA1993）实施，以此为标志，国际上正式将环境与资源账户纳入国民账户框架内。SNA1993中的环境成本已成为GDP核算的内容，自然资源则还没有纳入GDP核算；SNA2008才开始将自然资源资产核算纳入SNA核算体系。

SNA的创新与发展主题是以经济核算为中心，建立环境核算卫星账表体系；增加对人类福祉的影响要素的核算与分析；强调对非正规经济的核算。2003年，联合国等重要国际组织以SNA1993为基础，建立了《综合环境与经济核算体系》（SEEA），作为经济、自然资源与环境政策和管理的基础。挪威、美国、日本、澳大利亚等国家主要基于SEEA核算体系开展自然资源核算。

《环境经济核算体系2012——中心框架》（SEEA2012 中心框架）被联合国统计委员会认定为国际统计标准后，一些早期独立开展核算工作的国家陆续参照SEEA2012中心框架修订本国的核算体系。澳大利亚统计局基于SEEA2012中心框架完善本国的环境经济核算体系（Australian Environmental-Economic Accounts，AEEA），编制环境经济账户（AEEA2014—2019版）。加拿大统计局修订了1997年出版的《加拿大环境和资源核算系统的概念、来源和方法》（Concepts，Sources and Methods of the Canadian System of Environmental and Resource Accounts，CSERA），并修订了自然资源存量账户指标核算方法；同时，依据《SEEA 实验性生态系统核算》（The System of Environmental-Economic Accounting 2012—Experimental Ecosystem Accounting，SEEA-EEA）开发了本国生态系统账户。荷兰中央统计局和瓦格宁根大学在多部门的资助下，参照SEEA-EEA测试制作高分辨率全国层面的生态系统账户，于2020年正式推出生态系统账户，建立起包括生态系统类型、状况、服务、资产、碳和生物多样性等在内的高分辨率生态系统图册和核算表。

二、典型西方自然资源会计体系的比较

某类自然资源是否纳入本国自然资源资产核算体系，主要考虑该类资源对社会经济的贡献度、数据的可获取性以及核算的难易程度。本节重点分析了挪威、荷兰、加拿大、澳大利亚和英国的自然资源资产计量、账户设计和会计信息应用等（见表7-5）。

表7-5　五个国家实物型自然资源资产账户

资源类别	国家				
	挪威	荷兰	加拿大	澳大利亚	英国
矿产资源	石油储量账户	实物型矿产能源储量账户	实物型地下资产账户	实物型矿产资产账户	①石油和天然气储备账户；②实物型燃料资产账户
能源资源				实物型能源资产账户	
土地资源	①土地覆被账户；②土地利用账户	土地利用账户	①土地覆被账户；②土地利用账户；③土地潜力账户	①土地覆被账户；②土地利用账户；③不同级别地块数量统计账户；④土地覆被变化矩阵	土地利用账户
森林（木材）资源	①森林财产账户；②年度森林清单	实物型木材资产账户	实物型木材资产账户	实物型木材资产账户	①林地面积账户；②实物型木材资产账户

总体而言，上述五个国家均将矿产资源、能源资源、土地资源、森林（木材）资源、水资源纳入本国的环境经济核算体系。除挪威在流量账户中编制鱼类资源账户外，其余国家暂未计量土壤资源、水生资源和其他生物资源资产。由于五个国家自然资源禀赋的差异及环境数据标准不同，各类资源资产账户及指标设置存在一定差异，具体内容如表7-5、表7-6、表7-7、表7-8所示。

表7-6 五个国家实物型自然资源资产核算范围

资源类别	国家				
	挪威	荷兰	加拿大	澳大利亚	英国
矿产资源	挪威大陆架上初始可采石油资源储量（石油、油气、液化天然气、凝析气）	已探明、可商业化开采的天然气和石油储量及待开发的储量	原油、天然气及其副产品（天然气液体及硫黄）、粗沥青（或沥青砂）、煤类（褐煤及次烟煤及烟煤）、钾盐、金属共6类地下资产；已探明在当前技术水平和预期经济条件下可开采的经济储量及已开采、可回收的储量	锑、铁矿石、铅、银、镉等18类；当前技术水平下可开采的经济储量	①已证实的储量 ②可能的储量 ③预测的储量， 包括煤、天然气、汽油、柴油、其他燃料共5类
能源资源				天然气、石油、凝析气、液化石油气、黑煤、褐煤、铀共7类；当前技术水平下可开采的经济储量	
土地资源	①土地覆被分类标准（8类）； ②土地利用分类标准（6类）	土地利用分类（8类）	①土地覆被分类（6大类12小类）； ②土地利用分类（6大类13小类）	①澳大利亚动态土地覆盖标准（DLCD）（7大类25小类）； ②澳大利亚财产估价分类代码（AVPCC）（11类）	土地利用分类（6大类11小类）
森林（木材）资源	可获取、具有经济价值的木材产量及其生产林地面积	可获取、具有经济价值的森林和其他林区的木材产量	可获取、具有经济价值的木材产量及其生产林地面积	可获取、具有经济价值的原生林和人工林木材产量	林地的总面积及可获取、具有经济价值的针叶林、阔叶林木材产量（区分私人或公共权属）

由于矿产、能源资源具有不可再生性，各国核算中多设置反映本国重点矿产、能源资源资产的整体可用性及可持续性，以及使用过程中对环境损益性的指标。具体来看，除澳大利亚外，其余四国均将矿产、能源资源合并编制，核算各类能源/矿产年度经济储量（见表7-7）。荷兰设置流量指标“新发现量”和“开采和其他变化量”关注资源储量的变化；挪威、英国按照当前技术、商业化水平条件下资源可采程度设置三项“资源开采等级储量”指标；加拿大和英国分别采用指标“能源和矿产资源的储备寿命”“未探明石油、天然气估量区间上限、下限”反映当前和预判未来可开采的资源储量。

表7-7 五个国家价值型自然资源资产账户

资源类别	国家				
	挪威	荷兰	加拿大	澳大利亚	英国
矿产资源	—	价值型矿产能源储量账户	价值型地下资产账户	价值型矿产资产账户	价值型燃料资产账户
能源资源				价值型能源资产账户	
土地资源	—	—	土地价值账户	①土地价值账户；②价值型土地利用净变化矩阵	—
森林（木材）资源	—	价值型木材资产账户（生态系统服务账户中供给服务）	价值型木材资产账户	价值型木材资产账户	价值型木材资产账户
水资源	—	价值型水资源资产账户	—	—	价值型水资源资产账户

在SEEA2012中心框架中，价值型资产账户的计量范围限于国民账户中具有经济价值的个别组成部分。但由于缺少资源价格数据或尚未开发合适的估价规则、方法，部分资源仅设置实物型资产账户。

表7-8 五个国家自然资源资产流量账户

资源类别	国家				
	挪威	荷兰	加拿大	澳大利亚	英国
矿产资源	能源流量账户	①矿产能源资源平衡表；②各行业能源使用强度表；③物料消费账户	地下资产流量账户	—	燃料使用和能源消耗账户
能源资源				能源流量账户	
森林（木材）资源	①森林财产账户（部分流量指标）；②年度森林清单（部分流量指标）	木材供给服务账户	—	—	林地生态系统服务账户
水资源	①市政供水账户；②水资源排放账户	①水资源供给账户；②水资源使用账户；③水资源排放账户；④水质账户	水资源流量账户	①水资源流量账户；②灌溉农业生产总值；③水务收入及开支	①水资源供给账户；②水资源使用账户
鱼类资源	①选定河流捕鱼量账户；②海捕鱼量账户	—	—	—	—

自然资源资产流量账户记录了经济和环境之间以资源、废物形式的物质及能源流动。SEEA2012中心框架设计了适用于记录所有实物流量的核算框架、实物和流量整合列报的结构，五个国家均基于此编制本国的流量账户。

三、自然资源会计数据的应用

以上五国构建的环境经济核算体系已成为本国制定环境经济政策、实施可持续发展战略的指标来源和数据支撑。

例如，挪威统计局研究部利用矿产能源账户中的数据模拟石油、天然气市场的发展情况，并开展“挪威石油开采”“整个挪威经济的前景”等项目研究。挪威住房财产空间和农业统计司利用非木材生产林区数据统计驼鹿和红鹿狩猎情况，并发表一系列狩猎年度报告。挪威卫生与保健服务部基于水资源账户发布包含《2018—2020年新饮用水指令》（“New Drinking Water Directive 2018—2020”）在内的一系列政策指令；住房财产空间和农业统计司根据土地利用/覆被账户数据发布年度报告《土地利用和土地覆被》（“Land Use and Land Cover”）和《城市居住区土地利用》（“Land Use in Urban Settlements”）。

荷兰统计局响应《欧洲海洋战略指令》（“European Marine Strategy Directive”），利用水排放账户的数据研究与荷兰大陆架（DCS）有关活动的经济价值。荷兰在《可持续发展目标年度报告》（“SDG’s in the Netherlands”）中，利用水资源及能源账户数据说明荷兰在改善水质、提高水资源利用效率以及清洁能源等领域的进展。

加拿大环境和气候变化部发布的《加拿大环境可持续性发展指标》（“Canadian Environmental Sustainability Indicators”），采用了水资源账户的数据支撑水资源可用量和部门耗水量两个指标。加拿大生活水平研究中心（Living Standards，The Centre for the study of CSLS）将矿产资源账户的数据作为衡量经济福祉的要素之一。加拿大城市联合会（Federation of Canadian Municipalities，FCM）开发的生活质量报告系统（Quality of Life Reporting System，QLRS），采用土地利用/覆被账户中的经济用地数据来评估加拿大城市的生态足迹。

澳大利亚生产力委员会在开展的扩大水资源贸易产生的影响、灌溉用水的供应和使用的环境外部性管理等研究中，采用水资源账户数据作为现有用水模式的背景信息。澳大利亚大堡礁海洋公园（GBRMP）基于土地覆被/利用账户与经济活动间的关联，监测可能影响珊瑚礁区域环境、生物多样性及遗产价值的活动。

英国统计局发布的《国民幸福指数报告》（“Measures of National Well-being”）通过自然资源资产核算账户中的数据衡量国家财富。

章后思考题

1. 阐述中国自然资源资产负债表编制的发展历程。
2. 自然资源资产负债表的编制基础是什么？
3. 试述自然资源资产负债表的构成及关联关系。
4. 自然资源资产负债表的编制方法有哪些？
5. 如何理解自然资源资产实物量与价值量的计量意义？

第八章　自然资源资产负债表的编制与审计

自然资源资产负债表是政府进行资产管理核算的基础。以账户的形式对全国或一个地区主要自然资源资产的存量及增减变化进行分类核算，编制自然资源资产负债表，可以客观地评估当期自然资源资产实物量和价值的变化，准确把握经济主体对自然资源资产的占有、使用、消耗恢复和增值活动情况，摸清“家底”，全面反映经济发展的资源环境代价和生态效益，从而为环境与发展综合决策、政府政绩评估考核环境补偿等提供重要依据。同时，这也是对领导干部实行自然资源资产离任审计的重要依据，有利于形成生态文明建设倒逼机制，改变唯GDP的发展模式。

第一节　我国自然资源会计相关制度的变迁

与其他国家相比，我国自然资源会计研究起步较晚，经历了探索阶段（1981—1992年）、逐步发展阶段（1993—2012年）和高速发展阶段（2013年至今），尤其是党的十八届三中全会确定生态文明建设和对领导干部试编自然资源资产离任审计政策之后，自然资源资产负债表理论与实践得到高度重视，态势发展迅猛。

一、1981—1992年

1981年，“环境污染核算”一词在江苏召开的全国环境经济学术研讨会上首次出现。1988年，国务院发展研究中心开启题为“自然资源核算与其纳入国民经济核算体系”的项目研究，对我国自然资源核算展开较为全面的初步探索。1989 年 12 月 26 日，中华人民共和国第七届全国人民代表大会常务委员会通过了《中华人民共和国环境保护法》，这是我国首次以法律的形式强化资源保护与环境改善，防治污染与其他公害，推进生态文明建设，促进经济社会可持续发展。自20世纪80年代以来，我国对自然资源经济学的研究主要集中在自然资源价值评估、自然资源产权制度、自然资源和经济增长等领域，为自然资源价值核算、资源安全和资源制度经济分析方面延伸奠定了基础。

1990年，在“公元2000年中国环境预测与对策研究”的课题研究中，专家对我国环境污染程度、植被土地状况等作出了较为详细的预估，并提出要坚持经济与环境的协调发展，把环境治理纳入国民经济计划中，制定环境发展战略。

1992 年，联合国环境署环境与发展会议上首次强调了“可持续发展”这一概念。随着经济发展与环境协调问题探讨的不断深入，传统会计的局限性日益突出——不适应可持续发展的成本补偿要求、收益计量方法欠缺影响环境信息披露等，环境问题逐步纳入会计学研究的范畴，并不断得以完善，形成了“环境会计”的雏形。依据适用领域不同，美国会计学会（American Accounting Association）于1998 年对环境会计（又称“绿色会计”）这一涵盖性术语进行了划分——“国民收入核算”“财务会计”和“管理会计”三种细分方向分别适用于国家、企业和生产系统。其中的国民收入核算是一种宏观经济措施，可以使用实物或货币单位来指代国家自然资源的消费。

葛家樹等（1992）首次将环境会计的概念引入中国，并借鉴了西方国家学者对环境会计的概念界定，认为环境会计是一种在进行为促进公共福利或者创造未来财富的交易时，依据资源管理者和资源所有者相一致的惯例来核算资源耗费的会计。2001年 6 月，中国会计学会环境会计专业委员会正式成立，这标志着“环境会计”作为会计界一大研究热点得到了学者们的广泛认可。国内的会计学者通常从政府和企业两个视角来划分环境会计，即“宏观环境会计”和“微观环境会计”。宏观环境会计运用会计手段对现有环境活动所造成的财务管理影响进行货币价值量核算和相关信息的披露，其依据是国家环境方面相关的法律法规，目标是达到资源、环境和经济多效益指标的协调发展。

二、1993—2012年

1.微观自然资源资产会计变革

1993年，我国废止增减记账法，执行借贷记账法，自然资源资产执行会计制度，各自然资源经营公司根据全国统一的企业会计制度和财务管理制度制定本公司相关核算制度，如煤炭企业会计制度、石油企业会计制度。

2006年，我国改革会计制度，制定全国统一的企业会计准则，与自然资源资产直接相关的会计准则是《企业会计准则第5号——生物资产》（2006）、《企业会计准则第27号——石油天然气开采》（2006），分别反映再生自然资源和非再生自然资源的基本规范；其他资源资产核算由公司根据《企业会计准则》（2006）和《企业财务通则》（2007）的规范和资产特征，制定本公司自然资源具体会计制度并进行核算和管理。具有行业特色的准则使我国自然资源资产核算与国际接轨，实现国际商业语言的通达，更有利于企业参与国际竞争。

2.中观与宏观自然资源资产负债表的探索

1997年，国家统计局出版了《中国资产负债表编制方法》。1999年，《中国环境经济综合核算框架》（CSEEA）出版，标志着我国自然资源核算体系基本完成。然而，从目前情况来看，针对中国自然资源资产负债表的实践仍处于试编阶段。

自然资源资产负债表核算的作用体现在以下几个方面。①掌握自然资源资产状况。核算内容包括自然资源资产的数量、质量、价值和空间分布等，开展分析评价和动态监测监管，摸清“家底”，为全民所有自然资源资产报告制度奠定核算的基础。②编制自然资源资产负债表。通过核算，提供反映自然资源实物量与价值量，资产、负债与权益等相关核算信息。③实施自然资源资产管理。为评价自然资源资产管理情况、考核受托人履职尽责和绩效等情况，提供依据和基础支撑。

2001年，国家统计局以重庆市为试点，将理论付诸实践。《重庆市自然资源与环境核算方法课题研究》把资源环境核算纳入国民经济核算，标志着我国国民经济核算向“绿色国民经济核算”靠近。2004年，国家统计局与环境保护部联合开展中国环境与经济绿色国民经济核算研究，并在2005年对10个省市启动绿色国民经济核算试点。

三、2013年至今

2013年11月，党的十八届三中全会在《中共中央关于全面深化改革若干重大问题的决定》中提出“探索编制自然资源资产负债表，对领导干部实行自然资源资产离任审计”这一新命题，并在此基础上要求“建立生态环境损害责任终身追究”体系。2015年11月，中共中央办公厅、国务院办公厅印发《开展领导干部自然资源资产离任审计试点方案》，明确审计对象、审计内容、评价标准、责任界定、审计结果运用等事项，形成一套比较成熟、符合实际的审计操作规范，探索并逐步建立完善领导干部自然资源资产离任审计制度。

基于自然资源的代表性和前期工作基础，选取浙江省湖州市、陕西省延安市、贵州省赤水市、湖南省娄底市和内蒙古自治区呼伦贝尔市五地为试点开展自然资源资产负债表编制工作。

2015年12月，国家统计局联合国家发展改革委等部门印发了《自然资源资产负债表试编制度（编制指南）》，对试点工作进行了具体安排部署。自然资源资产负债表的提出既是我国生态文明建设的一次突破创新，又是落实可持续发展战略实践的一次积极探索。2016年12月，《“十三五”国家信息化规划》提出实施自然资源监测监管信息工程，到2018年基本建成自然资源和生态环境动态监测网络和监管体系。

为健全和完善经济责任审计制度，规范经济责任审计行为，2014年7月，中央纪委机关、中央组织部等部门发布《党政主要领导干部和国有企业领导人员经济责任审计规定实施细则》。2017年9月，中共中央办公厅、国务院办公厅发布的《领导干部自然资源资产离任审计规定（试行）》，是党中央关于生态文明建设战略部署的又一重大成果，对于领导干部牢固树立和践行新发展理念，坚持节约资源和保护环境的基本国策，推动形成绿色发展方式和生活方式，促进自然资源资产节约集约利用和生态环境安全，完善生态文明绩效评价考核和责任追究制度，推动领导干部切实履行自然资源资产管理和生态环境保护责任具有十分重要的意义（见表8-1）。

表8-1 领导干部自然资源资产离任审计重大政策一览表

序号	时间	政策名称	重大意义
1	2013年11月	《中共中央关于全面深化改革若干重大问题的决定》	首次将“领导干部自然资源资产离任审计”的概念呈现于公众面前
2	2014年7月	《党政主要领导干部和国有企业领导人员经济责任审计规定实施细则》	对如何开展审计试点工作进行指导
3	2015年11月	《开展领导干部自然资源资产离任审计试点方案》	代表着试点工作正式拉开序幕
4	2017年9月	《领导干部自然资源资产离任审计规定（试行）》	标志着这项工作由试点到全面铺开，走向规范化、制度化、科学化

第二节 自然资源资产负债表的编制

一、编制基础

宪法规定，包括土地在内的我国自然资源的所有权属于国家（集体土地所有权属于集体）。因此，我国自然资源的所有权属于国家，政府只是代表国家行使管理职权，同时，政府、企业、居民也是自然资源资产负债表的使用者。自然资源资产负债表的编制主体应该是国家及各级政府。以政府为编制主体，有利于报表的使用和资源的管理；同时，政府作为职权机构，比企业和个人更有能力搜集数据编制表，使此表更有意义。

资产负债表是会计学中的概念，也称为财务状况表，是反映企业在特定日期（比如月末、季末、年末）全部资产、负债和所有者权益情况的会计报表，能让人对企业现状一目了然，是一家企业经营好坏的“晴雨表”。此外，在企业构成的“资产=负债+所有者权益”恒等式中，反映了企业总资产的构成方式和比例。

张友棠等（2014）提出，自然资源资产负债表是以政府为主体进行编制、以可持续发展为理念、实物计量与价值计量相结合、以自然周期与管理周期相结合的方式进行记录的报表。陈艳利等（2015）认为，自然资源资产负债表能帮助自然资源所有者理解和掌握其拥有和管理的自然资源的具体情况，既能够为报表主体展示其主体范围内在某个具体时间所拥有和管理的自然资源资产、负债和净资产的存量信息，也能反映该地区在这段时间内资产、负债和净资产是如何发生变动的。此外，自然资源资产负债表也能同时反映自然资源资产、负债与净资产在不同计量维度的信息，包括实物计量和价值计量。

综上所述，自然资源资产负债表是反映某一地区某一时间点上，由国家所有，政府及其他社会主体管理、使用和控制的所有自然资源的现状表和利用活动表，能同时反映该地区内现存的自然资源资产、负债与净资产的实物量和价值量信息，以及该地区内自然资源的利用和管理情况。

自然资源资产负债表的编制基础是自然资源资产和自然资源负债相关数据，用以衡量某一地区某一时间点上所拥有的净财富，可利用“自然资源资产－自然资源负债＝自然资源净资产”的恒等式进行计算。其中，自然资源净资产是权益主体对自然资源所有权的体现，报表主体拥有和管理了多少净自然资源，就必须用自然资源资产扣减对资源、环境和生态系统所承担的自然资源负债，只有这样才能客观地衡量权益主体实际拥有和控制了多少自然资源，这样对自然资源所有权的划定才有意义。

二、编制原则

根据国家政策精神和自然资源资产的性质特征，自然资源资产负债表编制遵循以下原则。

1.先实物再价值

对于自然资源资产和价值的核算，最基础的是进行实物量核算，之后的目标是从实物量到价值量的测算。实物量核算指的是按照以往自然资源核算的方法，对自然资源及其开发利用情况在物理量上按照科学规范的统计方法进行真实准确的计量，按照不同种类自然资源及其开发利用情况的统计方法来反映不同自然资源的存量、流量和平衡情况。价值量核算是在实物量核算基础上，运用具体的价值化方法来反映资产负债表不同科目的货币价值。运用价值量核算能将种类不同、实物量计量单位不同的科目通过货币量进行综合统计、对比，从而整体反映自然资源的总量水平及其变化，有利于整体把握自然资源的总体状况和变动情况。传统的自然资源核算只注重实物量的计量和统计，进行自然资源的综合比对和分析比较困难；价值量测算为自然资源的综合横向和纵向对比提供了统一的度量标准，有利于后期的自然资源管理和评价。

2.先存量再流量

存量核算是指在某个时间点上自然资源资产和负债信息的静态反映，即在那个时间点上自然资源资产和负债各是多少；流量核算是指在某个时间段内自然资源资产和负债是如何变动的，反映动态的增减信息。在传统的会计学报表体系中，资产负债表只反映某个时间点资产和负债的静态信息，即存量信息，流量信息要通过利润表来体现。但是，从自然资源的开发利用和管理的角度去思考，现阶段对自然资源编制类似利润表的报表不太现实，而自然资源流量信息的记录对管理自然资源又至关重要，所以我们在编制自然资源资产负债表的时候应试图在这张静态的存量信息表中去体现流量核算的内容。存量核算是自然资源核算和管理的基础，在国民经济核算中占据重要地位，其核心思想是运用合理的基础假设和数据处理方法，通过对上期存量数据和本期流量数据的计算来反映本期的存量信息。流量数据有利于记录编制主体开发利用和管理自然资源的过程信息，有助于编制主体分析自然资源在经济增长过程中所起的作用和产生的变化，有助于分析资源与经济互相配合、互相影响的动态关系。存量核算和流量核算互相影响，关系复杂，存量信息是基础，因此在编制自然资源资产负债表的时候应以先存量核算再流量核算的原则进行。

3.先分类再综合

自然资源种类繁多，计量方法和核算方法各有不同，因此对不同的自然资源要分别进行核算，待每个科目分别核算完毕之后再合并进行综合核算。分类核算是指对每类自然资源资产和负债的实物量和价值量分别进行核算，对存量信息和流量信息分别进行计量。综合核算是指对每类自然资源资产和负债的价值量进行汇总、综合，用以指导自然资源评价和管理。但是，在目前的学术界，综合核算仍是一项难点，有待我们去共同探索。由于不同的自然资源在类别和方法上存在差异性，因此编制自然资源资产负债表时要先针对每一种类的科目进行分类核算，最后再进行综合核算。

三、编制流程

自然资源资产负债表的编制流程主要分为六个步骤，即确定科目表征指标、设计表格、确定实物量折合系数、确定价值量核算价格、收集与整理数据和填写表格，如图8-1 所示。

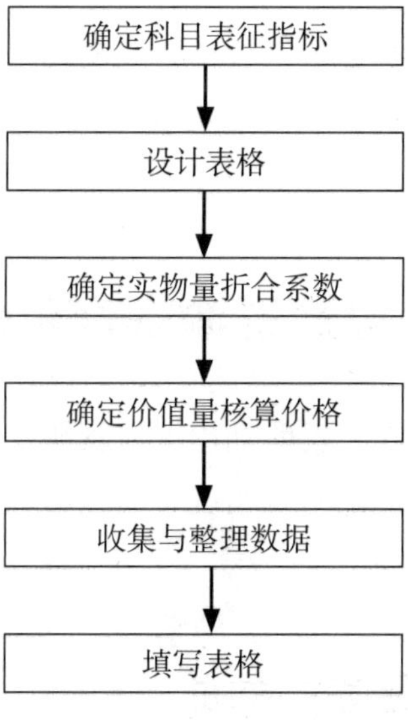

图8-1　编制流程图

1.确定科目表征指标

要计量自然资源资产与负债信息，首先要确定将哪些指标纳入计量范围，即要采用哪些指标来表征资产与负债的各个科目。自然资源资产的表征指标根据对自然资源资产的定义和分类进行界定即可；自然资源负债的表征指标并没有规定，要根据不同地区对自然资源负面影响的关注重点和现有数据来进行选择，确定能表征负债信息的相关指标来代替计算负债。

2.设计表格

根据表征指标的情况和通用的自然资源资产负债表体系，结合不同地区的统计口径，列好主词栏、宾词栏，对表格进行设计。

3.确定实物量折合系数

对于不同的二级、三级分类科目，其计量单位不尽相同，不同质量的自然资源禀赋也各不相同，因此要对同一大类下的自然资源按照同一标准确定折合系数，以方便实物量的汇总。

4.确定价值量核算价格

对不同自然资源选择合适的价值量核算方法，计算出相应的资源价格，以便后续计算自然资源资产与负债的价值量结果。

5.收集与整理数据

按照既定表格设计，搜集相关数据，再按照填写表格所需数据格式进行数据整理。

6.填写表格

将实物量数据按照折合系数折算后的数据填入实物量数据栏，将价值量数据乘价值量核算方法计算出来的资源价格后的价值量数据填入价值量数据栏。将数据进行计算、汇总和填写。

第三节　自然资源资产负债表体系

自然资源资产负债表可以反映一定时期内区域资源现状和资源开发利用程度，如实呈现当地政府对区域范围内自然资源的管理情况，搭建自然资源环境动态监测体系，为上级单位自然资源的监控提供基础。

一、自然资源资产负债表的构成

借鉴SNA和 SEEA 2012 的核算体系和核算原则，我国各个省市结合自身实践开展了自然资源资产负债表的试编探索，已经初步形成编报体系。

总体来看，目前我国已经发布的自然资源资产负债表框架体系（见图8–2）主要由四级报表体系构成，即总表体系（包括自然资源资产负债表、自然资源资产负债表附注、自然资源管理状况表），分表体系（包括自然资源资产表、自然资源资产负债表），扩展表体系（包括分类资产表、分类负债表）和辅助表体系。

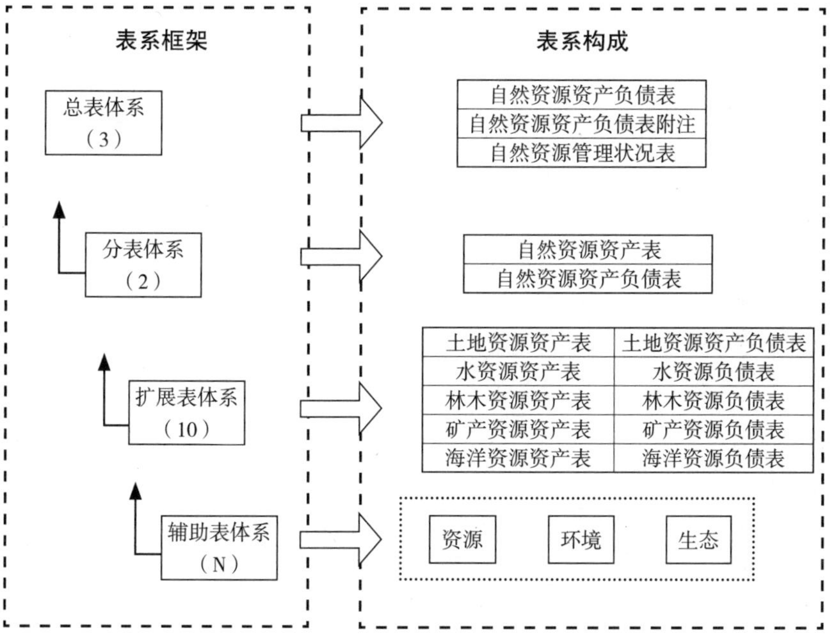

图8-2　自然资源资产负债表框架体系设计

1.总表体系

作为一级报表体系，总表体系承担着最顶层的结果呈现功能。总表体系由自然资源资产负债表、自然资源资产负债表附注和自然资源管理状况表构成，用来宏观反映自然资源资产和负债的总体情况。其中，自然资源资产负债表附注用来对资产负债表中的数据和事项等进行详细解释和备注，承担宏观层面的数据解释工作，附注中的内容由辅助表中的数据汇总而来；自然资源管理状况表用来记录和反映报表主体的管理活动。

（1）自然资源资产负债表。

自然资源资产负债表是整个报表体系最核心的部分，上面汇集了整个体系最关键的信息。它在总体上把资产和负债列示出来，揭示一国或一个地区拥有的净自然资源财富。自然资源资产负债表中的科目按照一级分类列示，反映总体的资产负债状况。

在自然资源资产负债表中，主词栏的科目按照一级分类列示，宾词栏按照实物量和价值量两个属性列示，每个属性分别列示期初值、期末值和变动量。其中期初值、期末值反映存量信息，变动量反映流量信息，整个自然资源资产负债表反映各个一级科目的存量和流量信息。自然资源资产负债表的表式结构如表 8-2所示。

表8-2　自然资源资产负债表表式结构

科目		实物量			价值量		
		期初值	期末值	变动量	期初值	期末值	变动量
自然资源资产	1.土地资源资产						
	2.水资源资产						
	3.林木资源资产						
	4.矿产资源资产						
	5.海洋资源资产						
	合计						
自然资源负债	1.土地资源负债						
	2.水资源负债						
	3.林木资源负债						
	4.矿产资源负债						
	5.海洋资源负债						
	合计						
自然资源净资产	1.土地资源净资产						
	2.水资源净资产						
	3.林木资源净资产						
	4.矿产资源净资产						
	5.海洋资源净资产						
	合计						

根据自然资源资产与自然资源负债的定义，针对其具体计量的确认条件，将自然资源资产负债表涉及的自然资源分成五类，即土地资源、水资源、林木资源、矿产资源和海洋资源。因此，分别得到自然资源资产负债表的一级分类，包括五项资产、五项负债与五项净资产。

（2）自然资源资产负债表附注。

自然资源资产负债表附注主要解释表格核算的权益主体及其自然资源管理范围，注明自然资源资产和负债确认的会计方法、会计政策和依据，列示资产表和负债表中各个科目的明细信息、数据处理方法等，发挥辅助解释的功能，帮助报告使用者更好地阅读、理解和使用自然资源资产负债表。对于无法计量的资产和无法恢复、弥补的负债均在附注列示。

（3）自然资源管理状况表。

自然资源管理状况表主要与政府对自然资源和生态环境的管理有关，记录政府制定和实施政策用以节约资源、改善环境，实现高效利用自然资源、减小对生态环境的影响。管理状况表列示和披露政府为偿付自然资源负债所发生的支出，以及支出所带来的自然资源负债的减少，通过对比负债偿付费用与负债减少的价值量可以判断偿付支出的利用是否高效，同时也能进一步判断自然资源负债价值量的确认是否合理。这张状况表也可记录政府为编制自然资源资产负债表进行的数据收集和处理方法，以及所形成的自然资源监控、核算和管理体系，通过对比政府原有核算体系和编制表格所需数据及分析结果，帮助政府不断改善自然资源管理体系。同时，自然资源管理状况表也可记录政府环境保护政策和生态系统养护措施，反映国家和地区对可持续发展政策的贯彻程度，为政府制定环保政策服务。

2.分表体系

作为二级报表体系，分表体系具有结果呈现和细节展示的双重功能，承担着承上启下的工作。分表体系由自然资源资产表和自然资源资产负债表构成，分别从总体层面上表征某一地区在一段时间内的自然资源的资产与负债信息。自然资源资产表和自然资源资产负债表中资产和负债科目按照二级分类列报，将自然资源资产和自然资源负债的科目信息进行进一步呈现，让报表使用者既能总体上把握报表信息，又能对自然资源资产和负债的详细信息有进一步的了解。

（1）自然资源资产表。

该报表主要包括国家或地区内产权明晰，具有明确管理目标的自然资源资产的实物量表和价值量表，并且通过记录自然资源资产的期初量和期末量来体现自然资源资产的流量变动情况，使其能同时记录自然资源资产存量状况和流量变化（见表8-3）。理论上，纳入国家管理的所有自然资源资产都应该纳入表中进行记录，但是，考虑到管理难度和数据收集的实际情况，现阶段各地区可根据其实际情况，选择“产权清晰、管理规范、数据翔实”的自然资源资产进行优先纳入，待管理系统规范和数据系统成熟时再逐步将其他自然资源资产纳入表格（胡文龙 等，2015）。

对于自然资源资产的每类科目都有一张对应的扩展表，用以详细记录存量计量的具体过程，以及流量变动中增减变动的具体情况。

表8-3 自然资源资产表

科目		实物量			价值量		
		期初值	期末值	变动量	期初值	期末值	变动量
土地资源资产	1.1 耕地						
	1.2 园地						
	1.3 林地						
	1.4 草地						
	1.5 公园与绿地						
	1.6 水域及水利设施用地						
	1.7 建设用地						
水资源资产	2.1 地表水						
	2.2 地下水						

续表

科目		实物量			价值量		
		期初值	期末值	变动量	期初值	期末值	变动量
林木资源资产	3.1 用材林						
	3.2 防护林						
	3.3 特用林						
	3.4 薪炭林						
	3.5 经济林						
	3.6 竹林						
	3.7 其他林木						
矿产资源资产	4.1 能源矿产						
	4.2 金属矿产						
	4.3 非金属矿产						
	4.4 水气矿产						
海洋资源资产	5.1 海岸带						
	5.2 海岛						
	5.3 海洋水体空间						
	5.4 海底空间						
资产总计							

（2）自然资源资产负债表。

自然资源资产负债表不止与自然资源有关，更多地考虑人类活动对环境和生态造成的负面影响，主要包括三类自然资源负债。自然资源资产负债表主要从总体上反映报表权益主体对资源、环境和生态系统所应偿付负债的情况，比总表中对自然资源负债的展示更详细一层。表格形式如表8–4所示。

表8–4　自然资源资产负债表

科目		实物量			价值量		
		期初值	期末值	变动量	期初值	期末值	变动量
土地资源负债	1.1 土地资源过耗负债						
	1.2 土地环境负债						
	1.3 土地生态负债						
水资源负债	2.1 水资源过耗负债						
	2.2 水环境负债						
	2.3 水生态负债						
林木资源负债	3.1 林木资源过耗负债						
	3.2 林木环境负债						
矿产资源负债	4.1 矿产资源过耗负债						
	4.2 矿产环境负债						
海洋资源负债	5.1 海洋资源过耗负债						
	5.2 海洋环境负债						
负债总计							

对于资源过耗负债的计量范围可参照自然资源资产的分类，同理，资源过耗负债也可参照自然资源资产进行实物量和价值量的计量。对于环境负债的计量可优先考虑人类活动向自然界排放产生的污染（如污水、污染气体、固体废弃物等），这些污染可参考环保部门的计量方法进行实物量计量，价值量计量参考用环境治理和恢复成本来衡量。生态负债的计量相对较难，实物量计量较难实现，但是生态负债的恢复成本较易确定。

对于自然资源负债的每类科目，都有张对应的扩展表，用以详细记录存量计量的具体过程，以及流量变动中增减变动的具体情况。

3.扩展表体系

作为三级报表体系，扩展表体系主要承担着报表的细节展示功能，是前两级报表的基础和支撑。扩展表体系由资产表扩展表体系和负债表扩展表体系构成，分别有五张自然资源资产扩展表和五张自然资源负债扩展表，包括土地资源资产表、水资源资产表、林木资源资产表、矿产资源资产表、海洋资源资产表和土地资源资产负债表、水资源负债表、林木资源负债表、矿产资源负债表及海洋资源负债表。扩展表中主词栏科目按照自然资源分类中的三级分类列示，宾词栏中按照实物量和价值量属性对流量变动进行了更为详细的划分。每一张扩展表按照科目的三级分类列示，对每类细分的自然资源的资产和负债进行更加详细的报表编制。下面以土地资源为例说明扩展表。

（1）土地资源资产表。

《中华人民共和国宪法》《中华人民共和国土地管理法》规定了我国土地的公有性质，这为确定报表的编制主体提供了依据。集体土地所有本质上也是国家所有，管理机构也是政府的下属部门，无论土地是国家所有还是集体所有，对于编制主体而言都归属政府管理，因此都应纳入土地资源资产中。

根据《全国土地利用总体规划纲要（2006—2020年）》，我国的国土资源可分为耕地、园地、林地、草地、商服用地、工矿仓储用地、住宅用地、公共管理与公共服务用地、特殊用地、交通运输用地、水域及水利设施用地和其他土地 12 类，但是，并不是所有土地类型都可以作为土地资源资产进行计量。耕地、园地、林地、草地、公共管理与公共服务用地中的公园与绿地和水域及水利设施用地的土地具有价值，并且可以自身实现产出，收益预期是可以实现的，属于自然资源资产的范畴。与上述6类土地种类不同，商服用地、工矿仓储用地、住宅用地、公共管理与公共服务用地、特殊用地、交通运输用地的价值主要来源于土地所提供的区位价值，因此将其合并列入建设用地的范畴进行土地资源资产的计量。“其他土地”是指除上述地类的其他类型土地，主要有空闲地、设施农用地、田坎、盐碱地、沙地、裸土地、裸岩石砾地7类。“其他土地”的经济价值、环境改善价值和生态涵养价值都不高，不属于土地资源资产。由此，本文认定属于土地资源资产范畴的土地类型包括耕地、园地、林地、草地、公共管理与公共服务用地中的公园与绿地、水域及水利设施用地和建设用地7类。

土地资源资产表如表8-5所示，土地资源资产的本期增加量从自然增量、人为增量、重分类/重评估增量三个维度计量，本期减少量从自然退化、开发使用、重分类/重评估减量三个维度计量。

表8-5　土地资源资产表

科目		实物量								价值量
		期初值	期末值	增加量			减少量			
				自然增量	人为增量	重分类/重评估增量	自然退化	开发使用	重分类/重评估减量	
耕地	1.1 水田									
	1.2 水浇地									
	1.3 旱地									
园地	2.1 果园									
	2.2 茶园									
	2.3 橡胶园									
	2.4 其他园地									
林地	3.1 乔木林地									
	3.2 竹林地									
	3.3 红树林地									
	3.4 森林沼泽									
	3.5 灌木林地									
	3.6 灌丛沼泽									
	3.7 其他林地									
草地	4.1 天然牧草地									
	4.2 沼泽草地									
	4.3 人工牧草地									
	4.4 其他草地									
公园与绿地										
水域与水利设施用地	6.1 河流水面									
	6.2 湖泊水面									
	6.3 水库水面									
	6.4 坑塘水面									
	6.5 沿海滩涂									
	6.6 内陆滩涂									
	6.7 沟渠									
	6.8 沼泽地									
	6.9 水工建筑用地									
	6.10 冰川及永久积雪土地									

续表

科目		实物量								价值量
		期初值	期末值	增加量			减少量			
				自然增量	人为增量	重分类/重评估增量	自然退化	开发使用	重分类/重评估减量	
建设用地	7.1 商服用地									
	7.2 工矿仓储用地									
	7.3 住宅用地									
	7.4 公共管理与公共服务用地									
	7.5 特殊用地									
	7.6 交通运输用地									
土地资源资产总计										

（2）土地资源资产负债表。

土地资源资产负债是指人类活动对土地资源造成负面影响所应承担的现时义务，包括土地资源过耗负债、土地环境负债和土地生态负债，人类有责任为这些不合理的活动对自然资源进行恢复而付出成本。对于自然资源资产负债表的扩展表，将本期减少量分为自然恢复和人工恢复两部分进行计量，价值量计量项目与实物量计量项目相同。土地资源资产负债表如表8-6所示。

表8-6 土地资源资产负债表

科目	实物量					价值量
	期初值	期末值	本期增加量	本期减少量		
				自然恢复	人工恢复	
土地资源过耗负债						
土地环境负债						
土地生态负债						
土地资源负债总计						

土地资源过耗负债是指由于人类活动而使土地按照不合理的速度或方式减少，人类为恢复合理利用速度和方式所应承担的义务。土地资源过度消耗一方面是由于建设用地过度扩张，使得耕地、林地、草地等减少；另一方面是土地利用过程中的不合理管理和保护使

得土地退化造成耕地、草地等减少。除此之外，只考虑经济因素使得土地规划和利用不合理，也会形成土地资源负债，如将林地、草地不合理地变更为耕地。这里土地资源过耗的标准要以各地的使用红线或超过自身恢复能力的标准值为参考，超过标准部分的土地减少即为土地资源过耗负债。土地环境负债主要是指土壤污染、土地板结、水土流失等现象造成的土地质量下降所形成的现时义务，改善土地环境所要付出的成本就是土地环境负债。土地之上会有很多生态系统，例如湿地生态系统、森林生态系统、草原生态系统等，这些生态系统具有很高的生态涵养价值，由于土地的不合理利用造成的除森林生态系统外的其他生态系统的破坏所形成的现时义务，就是土地生态负债。

4.辅助表体系

作为四级报表体系，辅助表体系主要承担着数据解释、查询和辅助功能，它是自然资源资产负债表体系中最基础的报表。针对每一张扩展表都有一张核算表，其将关于资源、环境、生态的传统核算数据转换为相应的核算表，这张核算表就是辅助表。比如针对土地资源资产表，表中的每个数据都有具体的原始核算表格来辅助统计土地资源资产状况，这就是土地资源资产辅助表。一张扩展表有可能对应多张辅助表。在编制土地资源资产负债表的过程中，土地资源资产和负债的增加和减少伴随着土地用途的转变，因此有必要统计土地用途的转变以辅助报表编制和土地资源管理。土地用途转换表如表8-7所示，主词栏表示转换前的土地用途，宾词栏表示转换后的土地用途。

表8-7　土地用途转换表

土地用途	耕地	园地	林地	草地	公园与绿地	水域及水利设施用地	建设用地	其他用途土地
耕地								
园地								
林地								
草地								
公园与绿地								
水域及水利设施用地								
建设用地								
其他用途土地								

二、自然资源资产负债表的报表关联关系

自然资源资产负债表的四级体系（总表—分表—扩展表—辅助表）层次分明，上下层级的报表之间逻辑关系明确，每个层级具有不同的报表列示功能，整个报表体系作为一个整体共同为报表使用者服务。报表体系发挥其功能的五个方面在于其各层报表和功能、上下层逻辑关系、各表的联动与综合、数据链接与计算以及与国家资产负债表的关系。

1.各层报表和功能

总表、分表、扩展表和辅助表，每个层级的报表详略不同，所具有的列示功能也各不相同。

总表包括自然资源资产负债表、自然资源资产负债表附注和自然资源管理状况表，前两者类似会计学中的资产负债表及其附注，侧重于列示最终的结果而非具体细节，承担着整体报表的呈现工作，可以使报表使用者对报表有大致的了解；自然资源管理状况表主要用来呈现综合的自然资源管理工作情况，对于报表使用者而言，该报表主要用于辅助管理。因此，总表是用来从结果展示和管理层面上为报表使用者服务的。

分表包括自然资源资产表和自然资源资产负债表，对科目细分和流量变动情况进行了进一步的列示，能帮助报表使用者掌握自然资源资产和自然资源负债的大致情况。

扩展表是指各类一级分类科目的资产表和负债表，用来详细列示自然资源资产和负债的情况。

辅助表提供数据来源，是制表依据，具有底层数据解释功能。

2.上下层逻辑关系

在这四级报表体系中，上层报表较为概略，下层报表较为详细，下层报表汇总计算可得到上层报表，因此可由辅助表计算得到扩展表，将扩展表的二级科目和流量信息汇总可得到分表，对分表进行合并即可得到总表。

3.各表的联动与综合

由于报表体系有上述逻辑关系，所以这四级报表可以互相嵌套，将下一级的报表以链接的形式嵌套进上级报表，在使用者需要更详细的报表信息时提供查询入口。通过嵌套将不同层级的报表联系起来，使其将所有信息存储在一个窗口中，通过界面的跳转实现报表的联动，从而综合展示所有信息，方便报表使用者使用。

4.数据链接与计算

各报表中的数据互相联系、彼此关联，上层报表的数据可由下层报表数据计算得到，因此可以通过一定的公式链接至原始数据实现自动计算，如此既能减少重复计算量也能降低出错的可能。

5.与国家资产负债表的关系

国家资产负债表是 SNA2008 中的概念，反映了国家期初和期末的资产负债情况，记录了一个国家的财富拥有情况。SNA2008提供了国家资产负债表编制的一般格式（耿建新 等，2015）。根据 SNA2008制定的国家资产负债表，有资产、负债项目和净资产三个要素，其中资产是指非金融资产和金融资产，负债仅指金融负债，并不包括自然资源负债。横行是国家的各个机构部门，包括非金融公司部门、金融公司部门、政府部门、非营利机构等。在国家资产负债表体系中，也有“资产＝负债＋净资产”这一恒等式。

编制自然资源资产负债表是为了更好地对一国的资产负债情况进行把握。自然资源资产负债表可以视作国家资产负债表的一张分表，在编制自然资源资产负债表时也要考虑如何将自然资源资产负债表融进国家资产负债表之中。而在进行具体表示结构结合和对应方面，可以不必在国家资产负债表之中单列“非金融负债”一项，而把自然资源负债作为负项在“自然资源”一项中列示，即将自然资源负债的所有数据按照其相反数在国家资产负债表中的“非金融资产——自然资源”中列示，自然资源资产正常列示即可。

第四节　自然资源资产负债表试编案例

一、山东省自然资源概况

山东省土地辽阔，资源丰富。根据《山东统计年鉴（2018）》，截至2017年底，山东省总人口达100 06万，人口密度为634人/千米^2。

全省土地面积1 579.11万公顷，其中农用地1 151.43万公顷，包括耕地760.70万公顷，园地71.76万公顷，牧草地0.58万公顷，水利设施用地23.24万公顷。据国家统计局数据，全省林地面积331.26万公顷、公园与绿地面积23.57万公顷，建设用地261.20万公顷，其中城镇村及工矿用地239.60万公顷、交通用地21.60万公顷。

水资源总量225.61亿立方米，其中地表水资源量139.14亿立方米，地下水资源与地表水资源不重复量86.47亿立方米。

国家统计局数据显示，截至2016年，山东省石油储量为29 412.20万吨，天然气储量334.93亿立方米，煤炭储量75.67亿吨，铁矿储量9.60亿吨，原生钛铁矿储量899.82万吨，铜矿储量6.49万吨，铅矿储量0.63万吨，锌矿储量0.75万吨，铝土矿储量158.90万吨，菱镁矿储量14 793.49万吨，硫铁矿储量3.18万吨，高岭土储量314.08万吨。2017年山东省活立木总储蓄量为1.24亿立方米。

山东省域内海岸线长度为3 345千米。

2017年山东省废水排放总量为49.99亿吨，工业固体废物产生量为2.39亿吨，工业固体废物综合利用量为1.90亿吨。国家统计局数据表明治理废水项目完成投资10.56亿元，治理固体废物项目完成投资850万元。

2017年造林面积达14.22万公顷，国家统计局数据显示森林火灾导致森林受损面积为49.56公顷，林业投资304.11亿元。

二、山东省自然资源资产负债表总表

根据自然资源资产表和负债表，可以汇总得到 2017 年山东省自然资源资产负债表总表（见表8–8）。自然资源资产负债表总表中对资产和负债的一级分类进行了计量，其中负债的实物量只能进行二级分类的计量而不能进行一级分类的汇总，因此在总表中负债的实物量数据显示为空。由此，可分别得到五个净资产的一级分类的价值量结果。

表8-8 2017年山东省自然资源资产负债表总表

科目	实物量			价值量		
	期初值	期末值	变动量	期初值	期末值	变动量
一、自然资源资产						
1.土地资源资产（万公顷、亿元）	1 469.65	1 472.31	2.66	912 124.81	918 985.33	6 860.52
2.水资源资产（亿立方米、亿元）	220.32	225.61	5.29	127.78	124.83	–2.95
3.林木资源资产（亿立方米、亿元 ）	1.24	1.24	0	2 232.00	2 232.00	0
4.矿产资源资产（亿吨、亿元 ）	514.93	510.75	–4.18	528 719.81	524 476.62	–4 243.19
5.海洋资源资产（千米、亿元 ）	3 345	3 345	0	154.84	154.84	0
合计	—	—	—	1 443 359.24	1 445 973.62	2 614.38
二、自然资源负债						
1.土地资源负债（亿元）	—	—	—	0	69.02	69.02
2.水资源负债（亿元）	—	—	—	0	59.41	59.41
3.林木资源负债（亿元）	—	—	—	0	0.03	0.03
4.矿产资源负债（亿元）	—	—	—	0	4 243.20	4 243.20
5.海洋资源负债（亿元）	—	—	—	0	0	0
合计	—	—	—	0	4 371.66	4 371.66
三、自然资源净资产						
1.土地资源净资产（亿元）	—	—	—	912 124.81	918 916.31	6 791.50
2.水资源净资产（亿元）	—	—	—	127.78	65.42	–62.36
3.林木资源净资产（亿元）	—	—	—	2 232	2 231.97	–0.03
4.矿产资源净资产（亿元）	—	—	—	528 719.81	520 233.42	–8 486.39
5.海洋资源净资产（亿元）	—	—	—	154.84	154.84	0
合计	—	—	—	1 443 359.24	1 441 601.96	–1 757.28

三、山东省自然资源资产负债表分表

自然资源资产负债表分表包括自然资源资产表和自然资源负债表。自然资源资产负债表分表从实物量和价值量两个角度反映存量和流量。

1.山东省自然资源资产表实物量表与价值表

根据国家统计局数据与《山东省统计年鉴（2018）》数据，编制山东省自然资源资产表实物量表，如表8-9所示。

表8-9　2017年山东省自然资源资产表实物量表

科目	期初值	期末值	变动量
1.土地资源资产	—	—	—
1.1 耕地（万公顷）	761.1	760.7	–0.4
1.2 园地（万公顷）	72.12	71.76	–0.36
1.3 林地（万公顷）	331.26	331.26	0
1.4 草地（万公顷）	0.58	0.58	0
1.5 公园与绿地（万公顷）	22.58	23.57	0.99
1.6 水域及水利设施用地（万公顷）	23.15	23.24	0.09
1.7 建设用地（万公顷）	258.86	261.20	2.34
合计（万公顷）	1 469.65	1 472.31	2.66
2.水资源资产	—	—	—
2.1 地表水（亿立方米）	121.18	139.14	17.96
2.2 地下水（亿立方米）	99.14	86.47	–12.67
合计（亿立方米）	220.32	225.61	5.29
3.林木资源资产（亿立方米）	1.24	1.24	0
4.矿产资源资产	—	—	—
4.1 能源矿产（亿吨）	503.71	499.55	–4.16
4.2 金属矿产（亿吨）	11.19	11.17	–0.02
4.3 非金属矿产（亿吨）	314.08	288.87	–25.21
合计（亿吨）	828.98	799.59	–29.39
5.海洋资源资产（千米）	—	—	—
5.1 海洋空间资源（千米）	3 345	3 345	0
合计（千米）	3 345	3 345	0

其中，能源矿产中，将煤、石油、天然气折算成标准煤的质量进行计算，其换算系数分别为 0.7143 千克标准煤/千克、1.4 286 千克标准煤/千克、1.33 千克标准煤/$米^3$。海洋资源资产主要指海岸线。

2018 年山东省按照土地类型的农村征地补偿价格为旱田 5.3 万元/亩、水田 9万元/亩、菜田 15 万元/亩，耕地中旱田、水田、菜田的比例大体为 8∶1.5∶0.5，因此可以求得耕地的加权平均价格为 6.34 万元/亩，按照公顷进行换算后的价格为 95.10 万元/公顷。征收林地及其他农用地补偿为 13.8 万元/亩，按照公顷进行换算后的价格为 207 万元/公顷。建设用地价格按照 2020 年一季度各市综合用地的平均价格计算，为 2 884.41 万元/公顷。

在计算水资源资产的价值时，本文以城镇公共供水企业为参考基准，按照地表水 0.4 元/$米^3$、地下水 0.8 元/$米^3$的水资源取水标准进行计算。该费率取自《山东省水资源税（试点）税额标准表》。

山东省内的主要树种为杨树、榆树、柳树、法桐、白蜡、国槐等，当前其原木木材价格分别为 1 800 元/米^3、3 000 元/米^3、1 900 元/米^3、1 160 元/米^3、2 500 元/米^3、2 100元/米^{3}左右。考虑到活立木变成原木的损耗量以及各品种树木的种植量，本节取 2 000 元/米^{3}作为其活立木价格进行价值计算。

能源矿产中，煤炭价格参照 5 500 混煤预估为 550 元/吨。国际原油价格约 30 美元/桶，按照美元对人民币汇率为 7、一桶约 0.14 吨计算，折合为 1 500 元/吨。液化天然气价格目前约为 3 200 元/吨，按照 2.27 立方米液化为1吨计算，折合为 1 409.69 元/米^3。

有研究测算渔业用海、旅游娱乐用海、工业用海的价值分别为 963.93 元/米、14 051.33 元/米、24 528.43 元/米（李文君，2016），笔者将上述三种价值按比例 8∶1∶1 计算，得出海岸线的加权平均价值为 4 629.12 元/米。

由此，计算得到2017年山东省自然资源资产价值量表（见表8–10）。

表8–10　2017 年山东省自然资源资产价值量表

科目		期初值（亿元）	期末值（亿元）	变动量（亿元）
1.土地资源资产	1.1 耕地	72 380.61	72 342.57	–38.04
	1.2 园地	14 928.84	14 854.32	–74.52
	1.3 林地	68 570.82	68 570.82	0.00
	1.4 草地	120.06	120.06	0.00
	1.5 公园与绿地	4 674.06	4 878.99	204.93
	1.6 水域及水利设施用地	4 792.05	4 810.68	18.63
	1.7 建设用地	746 658.37	753 407.89	6 749.52
合计		912 124.81	918 985.33	6 860.52
2.水资源资产	2.1 地表水	48.47	55.66	7.18
	2.2 地下水	79.31	69.18	–10.14
合计		127.78	124.84	–2.96
3.林木资源资产		2 232.00	2 232.00	0.00
4.矿产资源资产	4.1 能源矿产	518 177.80	513 948.16	–4 229.65
	4.2 金属矿产	10 538.40	10 525.14	–13.26
	4.3 非金属矿产	3.61	3.32	–0.29
合计		528 719.81	524 476.62	–4 243.20
5.海洋资源资产		154.84	154.84	0.00

2.山东省自然资源资产负债表

土地环境负债和生态负债参考西安市固体废物价值计算（凌笋，2019），固体废物处理价值约为 140 元/吨，扣除固体废物投资 850 万元即为土地环境负债和土地生态负债，假定造成的土地环境负债和土地生态负债的价值比例为 1∶1。

林木资源过耗负债依照森林火灾导致林木资源受损面积进行计算，利用山东省总的林木资源面积和活立木储量计算林木资源密度，再将受损面积折算为受损的活立木体积进行价值计算。林木资源生态负债数据缺乏。

矿产资源过耗负债按照实际矿产资源减少的实物量和价值量计算即可（见表8-11）。

表8-11　2017 年山东省自然资源资产负债表

科目		实物量			价值量		
		期初值	期末值	变动量	期初值	期末值	变动量
1.土地资源负债	1.1土地资源过耗负债（万公顷、亿元）	0	0.76	0.76	0	0.50	0.50
	1.2 土地环境负债（万公顷、亿元）	0	0.49	0.49	0	34.26	34.26
	1.3 土地生态负债（万公顷、亿元）	0	0.49	0.49	0	34.26	34.26
合计		—	1.74	1.74	0	69.02	69.02
2.水资源负债	2.1 水资源过耗负债（亿吨、亿元）	0	0	0	0	0	0
	2.2 水环境负债（亿吨、亿元）	0	49.98	49.98	0	29.71	29.71
	2.3 水生态负债（亿吨、亿元）	0	49.98	49.98	0	29.71	29.71
合计		—	99.96	99.96	0	59.42	59.42
3.林木资源负债	3.1 林木资源过耗负债（公顷、亿元）	0	49.56	49.56	0	0.03	0.03
	3.2 林木资源生态负债（公顷、亿元）	—	—	—	—	—	—
合计		0	49.56	49.56	0	0.03	0.03
4.矿产资源负债	4.1 矿产资源过耗负债（亿吨、亿元）	0	4.18	4.18	0	4 243.20	4 243.20
	4.2 矿产资源生态负债（亿吨、亿元）	—	—	—	—	—	—
合计		0	4.18	4.18	0	4 243.20	4 243.20
5.海洋资源负债	5.1 海洋资源过耗负债	—	—	—	—	—	—
	5.2 海洋环境负债	—	—	—	—	—	—
合计		—	—	—	—	—	—
负债总计（亿元）		—	—	—	0	4 371.67	4 371.67

第五节　自然资源资产离任审计

2013年11月，中共十八届三中全会在《中共中央关于全面深化改革若干重大问题的决定》中明确指出，“建设生态文明，必须建立系统完整的生态文明制度体系”“用制度保护生态环境”，并首次提出探索编制自然资源资产负债表，对领导干部实行自然资源资产离任审计。2017年6月，《领导干部自然资源资产离任审计规定（试行）》（以下简称《规定》）颁布，标志着一项全新的审计制度正式建立，并成为经常性工作在我国全面推开。《规定》中明确领导干部自然资源资产离任审计内容主要包括：贯彻执行中央生态文明建设方针政策和决策部署情况，遵守自然资源资产管理和生态环境保护法律法规情况，自然资源资产管理和生态环境保护重大决策情况，完成自然资源资产管理和生态环境保护目标情况，履行自然资源资产管理和生态环境保护监督责任情况，组织自然资源资产和生态环境保护相关资金征管用和项目建设运行情况，履行其他相关责任情况。审计机关应当充分考虑被审计领导干部所在地区的主体功能定位、自然资源资产禀赋特点、资源环境承载能力等，针对不同类别自然资源资产和重要生态环境保护事项，分别确定审计内容，突出审计重点。

一、自然资源资产离任审计的目标

审计目标是审计活动所要达到的预期结果，随环境变化而变化。因此，本文将自然资源资产离任审计目标分为直接目标、现实目标和根本目标三个层次。依据自然资源资产离任审计制度设计的初衷，“通过监督党政领导干部资源环境权力行使的过程与结果、评价领导干部受托责任履行情况和鉴证领导干部履责信息”，促进其受托责任全面有效履行。由此，该项审计最直接的目标是促进责任方受托资源环境责任的有效履行。自然资源资产离任审计的现实目标则是推动领导干部恪尽职守，保障自然资源资产节约集约利用和生态环境安全。而发挥该项审计在国家生态治理中的重要作用，推进生态文明建设，实现人与自然的和谐发展是该项审计的根本目标。

二、自然资源资产离任审计的主要特点

自然资源资产离任审计的主要特点体现为审计内容的综合性、审计标准的多样性和责任界定的科学性。

1.审计内容的综合性

审计实施是不断获取证据并评价证据的过程。自然资源资产离任的审计对象是领导干部受托资源环境责任的履行情况。那么，自然资源资产离任审计实施就会围绕获取并评价与之相关证据展开工作，该项审计需要反映被审计领导干部受托责任履行情况的资料及信息。比如，被审计领导干部任内的所在辖区自然资源资产负债表，反映被审计领导干部履责的其他信息，包括约束性指标的完成情况、落实法律法规政策情况以及制定和执行相关预警机制情况等。因此，自然资源资产离任的审计对象及审计对象信息具有综合性。相较于一般审计，自然资源资产离任审计在审计内容上更加具有交叉性、综合性。

2.审计标准的多样性

离任审计是对经营管理者的业绩信息进行鉴证（戚振东，2013），而考虑到“自然资源”这一资产的特殊性（如受地域、气候、季节、生长期等自然因素影响，以及环境问题本身具有潜伏性、时滞性、外部性等），就需要依照相关法律法规、政策规定、规划计划以及考核指标等，结合被审计责任主体属地、部门、单位的特点和实际情况，采用定性评价和定量评价相结合的方法，综合反映并客观评价领导干部在资源环境方面的履责情况。因此，其审计标准具有多样性。

3.责任界定的科学性

离任审计需要按照权责一致的原则，对被审人员所承担的责任加以界定。考虑到自然因素和环境问题的特殊性，自然资源资产离任审计的责任界定不仅需要遵循传统权责一致的原则，还需要对地域差异、气候条件不可控性、环境问题的遗留性等因素加以考虑。一般来说，被审计领导干部任内采取的各种减缓生态损害的措施也应是评价其受托资源环境责任履行情况的重要考虑因素，特别是针对那些短期难以解决的生态环境问题，自然资源资产变化难以准确计量的情况。因此，开展自然资源资产离任审计必须科学界定领导干部所需要承担的责任。

三、自然资源资产离任审计的要素

审计要素研究至少要解决“谁审计”“审计谁”“审计什么”“依据什么审计”“如何审计”“审计结果报告给谁”以及“审计结果如何利用”等问题。从理论上讲，“谁审计”就是解决在自然资源资产离任审计活动中，由谁实施审计，即审计主体问题；“审计谁”要解决的是自然资源资产离任审计活动中主要审计谁的问题，即责任方；而审计对象的确定，可以解释在自然资源资产离任审计活动中“审计什么”的问题；审计标准及审计证据的分析，可以揭示在自然资源资产离任审计活动中，依据什么以及如何进行审计的问题；“审计结果报告给谁”则涉及自然资源资产离任审计预期使用者要素；审计结果要素则能解决“审计结果如何利用”问题。同时，这七个方面也是当前自然资源资产离任审计在实践发展中所面临的主要困难，也是自然资源资产离任审计试点工作试图完成的任务。所以，自然资源资产离任审计的基本要素包括审计主体、审计客体、预期使用者、审计对象、审计标准、审计证据及审计结果七个要素（见表8-12）。

表8-12　自然资源资产离任审计要素解析

审计要素	对应的解释
审计主体	国家审计机关，包括审计署及其派出机构和地方审计机关
审计客体	受托承担自然资源资产管理和生态环境保护责任的相关领导干部
预期使用者	全体公民、各级人大、党政机关及其他利益相关者
审计对象	领导干部受托自然资源资产管理和生态环境保护责任的履行情况 审计对象信息：反映其履责情况的自然资源资产负债表和其他信息
审计标准	正式规定：国家及部委颁布的与资源环境相关的法律法规、政策规定、规划计划、考核制度；地方性法规、规定及制度；与自然资源资产负债表相关的准则 非正式规定：与资源环境有关的规则、惯例、指标等
审计证据	审计人员用来确定审计对象信息是否与既定标准相一致的所有资料，可以包括：与约束性指标相关的审计证据，与政策落实相关的审计证据，与自然资源资产管理相关的审计证据，与资源环境管理资金相关的审计证据，与突发事件处理相关的证据
审计结果	常规标题、主送单位、审计发现及审计结果、审计评价、审计建议

1.审计主体

自然资源资产离任审计的审计主体就是国家审计机关，但这并不排斥在审计过程中对注册会计师、内部审计部门以及专家（如环境保护部门、国土资源部门、水利部、林业部等自然资源管理职能部门）的利用。

2.审计客体

审计客体是指对审计对象或审计对象信息负责的主体，即责任方。根据自然资源资产离任审计的直接目标，客观评价相关责任方自然资源资产管理和生态环境保护责任履责情况，我们认为该项审计并非仅依赖自然资源资产负债表这一信息载体，而应将其定位为直接报告业务。因此，其责任方为受托承担自然资源资产管理和生态环境保护责任的相关领导干部。具体来说，在我国现行的行政体制下，结合《党政主要领导干部和国有企事业单位主要领导人员经济责任审计规定》第四条之规定，领导干部经济责任审计对象包括：地方各级党委、政府、纪检监察机关、法院、检察院的正职领导干部或者主持工作1年以上的副职领导干部；中央和地方各级党政工作部门、事业单位和人民团体等单位的正职领导干部或者主持工作1年以上的副职领导干部；国有和国有资本占控股地位或者主导地位的企业（含金融机构，以下统称国有企业）的法定代表人或者不担任法定代表人但实际行使相应职权的主要领导人员；上级领导干部兼任下级单位正职领导职务且不实际履行经济责任时，实际分管日常工作的副职领导干部；党中央和县级以上地方党委要求进行经济责任审计的其他主要领导干部。

3.预期使用者

预期使用者是探讨审计活动中“审计结果报告给谁”问题的，可以是全体公民、各级人大，也可以是党政机关以及其他利益相关者。

首先，国家自然资源资产由全体公民所有，那么理所当然地，全体公民是广义上的预期使用者；而全体公民是一个抽象实体，其权力的行使依赖各级人大，因此，各级人大也是预期使用者。需要强调的是，各地公民与属地资源环境状况密切相关程度最强，各地公民是最直接的预期使用者。

其次，从自然资源资产离任审计工作开展的政策背景来看，该项审计是服务于自然资源和生态环境保护的制度安排，在审计过程中发现的问题，相关部门要认真研究并及时改进，加以完善；需要追究责任的，还需要上报相关部门。因此，承担自然资源资产管理和生态保护责任的相关人员也是预期使用者。

最后，自然资源资产离任审计有利于生态绩效评价制度的完善，可以作为干部考核、任免、奖惩的重要依据，那么各级党政机关亦成为领导干部自然资源资产离任审计的预期使用者。

4.审计对象

研究审计对象要素，首先要厘清审计主体、审计客体、审计对象信息之间的关系。从实施自然资源资产离任审计的现实意义看，其主要目的是强化自然资源资产管理和生态环境保护内容的监督、评价和鉴证，推动各级领导干部在实际工作中更好地履行相应责任，从而实现自然资源资产集约节约利用和生态环境安全。因此，监督领导干部自然资源资产管理权力行使的过程和结果是该项审计的重点。

领导干部自然资源资产管理和生态环境保护责任履行情况就是该项审计的审计对象。具体来说，包括土地、矿产、森林、水等重要资源的开发利用管理和保护治理责任履行情况，水、大气、土壤、固体废物等污染防治责任履行情况，重点生态建设工程和生态脆弱地区生态保护责任履行情况。

5.审计标准

标准是评判的准绳，审计标准则是评价或计量审计对象的基准。研究自然资源资产离任审计标准要素，利于有效监督与评价责任方自然资源资产责任的履职尽责情况，并推动领导干部更好地担负责任。

自然资源资产离任审计标准包括正式规定和非正式规定。正式规定包括：国家及部委颁布的与资源环境相关的法律法规、政策规定、规划计划、考核制度等；地方性法规、规定及制度；与自然资源资产负债表相关的准则，如《中华人民共和国环境保护法》《国家生态保护红线——生态功能基线划定技术指南（试行）》《体现科学发展观要求的地方党政领导班子和领导干部综合考核评价试行办法》《××省土地利用总体规划》等。非正式规定可以是规则、惯例、指标等，如针对特定地区领导干部就土地资源、水资源或森林资源方面履责情况所制定的规则；专业部门、主管部门发布或认可的统计数据；公认的业务惯例或者良好实务；反映资源开发利用、环境治理、生态修复等项目或活动绩效的指标等。

6.审计证据

在自然资源资产离任审计中，需要获取哪些审计证据呢？这个问题目前恐怕没有统一答案。自然资源资产离任审计要客观评价领导干部履行自然资源资产管理和生态环境保护责任情况，基于此，在审计过程中可以获取以下有关证据。

（1）与约束性指标相关的审计证据。

对于地方政府领导干部而言，完成国家法律法规及相关政策下达的任务，是其履行受托责任应达到的最低要求。因此，审计人员有必要获取领导干部任期内约束性指标，如土地资源、水资源、森林资源等与资产管理和生态环境保护相关的约束性指标、生态红线考核指标、目标责任制完成情况等证据。

（2）与政策落实相关的审计证据。

对于地方政府领导干部而言，落实国家颁布的法律法规及相关政策，是其需履行的基本职责。基于此，在审计过程中，审计人员需要收集证实领导干部落实自然资源资产管理和生态环境保护法律法规的资料，以及相关政策措施执行情况的信息，以便于得出审计结论。

（3）与自然资源资产管理相关的审计证据。

自然资源资产管理工作主要涉及自然资源资产开发、利用及保护事务。因此，在实施领导干部自然资源资产离任审计时，要着重收集领导干部对土地资源资产、矿产资源资产等资产开发利用事项的审批、管理情况的证据；收集证实领导干部在资源管理过程中，资产开发合法性、管理有序性及使用有效性方面的资料；收集反映领导干部生态环境保护状况方面的信息。

（4）与资源环境管理资金相关的审计证据。

地方政府领导干部行使资源环境管理权时离不开资金的支持。因此，在自然资源资产离任审计过程中，审计人员要关注领导干部在行使自然资源资产管理和生态环境治理过程中涉及的相关资金的征收、使用及分配情况，注重收集反映相关重大项目建设运营情况的证据。

（5）与突发事件处理相关的证据。

领导干部在处理与资源环境相关的重大事件时，除了要及时处理外，更要注重相应预警机制的建立。因此，在自然资源资产离任审计实施过程中，审计人员需要搜集领导干部生态环境保护预警机制建立与执行情况的证据。

7.审计结果

审计结果是在审计证据收集与评价的基础上所得出的审计结论，一般以审计报告、审计建议、审计处理决定等形式呈现。

自然资源资产离任审计结果主要是为了完善生态环境绩效考核体系，让生态环境保护考核更具可操作性。因此，其审计结果的应用主要是评价、考核领导干部在履职过程中对自然资源资产管理和生态环境保护的落实情况，是国家组织部门、人社部门以及上级部门考察领导干部的重要依据。自然资源资产离任审计结果除了包括常规标题、主送单位、审计发现及审计结果、审计评价部分，还应包括根据反映出的问题分类并提出审计建议。若问题具有典型性、普遍性，审计结果应提请有关部门完善相应制度；若问题是人为因素造成，需要追究领导干部责任的，审计机关应提出审计处理意见，并按照规定移送相关部门。

章后思考题

1. 与全国自然资源量相比较，计算山东省自然资源资产的比重及意义。
2. 分析自然资源资产与GDP的关系。
3. 自然资源资产离任审计的目标是什么？
4. 自然资源资产离任审计要素有哪些？
5. 自然资源资产离任审计的审计对象有哪些？

附录　政府单位会计科目名称和编号

序号	科目编号	科目名称
一、财务会计科目		
（一）资产类		
1	1001	库存现金
2	1002	银行存款
3	1011	零余额账户用款额度
4	1021	其他货币资金
5	1101	短期投资
6	1201	财政应返还额度
7	1211	应收票据
8	1212	应收账款
9	1214	预付账款
10	1215	应收股利
11	1216	应收利息
12	1218	其他应收款
13	1219	坏账准备
14	1301	在途物品
15	1302	库存物品
16	1303	加工物品
17	1401	待摊费用
18	1501	长期股权投资
19	1502	长期债券投资
20	1601	固定资产
21	1602	固定资产累计折旧
22	1611	工程物资
23	1613	在建工程
24	1701	无形资产
25	1702	无形资产累计摊销
26	1703	研发支出
27	1801	公共基础设施
28	1802	公共基础设施累计折旧（摊销）
29	1811	政府储备物资
30	1821	文物文化资产
31	1831	保障性住房
32	1832	保障性住房累计折旧

续表

序号	科目编号	科目名称
33	1891	受托代理资产
34	1901	长期待摊费用
35	1902	待处理财产损溢
（二）负债类		
36	2001	短期借款
37	2101	应交增值税
38	2102	其他应交税费
39	2103	应缴财政款
40	2201	应付职工薪酬
41	2301	应付票据
42	2302	应付账款
43	2303	应付政府补贴款
44	2304	应付利息
45	2305	预收账款
46	2307	其他应付款
47	2401	预提费用
48	2501	长期借款
49	2502	长期应付款
50	2601	预计负债
51	2901	受托代理负债
（三）净资产类		
52	3001	累计盈余
53	3101	专用基金
54	3201	权益法调整
55	3301	本期盈余
56	3302	本年盈余分配
57	3401	无偿调拨净资产
58	3501	以前年度盈余调整
（四）收入类		
59	4001	财政拨款收入
60	4101	事业收入
61	4201	上级补助收入
62	4301	附属单位上缴收入
63	4401	经营收入
64	4601	非同级财政拨款收入
65	4602	投资收益
66	4603	捐赠收入
67	4604	利息收入
68	4605	租金收入
69	4609	其他收入
（五）费用类		

续表

序号	科目编号	科目名称
70	5001	业务活动费用
71	5101	单位管理费用
72	5201	经营费用
73	5301	资产处置费用
74	5401	上缴上级费用
75	5501	对附属单位补助费用
76	5801	所得税费用
77	5901	其他费用
二、预算会计科目		
（一）预算收入类		
1	6001	财政拨款预算收入
2	6101	事业预算收入
3	6201	上级补助预算收入
4	6301	附属单位上缴预算收入
5	6401	经营预算收入
6	6501	债务预算收入
7	6601	非同级财政拨款预算收入
8	6602	投资预算收益
9	6609	其他预算收入
（二）预算支出类		
10	7101	行政支出
11	7201	事业支出
12	7301	经营支出
13	7401	上缴上级支出
14	7501	对附属单位补助支出
15	7601	投资支出
16	7701	债务还本支出
17	7901	其他支出
（三）预算结余类		
18	8001	资金结存
19	8101	财政拨款结转
20	8102	财政拨款结余
21	8201	非财政拨款结转
22	8202	非财政拨款结余
23	8301	专用结余
24	8401	经营结余
25	8501	其他结余
26	8701	非财政拨款结余分配

参考文献

[1] 陈立齐，李建发.国际政府会计准则及其发展评述[J].会计研究，2003（9）：49-52.

[2] 黄世忠，刘用铨，王平.美国联邦政府会计难点热点问题及其启示——基于联邦政府审计报告的分析[J].会计研究，2004（11）：13-18.

[3] 李建发.论改进我国政府会计与财务报告[J].会计研究，2001（6）：9-16，65.

[4] 李建发，肖华.公共财务管理与政府财务报告改革[J].会计研究，2004（9）：7-10，97.

[5] 张娟.政府会计与企业会计：概念框架差异与启示——基于IPSASB与IASB最新研究成果的分析[J].会计研究，2010（3）：78-85，97.

[6] 张琦.公共受托责任、政府会计边界与政府财务报告的理论定位[J].会计研究，2007（12）：29-34，9.

[7] 邢琦，朱道林，王健.基于SEEA的自然资源资产核算指标的国际比较[J]，中国环境管理，2022，14（1）：68-77.

[8] 中华人民共和国财政部.政府会计准则制度（2023年版）[M].上海：立信会计出版社，2023.

[9] 中华人民共和国财政部.财政总会计制度（2023）[M].北京：经济科学出版社，2023.

[10] 中华人民共和国财政部. 2021年政府收支分类科目[M].上海：立信会计出版社，2020.

[11] 中华人民共和国财政部.行政单位财务规则[M].上海：立信会计出版社，2023.